忽必烈汗

[英]约翰·曼 JOHN MAN
陈一鸣 译

中国青年出版社

（京）新登字 083 号
图书在版编目（CIP）数据
忽必烈汗／（英）曼（Man, John）著；陈一鸣译．
北京：中国青年出版社，2009.5
ISBN 978-7-5006-8703-0
I．忽… II．①曼…②陈… III．忽必烈（1215～1294）－
人物研究 IV．K827=47
中国版本图书馆 CIP 数据核字（2009）第 033217 号

北京市版权局著作权合同登记 01－2007－5465

策　　划：方小玉
责任编辑：程黧眉
装帧设计：正美书籍装帧设计部
出版发行：中国青年出版社
社　　址：北京东四 12 条 21 号（邮编 100708）
网　　址：www.cyp.com.cn
编辑部电话：（010）64033813
门市部电话：（010）84039659
印　　刷：北京盛兰兄弟印刷装订有限公司
经　　销：新华书店
开　　本：700 × 1000　1/16
印　　张：18.5
字　　数：280 千字
插　　页：14
版　　次：2009 年 7 月北京第 1 版
印　　次：2009 年 7 月北京第 1 次印刷
印　　数：1－8000 册
定　　价：35.00 元

本图书如有印装质量问题，请凭购书发票与质检部联系调换 联系电话：（010）84047104

目录

Contents

序言 成吉思汗之孙

1215年，世界的联系并不紧密。人与动物的旅行都十分缓慢，到达下一个城镇需要数天，而穿越一个国家则要花上几周时间。巨大的大陆只是彼此之间一无所知的海岛世界，除了一小部分渡过帝汶海去收集海参的苏拉威西岛居民外，还没有人从亚洲去过澳大利亚，而海参在那时以及今日的中国都是需求量很大的珍馐。没有人从欧亚大陆去探访美洲，除了一部分划桨穿梭于白令海峡的因纽特人。在格陵兰岛，挪威人的社区会在海冰消融的温暖漫长而又关键的几个月中繁荣起来，但是这些坚韧的航海者从未想到去重复其祖先在两个世纪前殖民美洲大陆的短暂尝试。船都紧靠海岸线航行，令人瞩目的例外就是波利尼西亚人往来于太平洋岛屿间的独木舟，同样也没有多少人航行于一望无垠的大洋上。

但确有一些即使不是全球化也至少可以说是地区化的迹象。欧洲和亚洲首当其冲，因为它们是两块连在一起的大陆。一些伟大的帝国与文化曾经铸就了它们之间的联系：罗马、波斯和中国。而此刻造就这种联系的却是宗教。

在欧洲，来自爱尔兰（甚至冰岛）的基督教学者和他们在罗马的同行们用拉丁语进行交谈，而来自从阿西尼到约克郡的建筑师们则在为拥有飞拱（哥特式建筑风格中的一种样式——译者）和窗饰的建筑荣耀而彼此竞争；在兰斯，他们进入了为期5年的哥特式大教堂的建筑，这也是法国最伟大的教堂之一。教会找到了新的力量，并在一次荡平异端的阿比尔派教徒（本是巴尔干半岛上的一个教派，他们反对神职人员称为“完人”，反对神职人员拥有财产，与当时罗马教会的神职人员的行为有强烈冲突——译者）的邪恶十字军征战中平息了法国南部的大部分地区。那一年，教皇在第四次拉特兰宫的会议上对他们进行了谴责（顺便说一下，这次会议也把那些迫使英王约翰签署大宪章放弃其神圣权力的英国男爵们逐出了教会）。

欧洲也在向外拓展，某个来自德国北部巴克斯特胡德的名叫阿尔波特的人把基督教推进到了波罗的海地区，并在里加建立了基地，他在那里上演了一出圣经剧，目的在于使当地人皈依。这是拉脱维亚人所看到的第一出戏剧，当舞台上的吉迪恩（亦译基甸，《圣经》旧约中的犹太勇士，曾击败过米甸人——译者）进攻腓力斯人时，他们认为这是真实的事件，并随即四散逃命。严惩阿比尔派教徒的同一次教会会议也将目光投向了欧洲基督教边界以外的东南方，那里始终存在着一种对基督教意识的公开蔑视：这就是伊斯兰对被基督教称为圣城的地方的控制。另一次十字军征伐将会因此而产生。

十字军骑士一个多世纪以来始终在基督教欧洲与伊斯兰教的中东之间塑造着令人不快的联系，并在今日的叙利亚、黎巴嫩和以色列造就了一些基督教的飞地。并非所有的敌视都剑指"异教徒"，9年前本该在他们前往埃及路上的第四次十字军就由于从其东正教统治者手中夺取君士坦丁堡而备受指责。1215年，他们仍然占据着该城，给将基督教世界联合起来的所有希望造成了持续不断的破坏。

然而此刻，伊斯兰教已不仅仅是基督教的一个对手了。学者和商人可以从西班牙出发，穿越北非和中东到达中亚，并且在为时500年之久的伊斯兰教社区、在"上帝之舌"（阿拉伯语）、在《古兰经》以及在贸易中——比如奴隶与黄金贸易——找到他们的共同基础，而这两种贸易都来自撒哈拉以南的非洲。一位穆斯林商人可以从丁布各都（历史名城，位于撒哈拉沙漠南缘——译者）出发到德里，并且肯定会在那里找到志趣相投的同行；而如果途经巴格达，他就会融入犹太教徒、索罗亚斯德教徒、摩尼教徒以及许多教派的基督教徒中间，譬如聂思脱里教徒、一性论者、诺斯替教徒以及希腊东正教徒。阿拉伯的船长们也发现，沿海岸线航行一至两年，一路到达南部中国去装载丝绸与瓷器真可谓有利可图。

至于东西方之间的陆路联系，由于以丝绸之路而闻名遐迩的商路的存在，也曾经非常紧密。此刻只有为数甚少的驼队还在做着这种为期6个月的伊斯兰世界与中国之间的艰苦跋涉。成吉思汗统驭下的蒙古人最近刚刚攻击了西藏以北今新疆的一个重要的佛教国家西夏，没有人会相信驼队商旅可以毫发未损地通过。

所有这些联系都是非常脆弱的。但是这些在时间和空间上彼此相距均如此遥远的地方和文化，由于那一年发生的两件事情而即将被连接在一起了。

第一个事件就是对中国北部的一座重要的城市，亦即今日之北京的强大攻势，攻城者就是成吉思汗领导下的蒙古人。成吉思汗已从默默无闻与一无所有——实际上是一个穷困潦倒的逃犯——的境况中兴起，并建立了一个国家，现在正在寻求实现他的神授天命。在从年轻时诸多命悬一线的窘境中幸存下来后，他吃惊地认识到，他就是那个被长生天选中来统治世界的人。那么确切地说，统治什么，又统治谁呢？当然是他自己的蒙古人。而在此后，随着接二连三的征服，他看到了上苍授予他的疆域更加宽广。有多宽广呢？北部中国吗？极有可能。全中国吗？同样也很可能，尽管此前从未有游牧民族做到过这一点。

财富与权力之源的中国北方总是对来自戈壁另一端的游牧勇士充满诱惑，而且也尽其所能来保卫它自己——用城墙、军队、贿赂、外交与婚姻。中国北方是传统的敌人，也是更为广阔的帝国的关键，而北京，这一地区的金朝统治者的中心，则又是中国北方的关键。这座城池在一年前经过一系列长久的战役后就本该陷落，其间，成吉思汗在促使西夏的唐兀惕帝国严守中立的同时，入侵并蹂躏了这个国家黄河以北的大多数地区，同时也对北京发动了攻城战，直到迫使金朝皇帝签订城下之盟。1214年，成吉思汗离开了既未被占领又未遭劫掠的北京，认为他又有了一个仆从——而当蒙古军队撤回到草原时才发现，金朝皇帝带着3000峰骆驼和30000辆大车的财宝迁都到黄河南岸的中国古都开封。

成吉思汗震怒地说道："既和而迁，是有疑心而不释憾也！"

现在蒙古人又回来了，而这一次将不再会有任何放松，直到北京的陷落以及整个金帝国都成为蒙古人的疆土。1214～1215年的整个冬天，蒙古军队都在围困这座城市，这里不会有直接的攻击，因为北京太令人生畏了，它有15公里城墙、900个防守塔楼、可以发射巨石与火焰弹的抛石机和可以射出像电线杆一样的巨矢的床弩。不，可以用饥饿来迫使北京投降。

事情就这样发生了。5月31日，北京城门洞开。在接下来的屠杀中，成千上万人死于非命，大火持续燃烧了1个多月。一年以后，仍然有尸体散落各处，而且疾病也在四处蔓延。一位穆斯林特使报告道，大地仍然由于人的油脂而显得污迹斑斑。

1215年北京的陷落开启了一系列改变了欧亚大陆历史的事件。对于中国北方来说，事情并未就此了结，因为一些更加遥远的西方发生的事件分散了成吉思汗对进攻的关注。4年之后，一个去往新伊斯兰国家花剌子模的商队被屠杀殆尽。随着中国北方的保持中立，成吉思汗可以自由地转向他的西方邻居展开迅速的复仇，以一种史无前例的规模对丝路之城不花剌、撒马尔干、马鲁和玉龙杰赤进行了屠戮。然后他又批准了一次非凡的穿越格鲁吉亚与乌克兰的侦察之战，这也正是蒙古人对南俄长达200年之久的统治的开端。只有当他的人从这次伟大的冒险活动返回后，成吉思汗才再一次转向了戈壁另一端的国家。1227年夏季，在战争深入到黄河南岸的山区时，他死去了。

他的伟大事业依旧没有完成。伊斯兰世界的大部分，包括巴格达本身，仍然未被征服，俄罗斯的草原、中国北部所剩无几的地区以及整个中国的南部——一个被宋朝统治着的单独的国家——还有那些不可避免地必须承认成吉思汗君主权位的边远地区的人民也是如此，譬如蒙古帝国东缘（高丽与日本）、南方（今日之柬埔寨、越南和缅甸）以及更远的印度尼西亚富裕的岛屿上的人们；而在西方，匈牙利的草原无疑会成为进入基督教欧洲的坦途。

这就是蒙古人的神授天命。为什么会这样，成吉思汗从未去探究，他的子孙们也没有这样做，他们只是简单地接受了这一事实。

尽管有许多未竟的事业，但在成吉思汗死亡的时刻，他已经改变了他的世界，东西方之间此前从未如此紧密地联系在一起。蒙古的将军们现在已经对他们的对手俄罗斯王公们有了详尽的了解，并且也懂得了在时机到来时如何分割他们。拥有众多可替换坐骑的行动迅捷的蒙古骑兵可在一天内狂奔150公里，或在6个星期内跨越4000公里把信息从北京送到阿富汗，这是一个只有在蒙古人控制了此间的所有土地的情况下才有可能的行动。

那么，考虑到这个帝国的扩张，还有什么不可能达到呢？商人们会带来东西方的财富，艺术家们会云集到一起为世界的征服者服务，各种宗教的教士们会带来他们的见解，学者们将会从最伟大的图书馆中收集和翻译书籍，而来自东西方的统治者的使节们则前来表示他们的臣服。这个世界将会是长生天之下的一个统一的世界，而且会和平安详。这就是充满成吉思汗子孙们脑海中的景象。

这当然只是一个不可能实现的梦想，正如时间将要显示的那样。和所有的帝国一样，这个帝国也将达到其极限，然后便自我分化与瓦解。

但是在1215年9月23日，几乎是在北京陷落4个月后，一个皇家子孙在蒙古草原的腹地诞生了，而他即将作为诸汗中之大汗来接受成吉思汗那个不可能实现的幻想的挑战，并且为了使之成为现实而付出了比其他任何一个领袖都要多的努力。随着其权威从太平洋扩充至南俄，尽管不很稳定，他依然是有史以来最有权势的人——直到现代的超级大国的出现。他将在名义上执掌五分之一的世界上人口稠密的大陆，几乎是全人类的一半。他的名字将传播到那些远远超越他所征服的地区，到欧洲、日本、越南、印度尼西亚；那些在澳大利亚北部收获其美味佳肴的海参收集者们，将很有可能听到过他在1292年入侵爪哇的尝试。也正是有关他的财富的传说在他逝世两个世纪后引发了哥伦布的那次向西方的航行，而这次航行虽然没有能够开辟去往古老大陆的新航线，但却碰巧重新发现了一块长久以来被人遗忘的大陆。如果他未曾诞生过，如果在中国没有那个蒙古帝国，笔者倒很想知道，谁将会重新发现美洲呢？

这位大汗的遗产是一个扩大了的和统一的中国，拥有它现在的疆域，只是在边界地区略有得失。颇具讽刺意味的是，这些失去的地方中就有蒙古本身，即这位大汗出生的国度。在中国这是一个正在被逐渐承认的事实，即今天这个作为地理统一体自我形象的超级大国——风沙弥漫的北方、繁荣富裕的南方、西部巨大的沙漠、高远而神秘的西藏——都应将其存在归因于在北京被毁坏那一年出生的一个蒙古男孩。

这个男孩就是成吉思汗的孙儿：忽必烈。

KUBLAI KHAN

忽必烈汗

第一部

春

第一章 母狮及其子

KUBLAI KHAN

在蒙古，人们注意到的一件事情就是：女人颇为引人注目。在乡村，干瘪而有栗色脸膛的老妇会用直率而又自信的目光斜瞅着你；面颊红润而又坚韧的女孩儿就像骑术大师一般驰骋在草原。在首都乌兰巴托，当你从主要的广场走到百货商店时（那里只有一家），你身旁一定会经过一个散发着优雅风韵的美人，并且会为之骄傲。她们有着一种风度、一种自信，和北京相比，这里更像是纽约。当然，并不是所有的人都是这样，因为蒙古是一个贫穷的国度。但是数世纪之久的游动与放牧的传统使得妇女在自立方面足以与男人相匹敌。甚至在今天，乡村的妇女仍要做饭、缝补、养育孩了——如果必要的话，她们也狩猎和放牧。成吉思汗的一条政令就反映了这样一种日常现实：当男人出征作战时，女人要伴随着军队去做男人的工作和尽男人的职责。她们也参加战斗，1220年，成吉思汗的女儿就领导了对波斯城镇你沙不儿的最后进攻，并且屠杀了“所有的幸存者，只留下了400名被他们选做工匠的人”。①在家庭生活以及在政治中，妇女也始终是一种力量。虽然男性世系享有继承

①阿塔－马立克·术外尼：《成吉思汗：世界征服者史》，J.A.波义儿编译。

权，但是寡妇们——亦即上层阶级的寡妇们——却可以接管其已故丈夫的领地，这就使得她们中的一些人既富有又有权势，而且还十分独立。一个非常奇特的现实就是：这个世界上最大的陆地帝国，一个男性无疑占统治地位的形象，它的存在与发展却要归因于几个杰出的女性。

幼年的成吉思汗穷困潦倒，由其寡居的母亲诃额伦照料，由于被其部族所排斥，他们不得不上山采食杜松子。也正是诃额伦向他显示了生存所要付出的代价，教会了他如何重建家族间的联系，求助于传统的并且创建新的友情，如何铸造盟友奖励忠诚，决不寻求个人的利益，始终关注普通人及其家庭。如果他犯了错误，她就会大声责骂，直到他认识到自己行为方式的错误为止。少年时，成吉思汗为了确保自己在家族中不可挑战的领导地位，杀死了同母异父的兄弟，她狠狠地训斥了他。蒙古的基本史料《蒙古秘史》用诗句记载了她的话。"冤孽啊！"（余大钧译注本，下同——译者）她大声喊道，并将他比作许多行为邪恶与愚蠢的野兽。他怎么可以在除了自己的家庭成员以外无人相伴，在一个——

除了影子外别无朋友
除了尾巴外别无鞭子

的时刻做这样的事情！成吉思汗汲取了这个教训，而且也热心于让他人铭记，因为无疑应该是他本人在成年后鼓励他的云游诗人们将这个故事编成了歌谣。作为皇帝，成吉思汗在其母亲漫长的一生中始终都尊重——也有人说敬畏——他的母亲。

成吉思汗给他的儿子拖雷娶的妻子也是一个同类型的典范。她的名字是唆鲁禾帖尼，她也是本章的中心点，因为在1215年，尽管她对事实不可能有任何认识，但她的手中却掌握着未来——这并不仅仅是由于新出生的忽必烈。在她的5个孩子中，有两个做了皇帝，而第三个则统治着波斯。如果没有她的野心勃勃、远见卓识、敏锐洞察以及关键时刻的干涉，成吉思汗的帝国可能已经在创建

20多年后就毁于家庭内部的纷争，而忽必烈也不会有可能继承他的遗产。

唆鲁禾帖尼甚至不是一个蒙古人。她是一个克烈部人：而她在这个成吉思汗出生时就统治着蒙古中心地区的突厥语族部落的成长，给她提供了有关内亚政治方面的一种良好的训练。克烈部的王，脱斡鄰勒——突厥语的“鹰”——是唆鲁禾帖尼的伯父。他是游牧于长城以远草原上的众多部落首领中首屈一指的领袖人物，并且和西方与南方均有着良好的联系。脱斡鄰勒的部众已经由于聂思脱里教的牧师而皈依了基督教的这一派别，成了异端的聂思脱里的追随者。聂思脱里教派宣称基督既是神又是人，是两者的合二为一，并非主流基督教教义中的单一的道成肉身。但是脱斡鄰勒也与中国的北方保持着联系，并于晚年被授予“王”的称号，成了历史学家们更为熟悉的“王罕”。他曾经在成吉思汗之父的成功中起过非常关键的作用，后者曾在几种情况下得到过脱斡鄰勒的帮助，并与之结为“俺答”（盟誓兄弟）。到成吉思汗时，这种关系起初发展良好，但不久便恶化，并最终导致了一场使成吉思汗作为统治者而出现的大战。

脱斡鄰勒有个兄弟名叫札合，他的故事就反映了内亚草原部落间联盟的分化组合的复杂性与危险性。札合曾经由西夏亦即今日新疆的佛教国家的唐兀惕人抚养成人，并官居要职——唐兀惕语的“敢不”，这也成了他的名字的一部分：札合敢不。作为一个首领，他带着他的一小部分人马回到了蒙古，并且在蒙古人与克烈人依旧是朋友之时加入到成吉思汗的队伍中——与脱斡鄰勒不同的是，在蒙古人与克烈人交恶之际，他依旧保持着对成吉思汗的忠诚。在为期10年的为国家统一而进行部落间的战争中，克烈部人两线作战。当克烈部的主体于1200年被击败后，成吉思汗用婚姻将这个部落连接在了一起。札合有两个女儿，成吉思汗娶了年长的亦巴合为其众多妻子中的一个——这对她骄傲、忠诚的父亲来说无疑是巨大的荣耀——尽管成吉思汗不久就将她赏赐给了他的一个将军。而年纪较轻的唆鲁禾帖尼则成了成吉思汗最小的儿子拖雷的妻子，年轻的拖雷此刻正处于其辉煌军事生涯的起始阶段。尽管在接下来数年中，她的婚姻生活不时被其丈夫在中国和穆斯林世界的长期征战所中断，她却生了四个儿子，并且也因此而获得了赢得朋友与影响众人的动机与手段。

她的4个儿子将统治亚洲的大部分地区超过50年的时间，并且将重新界定亚洲历史的进程。但她也必须长期等待有利于她的时机的到来。

如果可以这样说的话，唆鲁禾帖尼的第一缕幸运的曙光来自于成吉思汗1227年的去世。成吉思汗曾下令他的第三个儿子窝阔台继承他的汗位，同时他的所有4个儿子都在他们自己的领地上行使个人的权力。年纪最长的术赤得到了今日的俄罗斯，其领地从西伯利亚中部延伸至黑海，但他却先于成吉思汗去世，其子斡儿答和拔都继承了他的领地。中亚从咸海至西藏分给了察合台。窝阔台的个人领地是西夏（基本上说，是中国西部的大多数地区）以及中国北部。最小的儿子拖雷则根据传统继承了其父的"炉灶"地区，亦即整个蒙古。这就是在适当时机将给唆鲁禾帖尼以权力的基础。

这样的分封包含着许多一厢情愿的想法，因为边界依旧很模糊，而且依然有许多由当地人引起的争端。中国的北部仅被征服了一半，花剌子模仍然需要平定，俄罗斯的王公们虽然被击败了一次，但还会卷土重来。拖雷的地位是最为稳固的，因为他可以号令有现成的公职人员团队的本土。此外——由于牧人们可谓亦兵亦民——他在理论上就可能已经控制了军队。尽管如此，这也只是一种他并未去探究的可能性，因为他不但臣服于窝阔台而且还乐此不疲：兄弟俩都非常喜欢对方。既然没有来自拖雷的挑战，唆鲁禾帖尼自然也没有理由来梦想其儿子们的荣耀了。

窝阔台以一阵追随其父梦想的军事行动的风暴开始了他的统治期，发动了四次规模庞大而又彼此独立的战役。其一便是重新确立蒙古人在伊朗的统治，把它从其塞尔柱统治者手中夺了过来。对高丽的入侵则开始了一次直到1260年才宣告结束的征服行动。1231

年又返回了中国的北部，这已经是成吉思汗逝世时最接近实现的目标。蒙古人兵分三路，分别由成吉思汗最伟大的独眼将军速不台、窝阔台自己以及拖雷来统领，而拖雷在20年前的第一次入侵时就已经征服了数座城市。

唆鲁禾帖尼的第二个意外之运是，在进入中国的战役初期其丈夫的去世。《秘史》以一种精心编造的戏剧化手法讲述了他的死亡：一个兄弟对兄长、将军对皇帝的忠诚的故事。1231年的战役开始不久后，窝阔台便身患疾病。水陆诸神都对他十分愤怒——很可能是震颤性谵妄，一种终身酗酒的结果。萨满们挤作一团来占卜病因。在检查完被屠杀的动物的内脏后，他们宣称需要一个牺牲品。但是在萨满们收集起战俘、黄金、白银、牲畜和食物来献祭时，窝阔台的病情却更加严重。现在能做点什么呢？这样一个问题被提了出来：大汗的家庭成员可以替代他吗？拖雷此刻恰好在场，而且自愿做窝阔台的替身。但是该怎样办呢？萨满们又聚在了一起，提出了更多的建议。拖雷将不得不喝下某种可以把窝阔台的疾病引到他身上的毒酒。拖雷同意说："巫师你来诅咒吧！"他所不知的是，窝阔台不仅仅忍受着疾病的折磨而且还要承受一种伤逝的剧痛，那是一个他在毫不知情的情况下承担的重负。拖雷喝了下去，毒药很快就见效了。在他还可以说话之时，他仅仅有时间把他的家庭托付给窝阔台来照料。"我还说什么呢？"他含糊不清地说道，"我已经醉了。"说完话他就再也没有恢复知觉，并且死去了。用《秘史》的非常唐突的话说，"事情的经过就是如此"。也许是这样，或者他也有可能死于饮酒过量。由于失去兄弟而心烦意乱的窝阔台再也没有恢复健康，悲伤成了饮酒量更大的借口，尽管如此，他还是又活了10年。

作为拖雷之遗孀，处在这个正在扩张的帝国中心的唆鲁禾帖尼翻开了新的篇章。对于一个富有的男人的寡妇来说，管理其亡夫的领地直到其最年长的孩子可以自行管理为止是蒙古社会的一个传统。当这件事发生时，她的长子蒙哥已经21岁了，但是窝阔台仍然给了她长久的管理拖雷领地的权力：她的家庭、她自己的一支军队、一个秘书处以及当地的人口，“所有的一切都要由她的命令与禁止、她的放任与约束来控制，不许违背她的命令”。本质上说，唆鲁禾帖尼变成了蒙古的女王，尽管还臣服于她的皇帝。

命运已经使她变得非常独立，而年届四十的她也有足够的明智与野心来保持这种独立性。当窝阔台建议她嫁给他的儿子(也是她的侄儿)贵由时——一个将会把两个主要的家庭连接在一起的联盟——她谦恭地加以回绝，并且说她的主要责任就是抚养她自己的儿子们。她终身没有再婚。在接下来的15年中，她治理有方，为自己赢得了无可辩驳的智慧与坚定的声望。来自局外人的报告都对此一致赞同。“在鞑靼人中，除了皇帝的母亲，这个女人①是最为著名的。”教皇的特使之一约翰·普拉诺·卡尔平尼写道。“极为聪明和能干，”拉施特说，并且进一步赞扬她“能力极强，十分智慧与敏锐并且对事情的结果考虑周全”。“所有的王公都对她的管理能力惊羡不已。”一位希伯来医生巴尔·赫伯留斯说，而且他还加上了一节引文：“如果我在女流之辈中看到另一个这样的女人，我应该说女流之辈远胜于男人。”

她的机智在其抚育4个儿子的方式中表现得十分明显。她保证他们都受到传统的蒙古方式的良好教育并熟知成吉思汗的札撒。但是这个帝国十分宽广，有着许多信仰。她从她自己的经验中了解到——一个克烈人和基督徒嫁给了一个蒙古的萨满教徒——不疏远盟友和臣民有多么重要。所以她的家庭里就有了佛教、聂思脱里教以及儒教的家庭教师，而后来在为儿子们挑选妻子时，唆鲁禾帖尼也以自己的形象为根据——自信、精力充沛、聪明、不墨守成规并且十分独立，并因而也带有了曾是成吉思汗更为令人惊异的特质之一的容忍。长子蒙哥选择了依然做一个萨满教徒，但却娶了一个聂思脱里教徒；旭烈兀，伊斯兰波斯后来的统治者，也娶了一位聂思脱里教徒为妻。忽必烈将要娶好几个妻子，但与其终身相伴的是他的第二任妻子察必，一位著名的美人和热情的佛教徒。

---

①他是意指贵由的母亲脱列格那，有关她则更为简短。

与帝国成长相伴随的是财富的源源不断的流入。金都开封于1233年的陷落，迫使金朝皇帝逃亡（他被围困在了宋朝边界的附近并被迫自杀）。在成吉思汗首次入侵20年后，整个中国北部都落入了蒙古人之手。在1236～1242年，西方的战事使得蒙古人的控制区越过俄罗斯的草原扩展到了波兰和匈牙利。在本土，窝阔台继续着由成吉思汗开始的建立一个完善的帝国管理基础的进程：制定成文法律，进行人口调查，并增加了税收的流入。

窝阔台现在也已经看到了成吉思汗曾经看到的一切：这就是，一个如此复杂的帝国不能够以营地来进行统治。他需要一个首都，一个蒙古人在克鲁伦河畔阿布拉格旧基地的替代物。这个仍然有待于详细的考古调查的地方，坐落在原始的蒙古人中心地区的南缘，肯特山就是在这里渐变为草原的。它的北面是大山、森林和安全的避难所；而它的南面则是草原、戈壁以及作为贸易与战利品之源的中国。对于一个部落来说，它是一个完美的总部，但并不适于一个帝国。成吉思汗知道一个可以从那里管理他的新建国家的最好地方。它坐落于更加遥远的西方，在鄂尔浑河的河谷，这里是前突厥帝国的统治中心。突厥人称其为哈喇和林，意为“黑色砾石”。成吉思汗曾于1220年将它选作了新都，但此后却无暇进行建设。窝阔台于1228年在阿布拉格举行了一个盛大的忽里台，并以此为标志开始了他的统治期，也极有可能是在这里，他监督了收入《蒙古秘史》中的传奇故事与信息的收集，并且已经有了一个庞大的计划。也正是他再一次实现了其父的梦想，于1235年开始把哈喇和林变成一个永久的定居点，而这一切则是在刚刚完成对中国北方的征服之后、下一次大规模的西征之前。

这是一个有四个大门的土墙围绕的小镇，里面有一座宫殿，地板是木制的，有木头的支柱和盖着瓦的屋顶，附近的地窖则用来储藏财宝——近来的发掘找到了一些雕像和有佛祖头像的陶俑。与此相连接的是一些私宅，前面则是一座背上驮有浮雕石柱的巨型石龟，与那些通常守卫中国寺庙的石龟一样——也许这只石龟仍然还在孤独地为哈喇和林的替代物额尔德尼召值守夜班。在里面，一条中间的过道直通台阶，其上便是窝阔台的御座。当然，蒙古人从来都不建造城市——现在也依然如此：正如每个到乌兰巴托的访客将会告诉你的那样，这个地方的魅力来自人而不是建筑物。所以，哈喇和林也肯定曾经是这样的。不久，三分之一的城镇便被控制着供奉、萨满、商人、驿站邮政系统、财政以及军械库的政府机构占据。但是甚至在穆斯林商人和中国工匠蜂拥挤进城墙内时，它也不完全是个城镇。圣方济各会修士威廉·鲁不鲁克曾在1253～1254年间见到过它，而且印象不佳："你应该知道那个大汗的宫殿一文不值，它无法和圣丹尼斯相提并论，圣丹尼斯的寺院也要比那个宫殿强10倍。"

但这无关紧要：它是一个在此前从未有过中心的地方建立起来的中心，这里聚集了成百的蒙古包（蒙古语称其为：格勒）、成千的大车和上万的牲畜。大批富裕的蒙古人，每人都有了需要由多达200头牛来牵引的为数众多的车辆，这些大车连成了一个由20～30辆大车队组成的巨大的车流，它们都在一辆由一位妇女驾驭的大车的带领下，排成一线缓慢而笨重地穿过开阔的草原。也许某个访客已经见过了一辆这样的巨型大车，它有10米见方，车轴像桅杆，由22头牛牵引，其上则安放着皇帝的大帐。有些人怀疑这样的大车是否存在过，但在今日的乌兰巴托至少有三个这样的复制品，而其中的一个在每年7月的国庆庆典上，都会环绕体育场缓缓驶过。没有人知道这样一个笨重的怪物怎样或在什么地方曾被使用过，但在13世纪30年代，它无疑应该吱嘎作响地来往于旧的阿布拉格和新的哈喇和林之间的路上。

这就是窝阔台新建立的行政机构的总部。在这里，他的主要助手就是成吉思汗的中国顾问，一位来自贵族耶律氏的身材高大（6.8英尺）的契丹人，名叫楚材。契丹人曾经统治过中国的北方，直到1125年被金人所征服。楚材的父亲选择了为新的政权工作，楚材亦步其父后尘，官拜北京城的副文官（左右司员外郎——译者）。尽管只有20岁出头，却因其才智、身高、洪亮圆润的嗓音以及齐腰的长髯而声名远扬。他经历了1215年的城市遭劫，并于此后在一座寺庙里隐居了3年，以期恢复他平和的心智，然后——由于他的声望——应诏赴蒙古觐见成吉思汗。成吉思汗任命他为新近成立的中书省首长，负责管理记录法律与税收的书记员。这是一个希望楚材不会拒绝的职务，因为，就像成吉思汗所说的那样，契丹与金是世仇，“朕为汝雪之”。楚材则有足够的勇气指出，他和其父已经为金朝尽忠多年。成吉思汗真的希望他将其父与其前雇主当做敌人吗？无论如何，成吉思汗还是把这份工作交给了他，并在此后始终对被他称为“长髯”的楚材十分尊重。1219年耶律楚材随同成吉思汗一道进入了穆斯林的土地，并且在其主人1226～1227年对西夏的最后战役中始终伴其左右。1229年窝阔台任命他为新的中书省——实际上就是政府的首脑，负责中国北方那些已经被征服的地方，也是第一位负有如此广泛责任的民政官员。同一年，窝阔台任命了同样杰出的一位外国人为其穆斯林土地上的总督。他的名字是马哈木德，即著名的牙老瓦赤（突厥语意为“特使”，因为那曾是他在成吉思汗时期的第一份工作）。

正是楚材竭尽全力引导窝阔台远离酗酒与狩猎的生活方式，走向财政的节俭。这既是一种政治的也是个人的斗争，因为宫廷里的传统主义者们把牲畜看做是唯一真正的财富，鄙视掘地的汉人，并且严肃地建议杀掉所有农庄里的人口，然后把它们变成草原。有谁会在乎在这数百万农民身上发生什么事情呢？不管怎么说他们都一文不值。楚材指出，这样的冷酷无情是一种自我毁灭。更好的办法是培育农民，并对他们征税，通过官员们来征收丝绸、谷物和白银。在1230年，楚材证明了这套系统的卓有成效：他上交了白银10000锭。第二年，楚材就加强了他的地位。

自然，他的蒙古同事们大为不满。他们把楚材的建议看做是阴谋，因之剥夺他们刚刚得到的战利品，并且将他们口袋里的钱转入皇帝的国库。窝阔台也没有给他多大的帮助，因为他对突然大量流入财富的反应仅仅是变得加倍的荒淫无度，既需要钱来支持他的军事行动，又要投资那些向他保证更高回报的穆斯林商人。当窝阔台将税收权转交给一位名叫奥都剌合蛮的穆斯林“包税商”时，楚材的改革走入了死胡同。奥都剌合蛮的密友们可以购买税收权，然后强征他们想要的任何利息，每年高达100%（窝阔台则体谅地禁止更高的利率）。他们变成了蒙古人的放高利贷者，开始了一种邪恶的连环欺诈的活动。这些穆斯林商人会把窝阔台的金钱以高得离谱的利率借给那些需要贷款来补偿税收损失的不幸的农民们。结果可想而知，人们逃离家园躲避那些税收官员及其滥施淫威的帮凶。根据一项估计，有50%的居民或者流离失所，或者沦为蒙古官员的奴隶。楚材实际上已经被边缘化，并在窝阔台死去3年后郁郁而终。

已将蒙古本土大权在握的唆鲁禾帖尼从这些动乱中坐收渔利，而且也从中学到了很多。1236年，在窝阔台完成对北方征服的两年后，她要求将河北省的一部分作为她的份地，亦即她私人的领地，窝阔台并未犹豫多长时间。正如拉施特所说的那样，他"经常和她探讨国家的所有事务，而且从来不会漠视她的见解"。很快就使他惭愧地顺从了她的意愿，指出她无论如何都有权利得到那块土地，因为她的丈夫曾经征服过它。

在去往该地的途中，她和其家人——包括21岁的忽必烈——可能已经看到了由蒙古战争机器而导致的可怕的凋零破败景象：被迫放弃的农庄、杂草丛生的田野、空无一人的乡村、逃难的人群。在过去的3个世纪中，这里曾经经历过另外两次蛮夷的入侵，但没有一次会是这样。13世纪初期约为4000万人的北方人口到1234年已经下降了四分之三，由760万户下降到了170万户。这个数字是如此令人震惊以至于许多学者都觉得难以置信。统计数字的收集方式肯定出现了某种差错，但却没有人知道究竟错在何处。也许是家庭被打散了，或许是数以百万计的人口逃到了南方。无论在任何情况下，即使下降"只是"一半或者三分之二，其社会后果也都将是灾难性的。

今北京西南约200公里的正定（真定），与大多数其他定居的地方相比都更加轻松地逃脱了这一切，因为它被赐予了一个投降了成吉思汗的当地军阀。此人建立了一个农民的自卫组织，使这片地区成了一个和平与稳定的世外桃源，同时也给他的儿子史天泽提供了非常好的行政管理的经验。虽然如此，它也不是一个许多蒙古人会来侵扰的地方。这个地方以其佛教的寺庙、佛塔和雕像而闻名于世，至今依然如此；其中的一些正是唆鲁禾帖尼所熟知的，譬如高达22米的千手千眼观世音青铜雕像，她正在一个复合寺庙的主殿对着游客挥舞着她的42条手臂。这个地区处在巨大的中国北部平原的西缘，在这里，富裕的农田渐渐变成了河谷间蜿蜒起伏的低矮的山丘。这里的80000户家庭，很可能超过50万的人口，对于传统的蒙古人来说完全是没有任何意义的，在他们看来，农民毫无用处，而农田只是潜在的草原。但唆鲁禾帖尼却并不这样认为。由于成吉思汗的远见与楚材的榜样，她看到了一个在远离由于蒙古人的入侵而遭到严重破坏的城市地区以外建立个人财富的机会。她将培养她的领地和农民，通过雇佣汉族家庭教师教育她的孩子们来取信于当地的居民，并且通过资助佛教与道教来求得他们的支持(当地甚至有谣言宣称她放弃了聂思脱里教)——而财富将会以税收的形式源源不断地流入她的家族。

同一年，她在这项精明的计划中又铸造了另一个联系。忽必烈在其母的领地南方约100公里处得到了一块他自己的领地，一块拥有10000人户的地方。由于太年轻以至于对良好的政府管理没有兴趣，他最初放任当地的官员恣意妄为，结果可想而知：赋税更加沉重、腐败盛行、抗议之声被忽略、那些健康而强壮得足以在各地建造房屋的人纷纷逃亡，同时税源与税收收入亦随之而剧烈下降。——或许是由于其母对这件事情的反应——对事情变化大为震惊的忽必烈下令进行改革。一些新的官员相继被任用(其中，史天泽来自其母的封地)，税收法律也被修订。10年后，人们又返回了他们的旧宅。忽必烈学到了有关管理事务的非常重要的一课。

从13世纪30年代的中期起，窝阔台就在持续不断酗酒的过程中走向生命的终点。他饮用的是烈酒，而非蒙古传统的用马奶酿造的“艾里忽”。一位特别的官员被任命来统计他饮酒的杯数，这只是一种绝望的努力。数量明显地下降了，但是他给自己更换了更大的杯子。

在一个酒鬼的领导下，各路诸王纷争不断。其中一个争端就牵涉到了窝阔台的长子贵由及其侄儿金帐汗国的大汗拔都，其封地介于今俄罗斯从高加索到乌拉尔山之间的草原地带。在1236～1241年蒙古入侵俄罗斯、波兰和匈牙利期间，举行了一个两个人都出席了的宴会。《秘史》引述了一段有关拔都所发生事件的陈述。由于认为自己年纪稍长一些，拔都自然先喝了几杯，贵由与另外两个宗王非常生气，扔下一连串侮辱性的言语后便骑马扬长而去。他们都是平等的，拔都凭什么自以为年长。他只是个长胡子的老妇人……只配用燃烧的木头棍把他的胸脯打烂……给他安上一条木头尾巴。返回家后，窝阔台支持了拔都并且责备了他的儿子："他只不过是一个臭蛋！竟敢与兄长敌对！"他之所以趾高气扬、目中无人，是因为他自以为自己征服了穆斯林国家。盛怒之下，窝阔台废除了贵由作为他继承人的资格，并指令另一个孙子失烈门取代他的位置。

1241年12月，这位皇帝参加了每年一度的冬季狩猎活动，这是一个重大的事件，为此他修建了一条长度达两天行程的栅栏来围捕野兽，主要是白尾鹿和狼。然后他便在其宠幸的穆斯林税官奥都刺合蛮的陪伴下开始了彻夜狂饮。12月11日黎明时分，55岁的窝阔台一命呜呼。《秘史》的作者通过一句出自窝阔台之口的自责之语总结了他的统治："朕沉湎于酒，这是朕的过错。"这是一个不光彩的结局，这也许就是为什么他没有和他的父亲一起被埋葬在位于蒙古北部的蒙古人心目中的圣山不儿罕合勒敦，而是被安葬在了他自己的私人领地、位于蒙古西陲的准格尔（Jungaria）。

他的寡妻脱列格那接管了帝国，并且置其遗愿于不顾，着手为其长子、时年35岁的贵由谋取汗位。单凭他自己是不会做到这点的，因为与其父一样他也对烈酒情有独钟，并且也因此而疾病缠身。根据约翰·普拉诺·卡尔平尼的记录，脱列格那是一个强硬的妇人，是唯一能够超越唆鲁禾帖尼的女人。拉施特则说，她"并不很漂亮，但却有非常专横跋扈的特质"，并且大家都说她是一个令人讨厌的人（尽管所有这些记载都是在她被扔到历史的垃圾桶之后，所以她也许并不像被描述的那样坏）。她用争吵和贿赂争取到了大多数家族成员，但并未能说服拔都。拔都拒绝参加忽里台，即那个将选举下一位大汗的诸王大会，并宣称他患了痛风。这种延宕持续了5年之久，其间，脱列格那使出浑身解数通过阴谋与贿赂为她的儿子谋取支持。

在意识到脱列格那实际上处于一种不可动摇的地位后，唆鲁禾帖尼采取了一种等待的战术，经过为时4年之久的动荡的汗位空悬期，保持着对窝阔台家族的默默的支持。争吵几乎使得帝国分崩离析，每个诸王都在自己的领地上制定法律，从而改变了成吉思汗的已经成文的敕令。此刻已经70余岁的成吉思汗最小的弟弟铁木哥甚至也敢于建议，作为元老他应该被任命为大汗，而无须召开诸王大会，这也是一个让他在适当的时候付出了代价的诉求。动乱的威胁与日俱增，直到唆鲁禾帖尼——她始终在小心翼翼地克制发出她自己的敕令——站出来支持贵由，使脱列格那在诸王大会上获得了轻微的但却意义重大的多数。脱列格那终于可以安排这个于1246年举行的聚会了。

然而这次忽里台被术外尼以其通常的华丽的风格描绘为一次最为壮丽的帝国盛事。随着风雪的飘散，草原一派新气象，斑尾林鸽与斑鸠在嬉戏，悦耳的夜莺在歌唱，哈喇和林变成了一个展示新建的权力与财富的舞台。数以百计的贵族从帝国的各个角落汇集到一起：成吉思汗散落各地的后裔，儿子们与孙儿们、表亲们与侄儿们，还有在超过数周时间内参加进来的来自中国北部、高丽、俄罗斯、匈牙利、突厥斯坦（即里海以东的中亚地区——译者）、阿塞拜疆、土耳其、格鲁吉亚、叙利亚甚至巴格达的顺从的领导人都来到了这里，形成了一个由200顶蒙古包构成的卫星城，尽管巴格达此刻还没有被征服。这是一个以前“既没有人看见过也没有人从编年史上读到过”的场景。术外尼的话得到了一位意大利教士约翰·普拉诺·卡尔平尼的证实，他刚刚到达这里，忙于从长期居住在这里的讲拉丁语与法语的俄罗斯人和匈牙利人那里收集内部情报。

欢宴与狂饮持续了一周，在此期间，诸王们不情愿地将汗位赋予了贵由，后者在照例推辞三次后接受了它。他的加冕仪式于同年

8月在距哈喇和林数公里的一个河谷中的第二个蒙古包营地举行。贡品被带到了这里，共有500辆大车的丝绸、天鹅绒、织锦缎、黄金、白银和皮毛都被陈列在贵由加冕的斡耳朵四周和里面——一个巨大的由镀金木头柱子支撑的黄色毡帐宫殿。——由于一场冰雹灾害而推迟了几天——这个仪式使贵由登上了一个由俄罗斯金匠制作的镶嵌有黄金的象牙御座。正是唆鲁禾帖尼监督了贡品在所有人中间进行重新分配的艰巨的分发工作，从成吉思汗须发斑白的老随从到指挥1万多人的万户那颜，再到指挥10人的十户长，从苏丹们到低级官员及其所有的随员均有所得。

贵由与脱列格那一同迫使参加聚会的诸王们作出将汗位留在窝阔台系的保证。这实际上与成吉思汗本人的意愿相悖，《秘史》里就有一节强调了这点：如果他们如此无能以至于

尽管裹上草，
牛也不吃。
尽管裹上油脂，
狗也不吃。

——难道朕的子孙中连一个好的都不会有吗？

所以对诸王来说从这个家族的其他分支中——比如拖雷系——找到一位大汗将会是完全可以接受的事情。唆鲁禾帖尼不是可以将蒙哥推向前吗？他已经36岁了。但她还不打算介入这个冲突。这只会进一步损害帝国的团结，而且也很可能会危及她自己的地位。所以她保持了沉默，与那些被迫保证汗位承袭将永远留在窝阔台系的诸王们一道，向贵由发誓，“只要你的子孙中留下一块裹在油脂或草里牛狗都不吃的肉”事情就不会发生变化。这是一个蓄意推翻他们的圣主成吉思汗圣谕的保证——此外这也是一个具有令人震惊的直接影响的保证：成吉思汗已经年迈的弟弟铁木哥被处死，因为他自己曾经对汗位有所觊觎。成吉思汗的兄弟居然被处死！在某些

诸王中间肯定还会有许多不愉快的事情。而其中最不愉快的当数拔都。他已经不情愿地踏上了参加大聚会的旅途，但却为时过晚：脱列格那已在他到达之前设法完成了汗位的继承，而其时他和他的军队仍在1000公里以外。

但是，不满的抱怨还是持续不断。贵由始终不是一个好的选择，他的健康状况总是很差，并且由于酗酒而每况愈下。他喜怒无常、生性多疑、不苟言笑。他的母亲塞给了他一些不情愿的亲戚和下属，而她用来收买诸王默许的那些礼物又不足以继续维持下去；的确，脱列格那在继续疏远着家人和官员们，尤其是她对一个心腹的选择。

这是一个耸人听闻的传说，开始于加冕礼不久之前。脱列格那雇用了一个名叫法蒂玛的穆斯林妇女，她曾经作为一个战俘被带到了哈喇和林，在这里她建立起了一个负责当地妓女的生意。此人不知如何混入了脱列格那的家，并变成了这位女王的密友兼顾问——某种女性版的拉斯普京（俄罗斯西伯利亚农民“神医”，因医治了王子的疾病而成了沙皇尼古拉二世与皇后亚历山德拉的宠臣，此人行为淫乱，后因干预朝政而被保皇派谋杀——译者）。对于女王的秘密观点及宫廷阴谋的了解，给了法蒂玛太多的影响力。没有她的允准没有任何大臣可以做他们的本职工作，她甚至开始自己发布命令，达官贵人们不得不卑躬屈膝求得她的宠幸。不可避免的是，他们憎恨她，祈求她得到应有的惩罚。这种惩罚在贵由即位不久之后其兄弟生病时到来了，有人说一定是法蒂玛对他施了魔法。值得赞扬的是，贵由决定改变这种伤害。他设法让她离开母亲的控制，并使其受到指控和酷刑，直到她承认，然后将她处死，即给予她那种优雅的上层阶级的不流血而死的荣誉。“她的上下口都被缝死，并被卷到一张毡子里扔进了河里。”这无疑让人最轻松地喘了一口气，但治国理政的良好基础便由于这样一种母子间的冲突而丧失殆尽。

在此期间，拔都在干什么呢？他仍然在缓慢地前进。贵由怀疑他有谋反之心，于是召集起他自己的军队向西进发，表面上是去巡查他位于哈萨克与蒙古边界的领地。一旦到达那里，他就会为反入侵做好准备。所有这一切都会花上数月之久，从而为唆鲁禾帖尼最关键的一次干涉开启一个机会之窗。这是一个充满危险的困难决定。如果她被发现，所有的一切都将丧失——她长年的等待、小心翼翼的关系网、寄托在儿子们身上的希望。她会被当做一个叛徒与其家人一道遭到处决。这就是她所做的事情：回想起她已故的丈夫与拔都之父的联系，她向拔都发出了告诫密信，用拉施特的话来说，贵由的前进“并非没有奸计”。利用事先的警告，拔都自己也在做着采取行动的准备——然而就像结果显示的那样，这已经毫无必要，因为在1248年4月，这两支军队实际上已在巴尔喀什湖沿岸摆开了阵势，但总是身体欠佳再加上旅途劳顿的贵由却在此时命归黄泉：可能是被毒杀，也可能死于战斗，但最大的可能则是死于疾病。

满足于自己在俄罗斯南部的帝国的拔都，对提升自己为新的大汗之事毫无兴趣，而且他也欠唆鲁禾帖尼一个人情。所以他立刻调转军队参加了诸王大会并提议唆鲁禾帖尼的长子蒙哥继承汗位。

然而，返回家后，贵由的儿子们在其母亲的庇护下竭力反对，并且都建立了他们自己的宫廷，就像窝阔台最钟爱的孙儿失烈门所做的一样。于是帝国再一次陷入混乱，地方的统治者们更是各扫门前雪，从其属民那里攫取他们能够榨取到的一切。诸王们则利用为加速帝国的通信联络而建立的驿站系统为他们自己谋取私利，与某些即将倒台的独裁政权的官员们利用部长的豪华轿车为自己做兼职生意的情况如出一辙。没有人知道谁将是下一位统治者，每个人都在为影响力而拼命挣扎，许多人甚至发出信息称他们不会来参加选举新汗的会议。

贵由的寡妻斡兀立·海迷失将根据传统行使摄政之职，直到她的长子适于统治。但是她的儿子们——窝阔台的孙儿们——都太年幼。此外，这一系列的事件也使她心力交瘁，于是便与萨满巫师们搅在了一起，企图以巫术来达到目的。人们还铭记着成吉思汗的教诲：如果窝阔台的子孙不肖，那么，新汗就应该从其他的支系中挑选，亦即从成吉思汗其他三个儿子的子孙中挑选。而他们中的两个

（术赤与察合台）所拥有的领地是如此遥远，以至于他们的后裔已不在考虑之列。剩下的就只有唆鲁禾帖尼的孩子们，成吉思汗的幼子拖雷之子、蒙古本土的继承者们了。

现在，唆鲁禾帖尼最终为她自己而投入了战斗。此刻她已年届六十，而且这也是她的最后机会。她有着众多有利的因素：她自己的权力基础、金钱、尊敬、影响力。宫廷已由于法蒂玛事件而陷于分裂。而且她还有一个优势，亦即贵由的儿子们是成吉思汗的曾孙，而她自己的儿子们却是成吉思汗的孙儿，与这位伟人的关系要更近一代。年近四十的蒙哥是一个很好的选择，而且也完全有资格。他自己也于1238～1241年带领蒙古军队向西进入欧洲，焚烧基辅，在莫希的战斗中击溃匈牙利军队。此外，他的两个弟弟同样也是经验丰富的将军，当帝国重新开始履行将蒙古人的统治强加于世界这一天授神命时，他们将会起到一种非常关键的作用。

1250年，争端已经基本上结束了，其时，竞争对手们都齐集拔都的营帐，并聆听拔都再次重申蒙哥应该当选的决定。但是这次聚会并未在蒙古本土举行，因而也没有多大的影响力。次年，第二次大会又在阿布拉格附近传统的地方举行，并且确认了这一选择。仿佛就像一次总统选举的结束一样，蒙哥对其前反对者及其家人可谓慷慨、安抚及友好有加。除失烈门依然心怀异志外，这样的举动几乎可以说是成效斐然。

术外尼讲述了这个故事。

背景是阿布拉格的诸王大会，可以想象到这里有几个石头建筑物以及周围的大片蒙古包以及大车与牲畜，而每个人都因即位一事终有着落而十分高兴。一位名叫怯薛的放鹰者（怯薛之意只是“宿卫”，但是就让我们尊从术外尼的说法吧）丢失了一匹最喜爱的母驼。于是他动身去寻找它，在骑马游荡了两到三天后，他遇到了一支军队。他们究竟是谁？答案出来了，我们是来向蒙哥表达我们的祝贺与顺从的。安下心来的怯薛继续他的寻找，他看到了一辆坏掉的大车和一位正在修理它的年轻人，于是他停下来去帮助他。这时他注意到，大车里满载成捆的武器。

“这些武器都是些什么？”

“和其他大车里的一样。”小伙子回答道。

怯薛终于产生了好奇心，开始了和其他人的交谈，并且一点一点地把故事拼凑到了一起。这些人正在“策划谋反和叛逆、暴动和政变”，目的在于当每个人都沉浸在欢宴中时，对蒙哥发动攻击。他谎称继续找骆驼，只用一天就走完了3天的路程，闯入新皇帝的宫殿，道出了秘密。人们感到很惊讶，但却不相信他。他一遍又一遍地讲述他的故事，蒙哥仍然没有认真对待这一威胁。他的官员们表示了异议，最后，宫中一致同意由首席法官兼皇帝卫队首领的忙哥撒儿率领3000人前去调查。他们到达了这支军队那里，发现它属于失烈门，并将其包围。失烈门及其军官们大惊失色：“有口难辩，进退维谷，他们发现逃走无望，留下来也不成。”在警卫的押解下，首领们9人一组走进了蒙哥的所在之处。在3天的审讯之后，蒙哥得出了他的结论。这是难以置信、不可想象、既不会被聪明的耳朵听到、也不会为明智的心灵接受的，但这仍旧是事实：他们是叛徒。接下来就是逮捕和承认罪行，以及——一旦蒙哥克服了他的慷慨天性与饶恕的愿望——处决。一个罪犯被斩首，另一个被踩踏而死，其他人则以一柄短剑剖腹自戕。

接下来的清洗甚至远抵阿富汗与伊拉克。贵由的寡妻斡兀立·海迷失也在被处决之列，蒙哥称其比狗还邪恶，是最坏的巫婆；同时遭处决的还有失烈门的母亲，以及在适当时机除掉失烈门本人。这是一次可怕的杀戮，忙哥撒儿本人就宣称审判并杀死了77个反对派的首领，其他成百上千的人也肯定会因此而丧命。这一严酷的插曲标志着一个更加严格地献身于成吉思汗梦想的政体的开始，这一新的意识形态得到了官方的成吉思汗崇拜的支持（一种延续至今的崇拜就此而诞生）。

这就是蒙哥如何获得了绝对的权力，以及幸亏有唆鲁禾帖尼和一系列好运气，拖雷系如何取代了窝阔台系——这也意味着，倘若蒙哥有何不测发生，汗位传给忽必烈就有了一个绝佳的机会。

蒙哥为成吉思汗的神圣愿望、亦即努力完成统治全世界的任务带来了新的活力，他开始了一系列改革和扩张的计划。两者可以合二为一：新的征服将可以团结其分裂的民众，但也只有在他们停止自行其是、共同努力时才有可能；这就要求在了解可以利用的准确资源数量的基础上来行使权威。于是就有了一次覆盖帝国全境的人口调查(实际上是好几次调查)。这一巨大工程的实施贯穿于整个13世纪50年代，产生了某种蒙古式的土地清账手册，清点了从太平洋沿岸到波罗的海的人民、城镇、牲畜、土地与原材料。这里将不再有自私自利，不再有高官利用驿站作为谋利手段。这里将出现以现金支付的人头税(在伊斯兰的土地上是以个人为基础，而在汉人地区则是以家庭为单位)、一种以实物支付的农业税和各行各业的商业税。人口统计也告诉蒙哥的中书省官员，他的武装力量的潜在规模，而且还在每个地区确定了拥有可以招募至军队的年轻人的家庭。

在此基础之上，这里将出现帝国前所未见的向外扩张。蒙哥让他的弟弟和亲属们负责进行这些战役。旭烈兀将西进，更加深入地进入伊斯兰世界。蒙哥自己和忽必烈将进行对南方的最后征服，即宋王朝。相对较小的第三支部队将在成吉思汗的侄儿术赤·合撒儿的统领下进入高丽。此次扩张的核心就是这三兄弟——蒙哥、旭烈兀与忽必烈——蒙哥为首，他的两个兄弟分别为他的左右翼，一个在西方一个在东方，彼此配合互助：扩展帝国及其家族的权威，一个在伊斯兰世界，另一个则在中国。

在此期间，已经从母亲那里学会了如何很好地治理其封地的忽必烈，雇用了有6位汉族顾问组成的智囊团，他们中大多数人的宗教或者理念兴趣都是相同的，而所有的人都准备为他们的新领主尽忠，并在当忽必烈于三种主要宗教传统——佛教、道教、儒教中寻求出路时，给他提供指导，同时也希望将这些领导人塑造成贤明的中国君主。这是忽必烈颇为非同寻常的一步，因为这是通过跨越语言和文化的鸿沟来进行的。忽必烈不会讲汉语，也没有几个汉人会讲蒙古语。所有的交流都要通过翻译人员。

在这些顾问人员中，有3个人具有特殊的意义。

第一位是个卓越的佛教僧侣，海云法师，此人在孩提时代就极为聪明，以至于他发现儒教太过简单。据说在7岁时，他已经就有关幸福与悲伤的问题阅读过孔子的著作，但却发现没有多大帮助。于是他转向了佛教，并在9岁时剃度。当蒙古人于1219年夺取凉州——即今甘肃省中部的武威——时，年仅16岁的海云就和他的师父一道毫无惧色地云游于混乱与抢劫之间。一位将军问他们是否怕被军队杀死。恰恰相反，海云镇定地回答道，他们依赖军队的保护。负责北方事务的木华黎对此印象极为深刻，并引起了成吉思汗对师徒二人的注意，后者下令给他们衣食，并免除了赋税。此后不久，师父便圆寂，弟子则继续着其宗教基础的寻求。在此期间他获得了启迪，并以在佛教中被当做智慧证据的高深莫测的语句之一表达了他的启示之感："今天，我第一次意识到眉毛是横排的，而鼻子是竖直的。"他升任几座寺庙的住持，以后又进一步被耶律楚材提升，并在减轻蒙古人在中国北方的无节制的行为方面做了很多事情。有一次，当在被问到有关高官狩猎的建议时，海云尖锐地回答道，官员们的紧迫任务是保护生命，而不是玩游戏。后来，当蒙古人争论是否要在他们的汉人属民臂膀上打上烙印，以便在他们逃跑后可以将他们辨认出来时，海云又一次谴责了他的领主们：人不是牲口。他说，而且除此之外，他们又可以逃往何方呢？因为普天之下都是蒙古人的世界。这种想法最终被放弃了。当忽必烈于1242年在哈喇和林遇到海云时，他问这位佛僧，佛教是否可以提供一条天下太平之路。海云回答道，它可以，但却需要一种知性，忽必烈应该让学者们围绕在他的身边。但是这位诸王此刻却急切盼望一种捷径。三教——佛教、道教、儒教中哪一种最高？海云回答说，就智慧与真知而言，佛教最高，它给一个希望提升德行、减轻痛苦、抵御迷惑、接受好的建议、避免奢侈以及区分善恶的诸王提供了最好的指导。忽必烈对此印象极为深刻。当他的第二个儿子于1243年出生时，正是海云命名其为：真金。

也正是海云为忽必烈引见了第二位和尚：刘秉忠，一位画家、书法家、诗人、数学家——著名的道教派别全真道的多才多艺的人物，该教的教长长春真人曾被成吉思汗一路召唤到了阿富汗。刘后来皈依了佛教，但也没有失去对道教和儒教的兴趣。当海云最后返回去管理他在北京的寺庙时，刘秉忠留在了忽必烈的官邸，并将其一生奉献给了——用其传记作家陈学霖的话来说——“根据儒教原则来修正蒙古风俗的理想”。

第三位顾问姚枢曾于1235年入侍窝阔台，并受命与突袭军队一起穿越宋朝边界。在此期间，他也尽了自己最大的努力来限制蒙古人的残暴行径。后来，他协助在北京建立了一所儒家学院，但后来由于痛恨蒙古人的统治，隐居乡野达10年之久，直到忽必烈物色到他并邀请其于1251年赶赴哈喇和林。在这里，他成了8岁的小真金的家庭教师，真金也是忽必烈最钟爱的儿子以及未来的继承人。

忽必烈还雇用了一些其他族裔的人士，因为他有意要平衡他的过去与未来、当地与帝国、蒙古人与汉人以及突厥人之间的利益关系。对于有关政府的建议，他有汉人团队；对于军事事务，他依赖蒙古人；而翻译与秘书工作则主要靠突厥人。这是一个令人惊异的庞大而又多样性的团队——总计约有24人，是一个为了政治平衡而精心挑选的影子内阁，几乎可以说忽必烈正在准备着远远超过其领地的管理。

因而当他向蒙哥要求扩大他在中国北方的责任时，他完全可以胜任。这样一种要求有着很好的战略原因——确保征服军队的可靠的军需物资流入。他的眼睛紧盯着黄河沿岸富裕的农田及其贡品，即今日的陕西省与河南省，大约在古都西安和新近被征服的开封。蒙哥对一次交出如此大片的领土非常谨慎，并给了忽必烈一个选择。他的汉人顾问告诉他，下游的土地易于受到洪水与盐碱的影响，所以他挑选了渭河上游地区，这是一块面积相当于英格兰一半的不规则的圆形，从渭河河谷向南越过山脉直到宋朝边界。蒙哥对他所提出的理由印象深刻——人口更少，他们中的许多人都不是汉人，虽然对政府诡计多端，但却有着更大的潜力——所以他也把河南省的一部分交给了他。在管理这些地区时，忽必烈遵从了耶律楚材的建议、其母亲明智的实践以及蒙哥的帝国战略。他允许农民耕种，然后对他们课以合理的税赋，而且还建立了“军事农场”(屯垦)：这是致力于为军队提供物资的殖民点。结果成效斐然。他拥有了自己的权力基础——一个中国的基础，这在草原的传统主义者中掀起了一种他正在走向汉化的疑虑。

从某种意义上说，他是在这样做，但走完全程也是他不能接受的。他的母亲可能已经建议他在帝国最近的表现形式中保留和蒙古的一切联系。比如还有它的西翼，在1251年时是由现今的伊朗东部和乌兹别克斯坦组成的。大约有30年的时间这些地区连同其著名的丝绸之路城市，依然是一幅破败不堪的景象，而伊斯兰世界的西部及其伟大的首都巴格达却毫发未损。唆鲁禾帖尼自己和这些地区保持着联系，资助清真寺与马德拉萨斯或者穆斯林学院的建设——包括不花剌的一所拥有1000名学生的学院——正如穆斯林们所评论的那样，这是一位基督徒女王所做的一件辉煌的事情。

1252年初，年过七十的唆鲁禾帖尼去世了。她被安葬在了遥远的甘肃省西部，在张掖，一个守卫着丝绸之路的古代卫戍城市，因而对聂思脱里教的僧侣们来说，这里也是个补给站。唆鲁禾帖尼肯定与这座城市有着某种早期的永恒的联系，因为她的墓地据说就在巨佛寺，该寺无论在当时还是现在都非常著名，不但由于其雕像的规模与年代——34米，11世纪——而且还由于它实际上是横卧的这一事实。当笔者2005年到达那里时，这座雕像正在经历修复，以便除去其1000年之久的污迹。笔者独自一人，情绪低落，不知道要去寻找什么，徘徊在脚手架旁边，想象它掩盖着一堵装饰之墙。当我抬头向上看时，我意识到并且也看到了一个巨型的微笑在我头顶的夜空中渐渐消逝。

由于没有任何基督教的痕迹，我开始怀疑我是否在涉及一个神话。我勉强留住了正处于与修复相关的会议之间的吴镇科(音)所长。这是一个四十多岁的精力充沛的人，留着平头，他正是那个应该被提问的人，因为他写过一本有关寺庙的书。他也是一个热心人；信息就像被摇过的香槟酒一样从他的无边眼镜的后面嘶嘶地冒了出来。“在13世纪，这个地方的规模大概是现在的5倍。它既包含有基督教也有佛教的因素。毫无疑问的是别吉（他使用了一个我在此前从未听到过的中国式的‘谥号’）就葬在了这里。”的确，她与这里的联系是如此近，以至于一些人认为，她首次到来时正身怀忽必烈，而他实际上也出生在这座寺庙里。“一代接着一代的当地人都是这样说的。”但是正在他的一册书上签名的吴是一位非常谨慎的学者，他并没有支持这样一种说法，“我们没有证据。也许有一天我们会发掘一些历史遗迹来证明他们所说的话”。今天没有任何仪式可以和唆鲁禾帖尼相连，而在其他各地她成了一个被崇拜的形象，并且是成吉思汗陵，伊金霍洛——圣主禁地中的那些被崇拜者之一，那是内蒙古的一个寺庙，成吉思汗及其家人就是在那里接受人们的祭拜的。

唆鲁禾帖尼肯定已经接近了她生命的终点，并且也欣慰地得知她的伟大的目标已经实现。她的长子是大汗，帝国重新团结了起来，成吉思汗征服世界的梦想再一次变得更加现实了。在她去世之前，她应该已经听到了蒙哥将帝国更进一步地扩张到穆斯林世界的战役开始的报告，也知道了忽必烈正在进一步深入内地。

考虑到其儿子们的性格，她可能已经猜测到了这只是一个开始。然而她却不可能猜测到，忽必烈会在某一天继承大统。

第二章 恐怖的第一战

KUBLAI KHAN

有一些情况似乎是令人惊异的相像。一个大国的领导人在造成分裂的选举后，都需要团结他的人民，并为战争作计划。突然，由于一种不同寻常的机会，一个有着极为暴力记录的组织开始了一次秘密的进攻。震惊之余，他把一种摧枯拉朽的力量转向了恐怖主义。这件事发生在13世纪50年代，那时新任蒙古皇帝的蒙哥听说有一支暗杀者队伍——由40人或者400人组成，不同史料记载的数字有所不同——已在经过伪装后被派出来行刺他。

蒙古人知道他们在做什么，因为他们30年前就已经在成吉思汗的领导下这样做过了。在为1252年夏季开始的入侵做准备的那支军队既令人生畏，又组织良好。在皇帝之弟旭烈兀的统领之下，这支军队携带最好的攻城武器，包括1000人的投石机分队，他们都是操控这种巨型投石机的专家，它可以把巨石或者可以爆炸的"震天雷"铁弹弧线抛出100多米或更远[①]。官员和书记人员被任命来管理新近征服的土地。先头部队在前面骑行，保护草原和非蒙

①这些几乎都是人力的"牵引抛石机"，不是反重力抛石机，蒙古人不久就将从穆斯林工匠那里得到这种武器，其有趣的结果将在第八章中涉及。

古人不许入内的地方以及他们的牲畜，直到军队通过。成群的母马被集中在行军路线沿线，以便为军队提供他们习惯饮用的发酵马奶饮料。

入侵的军队将沿着成吉思汗当年选定的同一条路线，但在30年后，它需要更多的关注。当军队最终在一年后开拔时，前面行进的是修桥和建造渡口的队伍——至少是为其首领及其家人：普通人将不得不以他们自己的方式过河，徒涉、游泳和使用动物皮筏。

这次行动的规模之庞大甚至要远远超过成吉思汗领导下的蒙古人的第一次西进。许多为非专业人士或者由非专业人士所著的著作都称蒙古人的任何一次行动都是暴风骤雨，都是一阵旋风，仿佛它是一支本质上全新的军队。事实上，这种军事入侵与迁徙完全一样，与那种1000年来已经成为中亚常见的特点的人口迁徙如出一辙。整个人群必须自给自足，这是完全有可能的，因为西进之路要穿越大片草原，正是这片草原构成了满洲和匈牙利平原之间游牧民族的一条不规则的走廊，正如约翰·梅森·史密斯所指出的那样："蒙古人的远征战役及其帝国的非同寻常的扩张，在相当大的程度上得益于这条巨大的后勤补给线。"①

这支特殊的军队有15个指挥官，每人带领一个军团；一个军团大约有1万多人，尽管实际上人数要少得多，但这仍然构成了一支总数达10万～15万人的队伍，很可能更加接近10万人。这只是开始。和往常一样，每个人至少有5匹马，有时候更多，用来换乘和提供食物——一匹被屠宰的马的120公斤肉可以吃饱100个饥饿的人。而这种情况并不会经常发生，原因是这些人与其家人在一起，而每个家庭也大概平均会有30只羊。这是一个移动中的国家、占领者和殖民者：也许有15万人，30万匹马和180万只羊，都被广阔地散开以避免过度放牧。马匹通常是在清晨赶路，下午放牧，晚上休息。唯一真正快捷的前进方式是事先准备好换乘的坐骑，这也就是快马急速在被占领的土地上的运行方式，但在征服与占领期

---

①约翰·梅森·史密斯：《艾恩·扎鲁特：马姆鲁克的成功还是蒙古人的失败》。

间却是无法做到的。旭烈兀的军队可能一直在以每天几公里的速度向西推进了一年：完全不像是风暴，倒更像是潮汐，其中的部分将流向征服和占领要求所必需的地方。

剑锋当然还是骑兵。正是马给了蒙古人一种优势地位，不是由于他们的力量或者耐久性，而是由于新坐骑的正常供给所赋予他们的速度。这些骑在马上的军队可以包抄、追击、逃窜、奔驰到很近的距离平射他们的弓箭、规避对方的猛冲、消耗退却之敌，就像围攻水牛的群狼一样，直到使他们的敌人疲惫至死。

但是唯一的条件是这些马匹得到足够好的牧放和有足够的水源，尽管在绵延数百公里的草原上，这一切都被认为是理所当然的事，但是一旦到达它们的边界，这仍是一个巨大的未知数。蒙古人的马匹平均每天需要14公斤草，这是需要大约10.5小时放牧的摄取量，不管它们是否正在被骑乘。现在再将这个数字乘以30万。一群25万马羊合群的牧群每天要覆盖7000英亩草场——那就是70平方公里；而且每天都要有新的70平方公里。这个马、大车和羊组成的流动的牧群至少应该有8公里宽。然后我们再来想一想所需要的水源：一天要超过100万加仑。在汛期的大河边，这是非常容易做到的供给，但是一旦走出草原地带，尤其是在中东夏季灼人的炎热之下，草原会枯黄，河水也会干涸。

蒙古人将会发现，他们的扩张也有着极为明显的生态界限。

*

谋杀蒙哥的阴谋是否真实是一个悬而未决的问题，没有任何人发现任何有关刺客的记录。但确有很好的理由来认真对待这一威胁，因为这些人不是普通的刺客，而是最初的暗杀十字军人员的穆斯林狂热分子：这是长期存在的一种威胁，这些人因为其政治与宗教原因进行谋杀的理念而著名。

这个故事深深植根于伊斯兰教的宗派主义。与所有其他主要的宗教一样，伊斯兰教也散布着一些派别，每一派都宣称只有它自己才是先知的真正继承者。当然，所有的派别也都敬重《古兰经》。但是教义之争、政治冲突和谋杀自先知穆罕默德去世20年后就破坏了伊斯兰教，牺牲者之一就是先知之女法蒂玛的丈夫、穆罕默德的女婿阿里。正是从这种7世纪开始的一系列事件，演化出了与王朝更迭、种族、地区以及教派相关联的长达500年彼此竞争的令人惊异的复杂局面，正是通过这种复杂局面，我们现在才得以追溯阿萨辛派即暗杀者的起源。

在伊斯兰教的早期，彼此竞争的领导人发展了第二种理论资源，亦即伊斯兰教规，或者先知及其继任者的言行，包括一些并非其亲属的人之言行。这种学说的信徒，即逊尼派，在那一时刻就遭到了什叶派，即什叶派阿里（“阿里党”）的反对，他们宣称政治权威只来源于阿里，来源于那些其后裔将作为马赫迪——引领者——而出现的被神圣地任命为伊玛目（精神领袖）的人。由于没有显而易见的马赫迪，什叶派开始相信他被真主隐遁了起来。“隐遁的伊玛目”这一概念变成了什叶派的核心教义，它引发了数不清的冒牌者和一些非常奇怪的宗派。例如，从什叶派中就产生了8世纪末期的伊斯玛仪派，该派宣称，第六伊玛目被剥夺了继承权的儿子伊斯玛仪代表着来自穆罕默德的真正的权威世系。伊斯玛仪很年轻时便去世，此后，他的追随者宣称，他已经被“隐遁的伊玛目”所继承。这已经变成了一个号称其血统来源于阿里之妻——穆罕默德之女法蒂玛的王朝的信条。这些以伊斯玛仪主义为信条的法蒂玛信徒在非洲的北部建立了一个王国，然后占领了埃及，并计划以此作为反对哈里发王朝的据点，然后占据整个伊斯兰世界。然而这种情形并未发生，法蒂玛王朝的力量衰落了，但是传播其神秘教义的伊斯玛仪派传教士，依旧和往常一样活跃。这一派别对穷人与被压迫者有着强烈的吸引力，其中的一个组织由于其对主流伊斯兰派别以及已经建立起来的王朝的残忍而著名。

伊斯玛仪派的下一次转变是由约在公元1000年从亚洲腹地横扫伊斯兰世界的突厥人引发的。当突厥人在其处于领导地位的塞尔柱人的统领下，从其位于今乌兹别克斯坦与伊朗的权力基地向西突进时，他们接受了伊斯兰教正宗的逊尼派并且攻击什叶派，其中包括伊斯玛仪派，后者对此做出的反应则是组成地下组织。

11世纪下半叶，在雷伊（今德黑兰）生活着一个名叫哈桑·伊本·萨巴赫的人。这位哈桑（以后还将涉及几个与此人毫无关系的哈桑）有一些官居高位的朋友，包括诗人奥马尔·哈亚姆。他在遇到伊斯玛仪派的一个秘密宣传人员之后便皈依了该教派，转而仇视当局——以德黑兰的高官尼赞姆·阿里·穆鲁克为代表——并随后逃往埃及。在这里他发现埃及的法蒂玛——伊斯玛仪统治者只是他们先前的自我的影子，并决定在塞尔柱帝国的核心区域为伊斯玛仪教义和它的法蒂玛伊玛目发动他自己的战争。他和他的追随者选中了一个完美的地点：一个令人生畏的城堡，阿拉木特，位于里海南部厄尔布尔士山脉几乎2000米的高处。不幸的是，它被占领了。

哈桑通过使卫戍部队改变信仰、然后乔装打扮溜进城堡内的方式得到了阿拉木特。背叛在持续进行，等到他被发现时已经为时过晚。卫戍部队已经是他的了，城堡也自然如此。城堡的主人收到了一个他无法拒绝的提议——驱逐，再加上一张3000金第纳尔（约合75000英镑）的支票。令此人感到吃惊的是，这张银行汇票居然被当地的一个银行家承兑了，此人也是哈桑的皈依者之一。

那么，这就是蒙古人将要去对抗的东西：

阿拉木特地势险要，是哈桑计划中的伊斯玛仪派国家完美的核心。传统的说法是，它源于一个当地的词语，意为“鹰巢”——如果是真实的话，这倒的确是个恰如其分的名称，因为它坐落在唯一通道旁的数百英尺高的山峰上，而这个通道本身只能由两端狭窄的阿拉木特河流经其间的溪谷进入。它的岩石，用术外尼的话说，“像一只跪着的脖子靠在地上的骆驼”，而城堡则高高耸起，就像架在驼峰上的货驮。它的抹过灰泥的城墙以及覆盖着铅皮的堡垒掩盖着从坚固的岩石上开凿出的储藏室。一根管道从小溪里将水引入“像海洋一样大的蓄水池里”，这些水池至今依然在用于收集雨水。这座城堡有140米长，10～40米宽，俯瞰着陡峭的山坡、垂直的通道以及具有防卫工事的阶梯道路，对于进攻者而言，没有任何可资隐蔽的场所。

作家兼旅行家弗莱亚·斯塔克曾在20世纪30年代骑着骡子来到过这里。她和她的向导从加兹温出发，经过30公里枯黄的平原进入山区，然后爬上页岩覆盖的山坡，直到越过一道山脊，她才看到了蜿蜒深入厄尔布尔士山脉的阿拉木特河谷。“这里一览众山小，像个祭坛一样高高耸起，黑色山脊从环绕四周的雪原中拔地而起，位于由规模较小的圣殿形成的巨大圆形中央的塔克依素勒曼亦即所罗门御座，看上去的确像一个宝座。它的白色帷帐与远处僵硬平坦的融雪情景交相辉映。”在一座泥土房屋组成的村庄里，她的东道主及其子谈起了大雪封山的冬季，谈起了“狼群与村中的狗之间的搏斗；谈到了熊、狐狸与狩猎活动，以及在春季猛涨将陡坡上的田地冲刷得一干二净的山中小溪”。逆流而上，一条狭窄的通道沿着崖壁蜿蜒盘绕，经过两片种植着灰色树叶的树林，以及葡萄、玉米和核桃的绿洲。北面的山谷边上就矗立着那块岩石，像一艘巨轮的侧舷。

> 这个大岩石看上去是一个严酷的地方。背后的豪德干山（约15000英尺）的页岩层山坡层峦叠起，上面则是花岗岩的悬崖峭壁……岩石东西两侧的最低处，流淌着形成哈塞尔鲁德（河流）的两条溪流，它们一路冲刷裸露而又斑痕累累的河床。从这里一直到将城堡与其荒凉的背景连接起来的狭长地带，才可以见到野草的绿色，人们可以从其东侧的避风处向上攀爬，到达被遗弃的旧石阶路旁的平台，从其南端放眼望去，可以看到几乎是在1000英尺巨石下的哈塞尔汗的田野和树木，看到北岸阳光照耀下的缓坡还有远方的阿拉木特河，一直到厄尔布尔士山脉的冰川。

阿拉木特的上方是一个巨大峭壁上的裂口，到达此处的唯一通道要经过马札德兰的森林，到海拔高度超过3500米的同杜尔汗山口。它是一个完美的一夫当关万夫莫开的避难所。

在这里，阿拉木特的七君主之首的哈桑决心表明其伊斯玛仪派的奇特的见解。他是一个令人生畏的领导人，自信、有学问、禁欲、严厉、独裁并且极端冷酷无情——他下令处死了自己的两个儿子，一个因为饮酒，而另一个则是因为被怀疑策划谋杀一位伊斯玛仪派的传教士。这是个令人绝望的时代，伊斯兰教已经被异端邪说所毁坏，而在哈桑看来，为他的事业战斗采用任何手段都是合理的，这也很快就得到了一个政治的利刃。1094年，埃及的一位军事强人驱逐了法蒂玛的后裔尼扎尔，在监狱中将其谋杀后扶植了一位自己的傀儡。哈桑相信尼扎尔的后裔将会产生一位神奇地现身并拯救伊斯兰于不纯、抵御突厥入侵的马赫迪。尼扎尔没有指定的继承人这一现实也只是一个暂时的问题。这一血系是“隐遁”的而且会在适当的时候重出江湖。在此期间，哈桑任命他自己为尼扎尔的代理人和斗士。他的追随者则被正式地称为尼扎里耶派，是什叶派穆斯林伊斯玛仪派中的一个分支，是伊斯兰教一个教派中的教派。这一“新的讲道”（如哈桑所称）对乡下人有着极强的感召力，他们，就像今天的自杀炸弹袭击者一样，通过一种绝对的、不假思索的方式服从、献身于一个事业，拼死逃脱战争、贫穷与不确定性。这个世界不久就领教了以阿萨辛——暗杀者为名的哈桑的年轻狂热分子的恐怖。

这是一个令人迷惑不解的名词，欧洲文字该词的各种拼写法均来源于阿拉伯语大麻（hashish）一词，而英语词汇中质量上好的旧印度大麻，即漂白亚麻纤维卷（cannabis sativa）也源于该词。一些人称尼扎里耶派为hashihsiyya（或者一个波斯语的同义词）——意为大麻食用者——这就是12世纪的十字军在叙利亚听到他们时所采用的名称。所以每个人都对他们做出了这样的假设：一些刺客在出发行刺某位高官时，以及很可能要面临着自己的死亡之前，吸食作为其挑选的秘密药品大麻使自己放松。这一观念在1818年的第一部对阿萨辛派所做的正式的研究中得到了强化，这就是巴黎东方语言学院的阿拉伯语教授以及后来的法兰西学院波斯语教授安托尼·西尔维斯特·德·萨希男爵的著作。此后，这变成了人们习以为常的看法。但情况并非如此。大麻广为人知，并非尼扎里耶派的秘密，而且尼扎里耶派的史料中从未提及过它。更可能的是，这个术语是对这个被蔑视被惧怕的组织的侮辱，与自杀炸弹袭击者可能被当做疯子或迷幻药服用者完全一样，只是对袭击局外人这种既骇人听闻又不合情理行为的贬低。

其他一些山头城堡也相继归附哈桑——扼守呼罗珊主要通道的吉尔德库赫，靠近伊斯法罕南部的沙迪兹、拉马萨尔， 靠近今伊朗—阿富汗边界的塔巴斯。这些堡垒与其他几十座堡垒一起给他提供了一个固若金汤的权力基础，他可以从这里发动邪恶的战争。他本人再也没有离开过阿拉木特，在长达35年的时间内，他指导、鼓动和组织那些其忠诚到坟墓中的追随者。就像那些今日加入基地组织的人员一样，他们把死亡当做殉道来欢迎，坚信他们身后会在天堂得到奖赏。

后来哈桑的劝诱技巧变成了传奇故事的资料，就像马可·波罗于阿萨辛派消失20年后在前往中国的路上所听到的那样，马可·波罗因为对忽必烈及其宫廷最为生动的描述（虽然古怪）而一举成名。在他的版本中，阿拉木特荒凉的山谷此刻已经变成了他所见到过的最为美丽的花园，充满了镀金的凉亭和经过粉饰的宫殿，在这里蜂蜜、葡萄酒、牛奶和水都从管道里流淌出来。少女在唱歌舞蹈，它的确是《古兰经》里构想出来的天堂。这里的伊玛目保留了一群他要培育为暗杀者的健壮的青少年。他会让人麻醉他们，然后带他们到花园，等到他们清醒过来时，又在各个方面姑息纵容他们。“夫人们与少女们与他们尽情地嬉戏调情，以便他们拥有年轻人将拥有的一切。”另一种饮剂是催眠药物，当年轻人发现他们又一无所有地返回到现实世界时，就会愿意去做任何事情重新得到天堂的快乐。“汝去杀死某某人，”这位伊玛目告诉他们，“当汝回来时，吾之天使将带汝进入天堂。而万一汝不幸死去，尽管这样，吾还将派遣天使将汝带回到天堂”。

但这里并没有花园，也没有药物，哈桑不需要任何这类东西。

他的第一个牺牲品就是首相尼赞姆·穆鲁克，许多年前他正是从此人手中逃脱的，随后逃离的还有他的两个儿子。数十人都被派出执行相似的使命：伊斯法罕的法典解释官（在清真寺里被刺），你沙不儿的法官，贝哈奇的行政长官，一位反伊斯玛仪派的首领，还有更多，共计五十余名官员被作为牺牲品列在了暗杀者的荣誉名单上。这一地区正处在内战前的阵痛之中，而伊斯玛仪派以其复活伊斯兰教的承诺得到了众多的皈依者。军政官员们只有在武装卫队的护卫下，并在衣服里面身穿铠甲的情况下才会公开露面。恐怖孕育了反恐怖，一种带有现代先兆的对伊斯玛仪派的正式迫害——随意的指控、围捕、囚禁以及处决的形式出现。但毫无作用。“很好，你可以杀死我，”一位著名的牺牲者对他的狱卒说，“但是你们能杀死城堡里的人吗？”

此言丝毫不差。一些城堡陷落了，但是阿拉木特在历经8年的攻城之后依然固若金汤。结果便只能是妥协和一种生存与允许生存的安排，暗杀行动变成了偶然事件——这里一个行政长官，那里一个总督，以及1131年在巴格达的哈里发本人——还有一些偶然的不成功的报复。这种情况一直持续到1124年哈桑的去世，而阿萨辛派的所得渐渐超过了他们的所失。

而另一个哈桑则给这个组织注入了更进一步的革命热情的因素，正是这种因素把阿萨辛派抛入了远离中心的黑暗中。在1164年斋月禁食期间，他聚集起追随者，并对他们发表演讲，他把布道坛设置在一个无人可以面向麦加的地方。时机已经到来，他宣布道：隐遁的伊玛目已经对他说话了，并且任命他哈桑为其代表。从此以后，他就是唯一的法则。“伊玛目已经把你们从圣律规则的重负下解放了出来，并且使你们复活。”法律已经没有必要了，因为他们将会通过哈桑而面对真主，而哈桑就是伊玛目本人的精神，是尼扎尔的真正后裔。他的第一个命令就是打破神圣的斋禁，加入他有音乐与美酒陪伴的欢宴。哈桑并未能够太长久地享受他的新身份，两年之后，他的更为正统的妹夫便将他刺死。但是这种复活学说与其救世主一样的领导人哈桑一道成了阿萨辛派信仰的一部分。

尽管这一点应该揭示给世人，但它依旧是伊斯玛仪派的一个秘密，并得到了这样一个原则——甚至是毫无原则的保护，这就是无论任何事情只要保留有伊斯玛仪信仰的核心都是被允许的。所以，只要是生存所必需的，假扮作其他更为主流的信仰也完全可被接受。任何形式的外在的法律，甚至是伊斯玛仪派的法律，也仅仅是一种“隐伏”，真理就被掩盖在它的下面。法律，真正被外部世界所理解的所有道德规范，与内在的真理相比一文不值；这里就存在着qiyama：复活。也许正是这种两重性才可以解释那种突然的观点变化，这是在1210年由当时的伊玛目扎拉丁所作的解释。令他的追随者和伊斯兰世界瞠目结舌的是，他宣称，回归旧式伊斯兰教的转变的新时机已经到来。他如此令人信服地接近所有其他的伊斯兰领袖，以至于他们对他深信不疑，直到他死去后该派才又转向了暗杀与劫掠。

然而，对于阿萨辛派来说，有远比两重性与暴力更多的东西。他们毕竟仍在宣称他们所信仰的是真主意志的真理，而真理在以推理与科学为表象的额外帮助之下总会实现，因而令人惊异的是，伊斯玛仪派的伊玛目们都热衷于客观以及深奥的知识。他们建造了一个著名的图书馆，学者们受到追捧，其中之一就是著名的天文学家与神学家纳西尔·丁·图西，此人在阿拉木特生活了许多年。

当蒙古人于1219年进攻他们在东方的新邻居花剌子模的算端时，他们仍在那里时不时地进行一些暗杀活动，而花剌子模傲慢无礼的沙已于1194年驱走了塞尔柱人。在1219－1222年的大灾难期间，有超过100万人死于非命，大城市被彻底摧毁，王国分崩离析。巨大的变动通常都会有利于阿萨辛派——更多的城堡被占据，更多的人带着伊斯兰复兴的幻想变成了皈依者。所以也难怪蒙哥会为他的生命而担惊受怕，并且决定在旭烈兀的统领下向西扩张帝国时，将阿萨辛派当做了他的第一个目标。

这是一个需要精神领袖的挑战，但阿萨辛派所缺少的正是这个。那位此刻任职的伊玛目阿拉瓦丁也年仅30多岁，并且已为分裂、酗酒及其周围的万马齐暗般的服从而精疲力竭。众所周知的是，他的情妇是一位名叫哈桑的长相漂亮的年轻男人的妻子，此人曾在蒙古人的第一次入侵时被俘，后设法逃跑，加入阿萨辛派并成了性情多变的阿拉瓦丁的某种形式的叭儿狗，忽而受宠，忽而又遭凌辱。哈桑被迫像其生性怪异的主人一样身着褴褛衣衫，他的大多数牙齿都被打掉：这位哈桑有着充分的理由憎恨其主人，许多其他人也是如此，包括阿拉瓦丁自己年轻的儿子鲁克纳丁。“在他的神经错乱和忧郁的疯狂中，”术外尼写道，“（阿拉瓦丁）就会毫无理由地不断折磨与迫害（这个孩子）。”他被迫和女人们待在父亲隔壁的房间里，而只有在这位伊玛目不在家时，他才可以逃出来在城堡里游荡。由于受到其父醉酒情绪的惊吓，他变得愈加确信，生存下来的唯一希望就是反叛，夺取他的继承权并且臣服于蒙古人。这座城堡也许可以坚守许多年，迟滞蒙古人的进展，甚至可以在他们的占领下保持它的独立；但却不适于处在顶峰的这两个无能之辈。

1255年11月，当那位阿萨辛派首领到附近的山谷里检查羊群时，年轻的鲁克纳丁正处在按计划行事之中。在那个月的最后一个晚上，一个潜入者攻击了阿拉瓦丁与两个熟睡的仆人。次日清晨他被人发现，“他的头颅被一把利斧一下子劈成了两半”。一个仆人受重伤不治身亡，另一个苏醒了过来，但却说不清楚刺客的身份。一些人说是鲁克纳丁亲手而为，但他却因发烧而早早入睡。不，这肯定是哈桑的所为。的确，在劝诱之下，他的妻子承认了对阴谋有所了解。当然，鲁克纳丁也很可能参与其中，事实上，他很可能这样，因为哈桑自己在被询问之前外出检查羊群时，被一群无法确定身份的刀斧手斩首，他的家人也快速地被悉数处决与焚烧，鲁克纳丁成了新的同样无能的领袖。

现在鲁克纳丁可以为了生存而自由地豪赌一把了。他扎营于另一个城堡麦门底司，并派遣使者到哈马丹的蒙古人在当地的总部说，他准备臣服。回答自然是很好，但是旭烈兀本人此时尚在路上：臣服必须要向他做出。鲁克纳丁开始了拖延战术，5个月过去了。1256年5月，他派遣他的兄弟去见此时距德马文德只有5天路程的旭烈兀。好的，旭烈兀回答道，鲁克纳丁现在要做的一切就是摧毁他的城堡然后来见他。鲁克纳丁再一次玩弄拖延的伎俩，要求更多的时间，并做了一些象征性的毁坏工作，但却保持着他自己的主要城堡的完好无损。作为一种良好意愿的证明，他说，他愿意送他6岁的儿子来做人质。当这个人质被证明只是一个库尔德女佣的非婚生儿子时，旭烈兀因这个孩子毫不重要而将其送了回去。

现在是11月了，鲁克纳丁已经支吾搪塞了将近一年的时间，而蒙古人也已逼近了他。天文学家图西说星象并不支持抵抗，最好还是投降，鲁克纳丁最终也这样做了。旭烈兀也做了恰当的事情：以一个伊玛目恰当的礼遇款待了鲁克纳丁，并把他的礼物分发给了蒙古军队。鲁克纳丁与旭烈兀一道待了足够长的一段时间以至于他对一位蒙古姑娘心存爱慕，并得到允许把她纳入后宫。他也变得痴迷于斗驼，旭烈兀对此的反应就是将100峰母驼作为礼物送给了他。显然，现在感到作为旭烈兀的客人十分安全的鲁克纳丁并没有对这一恩惠显现出恰如其分的感激。母驼并不会打架，“我怎么会等到它们下崽呢？”他抱怨道。对旭烈兀来说，表现出一种宽宏大量是合适的，因为如果一个伊玛目得到很好的照顾，他会免去蒙古人一个接一个地攻打城堡的麻烦。

这一招果然奏效：大多数城堡都城门洞开。但阿拉木特、兰麻撒耳和吉儿都怯却没有步其后尘。后两个坚守了数年之久——足以证明这些城堡如果决心坚守的话实际上的确难以攻破。在阿拉木特，随着蒙古人于1256年11月的到来加之鲁克纳丁的变节，守城将领在一个月后因诱惑而改变了主意。城堡内的居民们撤了出来，蒙古人开了进去并且烧毁了这个地方。如果不是已经在为蒙古人服务的术外尼，城堡内的一切都可能会毁于一旦，他建议去检查一下图书馆，并且从中抢救出了《古兰经》、天文仪器和一批历史著作。他注意到，这个城堡状态良好，几乎能够无限期地坚守下去。

约有12000名尼扎里耶派的精英遭到了屠杀。鲁克纳丁也可谓是人尽其才了，而且最终也将会被处死，因为阿萨辛派或者是进行了抵抗或者是投降太晚。然而旭烈兀还是容忍了鲁克纳丁一段较长的时间，因为他意识到，对一个自愿投降的领导人的处决将不会是一个送给其他潜在的仆从的好消息。而鲁克纳丁却通过要求他自己被允许送交哈喇和林的蒙哥处而签发了自己的死亡执行令。这对旭烈兀来说是再合适不过了：可以摆脱这个年轻的伊玛目。所以鲁克纳丁在向导的带领下一路穿越中亚前往蒙哥的宫廷，约一个月后，他在那里遭到了冷遇。回去摧毁你的城堡，蒙哥命令道。但是在回家的路上，就在杭爱山下，鲁克纳丁的蒙古卫队将他与其一行人带到一旁，杀死了他的同伴，而他——毕竟依然是一位领袖——则被踢成了肉酱，因而授予了他那个只给予贵族的荣誉，不流血的死亡。

*

这就是大多数阿萨辛派成员的结局，尽管在叙利亚还有一个分支一直延续到1273年最终被埃及人消灭；阿萨辛派就这样消失了，但尼扎里耶派却并非如此，它其后的历史几乎与其起源一样奇特。

波斯与叙利亚的派别都陷于分裂，都追随着不同的领导权力的要求者。

叙利亚的伊玛目血统大约在1800年宣告终结，而波斯的血统还在延续。在19世纪中叶，当时的尼扎里耶派伊玛目被任命为库姆的总督，并且拥有了阿加汗这样一个新的称号，此后这变成了世袭的称号。在被从第二个总督任期（科曼）解职并被卷入一次起义后，阿加汗带领他的家人与军队进入了阿富汗，并和驻印度的英国人结成了联盟——后者为了破坏作为英—俄大博弈一部分的波斯的稳定可能一直在鼓动着他——此时恰逢英国人在1842年灾难性的大败后被逐出喀布尔。他最终于1848年在英国人的庇护下定居孟买。正如英国人所称呼的那样，这位“殿下”在接下来的30年内一直滞留于此，重建他的财富，饲养赛马。

现任的伊玛目，在哈佛接受教育的HH阿加汗四世通过设在瑞士的阿加汗基金会及其在巴黎附近的总部，竭力帮助散居各地的数百万尼扎里耶派社区，管理巴基斯坦的阿加汗大学、300多所其他学校和学院，以及一个拥有200多个健康项目的学院，包括6家医院在内的网络。他与英国的联系依然十分紧密，他的第一任妻子是詹姆士·克里奇敦–斯图亚特夫人，婚前是超级时装模特尼·莎拉·克劳克—普尔；而最大的尼扎里耶社区约有10000多人，就坐落在伦敦。

在蒙古人对伊斯兰世界攻击的所有后果中，这一点无疑是最为令人惊异的。1254年，蒙哥因一群暗杀者在谋求夺取他生命的谣言而感到恐惧，发动了一场摧毁他们的战役。他获得了成功，阿萨辛派消失了。但是在消失的过程中，他们经历了脱胎换骨的转变，他们的伊玛目最终弃恶从善，成了获得重生的人们真正意义上的神父。

对于蒙古人来说，问题只解决了一半。现在他们可以把注意力转向伊斯兰世界的其他部分了：阿拔斯朝的哈里发及其中心巴格达，这是一个他们的未竟事业，他们曾在1238年进行了尝试，但并未能夺取。

从某种意义上说，旭烈兀有一个非常容易的目标。阿拔斯的哈里发已经是强弩之末，分裂成了为数众多的反对它的派别——努塞利、德鲁兹、哈马丁、塔克哈塔基、赛迪斯、苏菲。突厥人打波斯人，而这两者均与阿拉伯人为敌。叙利亚人依然憎恨约500年前的阿拔斯朝的征服，而且渴望一个弥赛亚的出现来拯救他们。在东边，丝绸之路上的花剌子模的伟大城市——不花剌、撒马尔干、玉龙杰赤、马鲁——都由于蒙古人1219～1222年的进攻而成了一片废墟。在中心，阿拔斯王朝的皇家血系都由于奢侈而虚弱不堪。正如菲利普·希提在他的《阿拉伯史》中所说的那样，与罗马帝国非常相像，“当强盗破门而入时，病人已经命悬一线”。

1257年9月从厄尔布尔士山脉向前挺进了400公里的旭烈兀，派遣一位信使赴巴格达，告诉那位哈里发投降并且以破坏这座城市的外墙作为一种善意的标志。穆斯塔辛哈里发一定知道成吉思汗给这个世界带来的命运，旭烈兀写道：

> 依长生天之力气，已经占领了花剌子模沙、塞尔柱、德兰（阿萨辛派曾经盘踞的地区）诸王的朝廷……然而巴格达的大门从未对此辈关闭过……那么，怎么会拒绝我们的进入呢？谁会反抗这样的力量和这样的权威呢？

这位哈里发是一个无能之辈，其前任已经在他们的塞尔柱主人手中做傀儡多年，他只能寄希望于这个威胁会成为过去，就像塞尔柱的威胁已经成为过去一样。他毕竟是整个伊斯兰世界的精神领袖；真主无疑会在他的一边。“噢，年轻人，”他愚蠢地咆哮道，“难道你不知道从东方到马格里布，所有安拉的崇拜者，无论是国王还是乞丐，都是我这个宫廷的奴隶吗？”正如结果显示的那样，这是些空洞无物的言辞。哈里发所有的“奴隶”中，没有一个乞丐，更不用说一个国王前来帮助他。

11月，将其家人与畜群留在后面的蒙古大军，从数百公里外开始了他们为期两个月的向巴格达的进军。他们兵分三路，一路在1238年进攻巴格达时的老兵拜住的统领之下由北逼近，已在上游325公里的摩苏尔附近渡过了底格里斯河；第二路由这支军队的最伟大的将军之一吉特布哈率领，他并不是蒙古人，而是一个乃蛮人，即50年前被成吉思汗摧毁的部落中的一个，他的部队位于最南端，从今天伊朗的洛雷斯坦向正西方向进发；而中路军则由旭烈兀本人亲率。在从伊朗高原沿阿尔万德河顺流而下时，旭烈兀命令他的抛石机分队收集了成车的砾石做弹药，因为巴格达周围没有石头是尽人皆知的事情。他们一路鲜遇抵抗，在靠近巴格达东北60公里巴库巴附近的低地，一支穆斯林军队在蒙古人打开灌溉渠道将他们冲出来，然后又对在水中挣扎的步兵发起攻击时，遇到了灭顶之灾，共有12000多人在竭力逃出泥水时被杀死。三支大军在巴格达南30公里底格里斯河上的塞梯斯丰会师，这里原拟纳入这座城市的新东区，有阿拔斯的宫殿、法律学校和具有150年历史的城墙，两座桥梁就在浮筒上跨过河流。

到1258年1月22日，巴格达被包围了。随着底格里斯河上游被浮桥阻断而下游又有一支骑兵部队的防守，逃跑已经是不可能的了；一位试图带着一个小船队顺流而下逃跑的官员，被击沉了他的三艘小船并杀死了许多随从的倾泻的石块、燃烧的石脑油以及飞蝗般的箭矢赶了回去。攻击在一个星期之后开始了。来自蒙古抛石机上的石块使城墙大片脱落，在墙基下形成了碎石堆。为了取得更加有利的地形，蒙古人把这些碎石收集起来并且建造了一些塔楼，然后又把抛石机拉了上去，因而可以更好地瞄准城内的建筑。持续不断的箭雨迫使居民们躲在家里的间隙，巨石砸毁了屋顶，成桶的石脑油又使房屋燃起了大火。到2月3日，蒙古人已经占领了东面的城墙。

在巴格达城内，恐慌已经使得哈里发手足无措。用术外尼尖刻的话说就是："正确和错误依旧对他隐瞒。"他试图派遣特使求和：首先是他的首相和大主教、该城基督徒的首领，希望求助于旭烈兀的聂思脱里教的妻子、克烈部的公主脱忽思，她也是旭烈兀的聂思脱里教徒母亲唆鲁禾帖尼的表妹。脱忽思既以她的聪明才智又因其对信仰的顽强捍卫而颇负盛名，有关这一点的外在标志就是，无论她走到哪里，都会有一个蒙古包教堂随她而行。考虑到其势力庞大并安排其婚姻的母亲，旭烈兀对他的妻子及其信仰都非常尊重。所以当她为巴格达的基督徒说情时，他仔细倾听着。在被捆绑在箭上射入城内的信息中，旭烈兀承诺哈迪斯——学者及宗教领袖——包括聂思脱里教徒都将会是安全的，如果他们停止抵抗。接着是第二个、第三个求和使团；旭烈兀并未予以理睬。哈里发的首相报告说毫无希望，并对其主人说他努力"匆忙集合起来的乌合之众，就像一只被屠宰的牲畜的抽搐一样不起任何作用"。在这种情况下，他应该投降。"自我谦卑和自我羞辱是智者的行为。"投降，他说，交出财宝，因为这就是他们追求的东西；然后再安排一个婚姻，以便"帝国和宗教相互融合，以便君权和辉煌，哈里发和权力合为一体"。

哈里发犹豫不决，而与此同时这座城市的士气已经崩溃。成千上万的人拥出城外，希望求得怜悯；但是由于还没有投降，所以都被杀死了。随着幸存者在隐蔽处和墙角的畏缩不前，哈里发看到他大势已去。2月10日，他带领着一支由300名官员和亲属组成的随从队伍到旭烈兀的营地投降。旭烈兀很客气地接待了哈里发，并告诉他下令所有的居民都放下武器走到城外。

他们真的撤出了城——但却发现自己被包围了起来并且由于曾经继续抵抗而像羔羊一样惨遭屠戮，史料称有80万人被杀。尽管所有的数字都应该被怀疑地看待，但是经常进行大规模处决的蒙古人完全有能力从事这种规模的屠杀，即使真实的数字只有该数目的十分之一，这也是一个足以与第三帝国相提并论的大屠杀。难怪穆斯林时至今日仍然把它当做针对其人民与宗教的最大的犯罪之一。

3天后，蒙古人拥进了空城并且放火烧掉了几乎一切。清真寺、圣祠、墓葬、房屋——所有的一切都火焰冲天。然而，聂思脱里教徒却如旭烈兀所承诺的那样得到了宽恕。当巴格达在他们周围燃烧时，他们与其大主教在一个基督教教堂里找到了避难所。此后，这位大主教得到了副首相的宫殿作为奖赏，而且无疑也会与其他基督徒一道庆贺伊斯兰令人惊异的垮台与他们自己的复兴。

为了宣示其胜利，旭烈兀选择采取一个羞辱性的行动。在入主哈里发的八角形宫殿后，他大宴群臣与其家人并且也把他的俘虏请了进来。

“你是主人，我们是你的客人，”他奚落道，“把你所有的适合我们的东西都拿来吧。”

恐惧得瑟瑟发抖的哈里发自愿打开他的宝库，此时他才发现他剩余的仆人中没有人能够找出正确的钥匙。最后，在门锁被砸开后，参加宴会者拿出了200套衣服，10000第纳尔现金，镶嵌有珠宝的碗和大量的宝石，旭烈兀把所有这一切都慷慨地在他的官员们中间进行了分配。

然后，他又转向哈里发，好吧，这都是些可以看得见的财宝，现在，“告诉我的仆人你埋藏的珠宝在哪儿？”

正如旭烈兀可能已经知道的那样，的确有一笔埋藏的财宝：满满一池金锭，这也都被挖了出来并被分掉。

接下来便是后宫，共有700个嫔妃和1000名仆人。噢，求求你，哈里发祈求道，不是所有的女人。旭烈兀再次显示了他的慷慨大方，哈里发可以挑选100个将会被释放的女人；其余的又都被分给了蒙古的官员们。

第二天，来自宫殿其他地方的财宝——超过500年的皇家艺术收藏品——都被堆放在了大门的外面。后来这些战利品中的一些被送回给在蒙古的蒙哥。其他的再加上来自阿拉木特、来自其他阿萨辛派的城堡、来自格鲁吉亚、亚美尼亚和伊朗的战利品一起被运到了乌尔米亚湖中的一个岛屿上的城堡里，这是一个位于伊朗西北角的咸水湖。

最后，城市里充满了腐尸的恶臭，旭烈兀下令又进行了一轮处决：这次包括哈里发本人和他剩余的随从。穆斯塔辛和其他5个人，包括哈里发的长子，在附近的一个村庄里被屈辱地处死。第二天，次子也被杀害，只有小儿子得到了宽恕。他和一位蒙古女人成婚，并且生有两个儿子。这就是阿拔斯血系的终结，也是所有伊斯兰世界在历史上首次没有一位宗教领袖得以幸存的事实。

现在和平终于到来了，尸体被掩埋、市场被恢复、官员被任命。3000名蒙古人开始了巴格达的重建任务，其他人则从事平定阿拔斯王朝疆域内的其他地方。大多数城镇，就像阿希拉一样打开了城门。但也有一些人没有这样做，其后果自然一如往常：在巴格达东南15公里处的瓦西特，40000人死于非命（根据一则史料，尽管如此，这些数字仍然必须小心对待；因为它们总是含糊不清，而且常常被夸大10倍左右）。抵抗毫无意义，从阿富汗到波斯湾的广大区域都处于旭烈兀的控制之下。格鲁吉亚与塞尔柱王朝的残余部分——今日之土耳其的东部——屈服了。更远处就是叙利亚与埃及。

为了完成我们故事的这一部分，在论及忽必烈之前，我们还必须向前回顾许多年。叙利亚是这条路线上的下一个目标，它的边界混杂着一些十字军东征的国家，是一个由阿拉伯王朝统治着阿勒颇和大马士革的内陆国家。当旭烈兀前进至地中海海岸时，基督徒们迅速让他们自己与蒙古征服者结成了联盟，把他的反穆斯林的战争看做为他们自己的十字军扩张；他们的亚美尼亚教友也参与其中。旭烈兀则对这些基督徒联盟一如往常地慷慨，对穆斯林也一如往常地残暴。一位统治着今日土耳其东南部的迪亚巴克尔的小埃米尔曾经犯过一个错误，他把一位在蒙古关防旅行的基督教传教士钉死在了十字架上。可以理解的是，他对旭烈兀的军队进行了抵抗，这使得事情对他变得更加糟糕。作为西进战役的揭幕战，蒙古人占据了他的要塞，俘虏了他，并对他处以凌迟的死刑，将他的肉一点一点地割下来，塞进他的嘴里，最后将他的头颅砍下来。随着战役适当地加快步伐，这也变成了某种法宝。蒙古军队越过了幼发拉底河，并于1260年1月24日到达了阿勒颇。在经过对那里的6天的大屠杀后，这块土地被交给了十字军的国王博尔蒙德六世。哈马赫与希姆斯投降了。大马士革被其逃往埃及的苏丹放弃，吉特布哈亲手将该城的守卫官斩首。基督徒们欢欣雀跃，钟声齐鸣，举酒祝贺，而一个个清真寺也被转变为基督教礼拜堂。长达6个世纪之久的穆斯林统治似乎过去了。然后，蒙古人转向了南方，到了纳布卢斯，这里的卫戍部队因为抵抗而被彻底消灭，在这一过程中，蒙古人很好地利用了叙利亚边界的良好的草原。

现在，最终该轮到了由突厥的前奴隶马姆鲁克领导的埃及了，他刚刚在九年前通过谋杀手段登上了权力之巅。就在这一刻，一条有关在蒙古发生的事件的消息的到来改变了一切。1259年8月蒙哥去世（有关这一事件的发展我们将在第五章讨论）。听到这个消息后，旭烈兀带着他的大多数入侵军队返回了波斯，只留下吉特布哈统帅着剩余的20000人。

此时的埃及苏丹忽图兹，似乎做了一件十分愚蠢的事，但结果却证明极为聪明。当旭烈兀派遣特使要求其投降时，忽图兹将他们全部斩首。对于蒙古人来说，屠杀使臣是一种排除了未来所有交流的野蛮行径，包括投降的可能性，是一种最为粗野的侮辱。著名的事件就是，这样一种行为曾经引发了成吉思汗1219年对花刺子模的进攻。没有什么会是比这更好的入侵借口了。也许，它就是一种挑战的行为：与其再次沦为奴隶不如战死沙场！但是这也可能是一个精心挑选的挑衅行为……

……因为忽图兹很可能已经知道他拥有了一个击败由于旭烈兀的离去而大为削弱的蒙古军队的机会之窗。5月，叙利亚的主要河流——库维奇、奥伦特斯（阿希）、巴拉达、阿瓦吉——水位下降，草原枯萎。剩余的三分之一蒙古军队仅够维持，因为其余三分之二的蒙古军队已经东返。他们不久就会了解到有关在这一地区作战的基本真理，一个由约翰·梅森·史密斯大胆地宣布的真理："任何小到只能集中于合适的草原与水源之间的军队，不足以强大到对马姆鲁克发动战争。"用现代术语来表示就是，蒙古人的人力、运输与给养的供给水平都非常低，以至于他们无力进行一场重大的战役。如果是一位更加明智的领导人可能会三思而行，但是面对着这样一种侮辱、一种如此悍然的挑战，蒙古人除了战斗已经没有任何其他的选择了。

1269年7月，一支约15000～20000人的军队，或许与蒙古人的数量相当或许比蒙古人少（没人会确切地知道数目），离开了埃及赴巴勒斯坦，在艾可重新得到了补给，9月3日在斋月期间准备迎战集结在纳布卢斯附近的吉特布哈的军队。这是一支与蒙古人完全不同的军队。由于埃及有限的草原，普通的马姆鲁克人只能拥有一匹得到了很好照料的马，与蒙古人矮小的坐骑相比，既高大又强壮。马姆鲁克人依赖的不是速度而是武器装备：当然有弓箭，但也有长矛、标枪、剑、斧、狼牙棒和匕首。他们都是些非常优秀的弓箭手，拥有专业弓匠制作的武器（蒙古人的弓则是家庭制作的）和质量极佳的职业造箭者提供的箭矢。约翰·梅森·史密斯曾经计算过萨拉丁的军队于1187年击败十字军的哈丁之战，此役他们使用了130万支箭。士兵们在静止不动的马匹上接受了发射速度与准确性的训练。携带如此的重量，在蒙古人熟悉的开阔的区域作战，马姆鲁克人的战马决不会赶上他们的敌人，从而使其武器发挥效用；但是在互相射击的战斗中，蒙古人会失败，就像他们在1221年阿富汗的帕尔万之战中曾经经历过的一样。此外，马姆鲁克战士在身体素质方面经过了精心的挑选，而蒙古人则是普通的民兵，只有在他们可以挑选作战方式时才会出类拔萃。

这一次，他们无法选择。这个地方叫艾因扎鲁特，歌利亚(《圣经》中的非力士巨人，被大卫用石块杀死——译者)山泉，因为在这里泽兹里尔河谷在荒凉的吉尔博山的弯曲处终结，这里也就是大卫扔出他致命的石块的地方。没有来自战斗幸存者的完整记录，但是根据一项很可能是最为可靠的记载①，忽图兹在从艾可进行了50公里的行军后于9月3日清晨很早的时候到达了这里，在树木繁茂的山脊和有充足水源供应的地方预设了战场。他的背后就是吉尔博山与冉冉升起的太阳。根据一则记载，他将一部分军队分散部署在山坡上的大树下，而将其他人部署在山脚下。蒙古人肯定已经从约旦绕过山脉前来迎战马姆鲁克人，当他们缓缓前进时，他们的斧状铜鼓发出了可怕的噪音。由于逆阳光而无法看清的蒙古人发现自己中计时已为时太晚。随着增援部队从吉尔博山谷两侧的蜂拥而出，马姆鲁克体力充沛、有良好护甲的骑兵包围了精疲力竭与虚弱不堪的蒙古人。两个曾经加入蒙古的马姆鲁克领导人的重新叛变，也进一步削弱了蒙古人的力量。蒙古人几乎战斗到了最后一个人。根据一则记载，吉特布哈一直战斗到了最后，激励他的人直到他的马被打倒，他自己也被俘并且被带到忽图兹面前。他拒绝鞠躬，宣称作为大汗的仆人他是多么骄傲——在他的头颅被砍下来之前，他的最后一句话就是："我与你不同，你只不过是个弑主之徒！"

就是在这里，今天的西岸，蒙古人的战争机器最终丧失了动力，他们并非不可战胜。蒙古军队后来还将对叙利亚发动几次战争，但却再也没有占领它，因为一旦离开了良好的草原，他们就不再具有任何自然的优势。成吉思汗蒙古人统治世界的野心在西方已经到达了极限，未来的扩张则有赖于忽必烈在东方进行。

蒙古人1260年的失败在今日仍有一种奇特的反响。将美国人

---

①萨利姆·丁的口头报告，彼得·索罗：《艾因扎鲁特之战再探讨》一文中的估计数。

看做“新蒙古人”的穆斯林从艾因扎鲁特看到了希望，因为它向他们证明即使是表面上不可战胜的对伊斯兰的进攻也不可能永远胜利。引述一篇有关巴格达第二次被占领的文章：“原教旨主义者相信他们有各种理由希望在这次战斗中取胜，因为巴格达的故事在1258年并未结束。埃及的马姆鲁克人在两年之后巴勒斯坦的艾因扎鲁特之战中阻止蒙古人的胜利浪潮。”[①]当然，历史没有力量远离人们的意愿并能够把其信息变为现实：没有理由认为燃料的缺乏可以限制美国领导的联盟，就像草原的缺乏限制了蒙古人一样。但穆斯林们还是无论如何看到了一个希望，这甚至是从随后蒙古人对波斯与伊拉克长达1个世纪之久的占领中得出的宽慰。因为在他们的统治结束很久之前，蒙古人就已经皈依了伊斯兰教——对一些人来说这就是一个明证，无论遇到什么样的挫折，伊斯兰在最终将永远是胜利者。

①侯赛因·哈加尼：《美国蒙古人》，《外交政策》，2003年5～6月。

第三章 夺取云南

KUBLAI KHAN

与此同时，忽必烈正在注视着南方，注视着中国南方的宋帝国，一个远比伊斯兰世界更大的挑战。

自创建300年来，宋朝已经变成了世界上一个重要的国家，它的地位与其地理规模并没有多大的关系。当来自满洲的女真人于1125年占领北方及其4000万人口时，它几乎被削去了一半，而且也只有现今中国的五分之一——比忽必烈的家乡小了许多。但南宋却与蒙古截然不同：有7000万人口，很可能更多，云集在数十座城市以及古代中国的中心地区，即中国人称为长江而欧洲人则称为扬子江的肥沃的平原。从西藏高原边缘陡峭峡谷中奔流而出的这条河流，曾经既是一个恩惠又是一个祸根，而且现在也依然如此，它的水灌溉了河道沿岸的肥沃的稻田，有时候也冲垮了它们。它也是这个国家主要的高速通道，有2700公里可供航行，而在它可到达的范围内坐落有中国的6座最大的城市。这也就是中国人以“中央之国”来指称自己国家的含义。这片世界介于高山与大海之间，也介于北方的沙漠与南方的湿热之间，在这里长江盆地两侧森林茂密的山峦再一次落变为沿海岸繁华的平原。这与蒙古形成了一种鲜明的对比：他们是来自无树草原和荒凉的沙砾平原的人民，没有一处屏障或可供航行的河流，它的人口几乎不到宋朝的百分之一，而且也只有一个自己的小城镇。

仅靠数字并不能显示出宋的真正的力量：它还有深厚的文化、经济的动力与政治的统一。宋曾经合并了6个独立的王国，创建了一个比其周围邻居都要强大的民族国家，这些邻居是西方的唐兀惕与西藏，南方的南诏与两越（与现在一样，但有不同的名字）。的确，中国北方及其首都开封于1125年丧失于女真征服者之手；但南宋保住了他们的文化特性，并且以杭州（时称临安）为他们的新首都进行着统治。在任何情况下，金朝都不是可以忽略不计的，因为两边的中国人都享有共同的语言与文化，而两个政府，宋人与女真人在大多数情况下也都和平相处，他们偶尔的争吵也不会妨碍日常的生活。

就艺术、财富、独创性、思想的深度而言——任意衡量文化与社会特质的质与量——南宋都是无可匹敌的。相形之下，伊斯兰是一个新颖的事物，是一个由宗教与商业维系的帝国，但却陷于分裂而彼此争斗。而当宋朝在进行着知识的探索时，欧洲甚至还没有从其文艺复兴前的沉睡中产生一点悸动。印度？东南亚？日本？非洲？都无法与之相提并论。法国学者雅克·格内特以欧洲人的观念将宋朝统治下直到蒙古人入侵时所发生的事件描绘为一种复兴——一种对于古典传统、知识传播、科学与技术的突飞猛进、新的世界人文主义观点等的回归——其中的一些流向西方并使欧洲充满了活力。“复兴”一词的使用，引发了一种宋与14世纪的意大利之间的比较——这在某些方面还是颇为公平的，除了宋的复兴并未引发后中世纪的欧洲向外看的动力外：因为宋是一个对持续性与传统的偏爱远超过革命的社会。

这里有一个对蒙古人将要挑战的世界的简要描述，这就仿佛是从一个花园里随意采来了几朵花，但对它们的探求却要花上一生的时间。

实际上，这种复兴的动力来自于新的水稻种植方法。对于广大的农民来说，生活似乎变得容易了些许，尽管他们实际上在记载中根本就看不到，与大多数文化中的大多数官方记载一样，记录都是知识精英们为他们的主人而作的。随着更多与更好的食物的提供，人口增长了，商业贸易与新工业（比如棉布）也欣欣向荣，人们都在四处活动寻求个人的发展，增加来自土地的收入，或者传播教育，当然也有了更多的公务人员——所有这一切发展都相互影响造就了一派繁荣的景象。大地产给那些选择居住在城里的远离土地的地主提供收益。财富的增长为艺术、园艺、时尚、陶瓷业、建筑业提供了资金。随着富人的土地扩张，许多发现自己失去土地的小农选择了四处流浪，或者当兵服役，或在富人的豪宅中当佣工，或在客栈茶馆里帮工，或者做艺人，或者在逐渐发展的工业中做工——煤矿、冶炼、造纸、印刷、制盐，可能是在一家国家出资的工厂里，其中的一些雇佣的工人超过了3000人。宋朝的瓷器变成了中国的荣耀之一。大车夫挤满了街道，船夫挤满了河流与运河。

随着内陆边界被“蛮夷”王国的阻断，宋朝转向了海洋。长江及其支流和运河构成了50000公里的水上高速路，沿着这些高速路商船行驶到海岸沿线星罗棋布的港口，这些港口的规模则远远超过了它们在欧洲的同类，而从这里驶出的则是有着精密的风帆体系的远洋船只，这些风帆的设计充分利用了有规律的季节风。泉州就是这些港口中最大的一个，它对于外国商人来说是如此久负盛名，以至于他们都记住了它的阿拉伯语名称“齐敦”，这很可能是一个古老的中文名字（刺桐——译者）的讹传，这个词汇在阿拉伯语中的意思是“橄榄树”[①]。从这里或者从长江江口出发，宋朝的船长可以用罗盘(一个在传到欧洲之前几乎经历了两个世纪的来自土地占卜者的发明）来确定航线，带着他的四桅或六桅平底船驶向海洋，这些船只由于有防水密封舱而变得很安全（这种特点在欧洲直到19世纪才能够看到），船上有1000名船员。对外贸易把宋朝的钱币从日本传播到了印度，中国的陶瓷制品被出口到了菲律宾、婆罗

① “齐敦”可能是英语词汇“绸缎”（satin）一词的来源。这是一个颇有意思的看法，并且在许多书中都被重复，但这并不是真实的，绸缎一词的出现在时间上要早于“齐敦”。

洲，甚至非洲。

已经很好地建立起来的招募公务人员的考试制度得到了扩大，给20000名“高官”及其20～30万名雇员以更多的权力、法律约束富人并且帮助穷人；政府官员得到了足够的俸禄来抑制腐败；国家的收入由于税收与盐和矿产垄断权而得到了保证，并且给其人民以前所未有的关照，建造孤儿院、医院、运河、公墓和储备粮仓，甚至资助乡村学校。税收的改革赢得了农民的支持，国家来自税收收入的自然增长是巨大的，并被仔细记录在案。在12世纪末，每年仅来自海关的税收收入一项就高达6500万贯，每贯1000文——那就是65亿文铜钱。现在，铜钱已经成了笨重的东西，而货币体系也充满了不方便之处。每个皇帝都发行他自己的货币，而通过其上的方孔穿起来的1000枚铜钱重量可达6公斤，但却只相当于一盎司白银的价值（仅比今日的7美元稍多一点），人们用一贯钱大约可买60公斤大米。[①]不久在公元1000年以后，宋朝就开始了纸币的印刷。后来，商业组织开始了支票的使用，这在所有主要城市的钱庄里都可以兑现。

那么，纸币又是如何制造的呢？这个问题的答案就引发了对中国社会的一般特性与宋朝的特殊性的定义：这就是信息的爆炸。纸币的印刷与书一样——用木板，图形则以浅浮雕的形式刻在木板上。就是这种技术支持了开始于8世纪的中国、日本与高丽的记录与读物的快速膨胀。每一页都要用反字形雕刻的这一繁重的劳动导致了下一个合乎逻辑的步骤：以可移动的印刷形式，这是一个在任何其他地方都没有出现——或者至少是没有付诸实践的观念，直到约翰内斯·古腾堡15世纪中叶在德国完成这项革命性技术为止。这个故事值得讲述，因为它将给蒙古人提供一个失去了的伟大的历史机会。

这一观念应归因于一个名叫毕昇的人，他在11世纪就通过在湿泥巴上雕刻汉字而后再把它们烤干的方式创造了活字。印刷时，

①这些钱币现在依然是如此普通，以至于你花上几美元便可从商贩那里买到。

他会挑出需要的字，把它们固定在一个框子里，涂上墨汁，然后在上面放上布或纸张，并且稍加压力，很像是一种铜版拓印。它的效果可能并不是非常好，因为刻在湿泥巴上的汉字几乎不可能是很好的书法。尽管如此，它依旧是颇具独创性的——但是在中国文化的背景之下也将是死路一条：首先，因为木版印刷既便宜又高效，是一种绝对适合中国的书写符号与插图的技术；第二，使用活字印刷亦有局限。一个排字工可能需要数千汉字才能完成一篇完整的汉文手稿，更不用说其他的书籍还需要许多相同的汉字，这样一来汉字的总数就会达到成千上万。18世纪中期，皇家的印书馆有20万个汉字，它们被按照韵目排列，储藏在几个可旋转的圆桌上，每个圆桌的直径都达2米。即使是在那时，这项使用陶瓷或金属字的技术仍然很少使用，因为挑选汉字来完成一页需要花费如此长的时间。时至19世纪它才适于机械化的使用，而今天电脑软件已经使这个问题成为了历史。

当古腾堡为文本复制问题设计了一个相类似的解决方案时，他有几个技术方面的优势——表面坚硬的纸张和酿酒技术就是其中的两个和最为重要的拼音文字这一文化上的优势，这就意味着他只需要制作数百个金属的字母——各种不同版本的26个字母大小写形式，再加上标点符号。或许是因为高丽人的书写符号更为简单之故，正是他们接受了这一观念并将它进行了下去，而且在1234年使用可移动的金属活字印刷了50卷的《详定礼文》，成了使用活字印刷的第一个民族。当此事发生时，宋朝正处于被蒙古征服的前夜，因而那一刻蒙古人已经具备了几乎所有使用活字发展印刷的因素，这可能使它先于古腾堡两个世纪之久——关于这一点，后面有更多的论述。

印刷业在宋朝的令人吃惊的增长就是雕版印刷高效性的一个明证。梨木以其光滑平整的纹理成了大多数普通著作的首选木料，而精美的插图则要雕刻在坚硬的皂荚树的木头上，如果仅仅是文本，雕版工匠则常用质地较软的黄杨木。产量是十分惊人的，开封的皇家图书馆就有藏书80000卷。宋朝取得政权不久之后，就出版了完整的佛教经典——两页的雕版共计26万张。官方的藏书量也很大，而且还有多达1000卷的百科全书。收藏的时尚激励了绘画、书法、金石、钱币、笔墨——几乎包括一切在内的目录的编制。有关蘑菇、竹子、芍药、果树、鸟、螃蟹、柑橘树以及各种技术学科的科学论文也已出现，其中之一（沈括的《梦溪笔谈》）就包含有毕昇和他的活字印刷的故事。医学、地理、数学、天文学——所有这一切都有论文。印刷业的发展是令人惊异的，印刷量约有数百万册。其中10世纪的一部共计40万卷的佛教经典，一直流传至今。

在11世纪的司马光的影响下，历史学家们发展了一种文学的风格和对可靠消息来源的关注，史料出处有了系统的记录。寻求摆脱佛教神学荒谬可笑的影响以及受到对事关职业、地位与收入的艰难考试的恐惧的刺激，知识分子们在寻求回归并且超越孔子的传统，宣扬他们对理性与实证以及教育的益处的信念：简言之，就是对社会与政治进步的可能性的信念。这些学者——官员们眼下深深地担忧道德的性质及其在生活中的含义——而不是，感谢上帝，担忧上帝的性质及其想象中的各个方面，就像许多文艺复兴时期的欧洲人所做的那样。大量的宗教争论甚嚣尘上，但却没有爆发宗教战争，那是由政府而不是教会进行的。从这些知识分子的兴趣中迸发出了许多优秀的人物和至少一位天才：沈括，达·芬奇和达尔文的某种形式的11世纪的先驱，他认识到了化石的本质，从理论上阐述了山脉曾经是海底，改进了天文仪器，开创了数学的进步，描述了罗盘的工作原理，书写了药理学著述，而且对政治、历史与文学也有着机敏的兴趣，当然上面所列的内容很少有他自己的成就。

宋朝的上层社会拒绝剧烈的体育运动——这会使他们想到蛮夷与下层人的娱乐——而钟情于文学、绘画与书法。他们喜爱古董：洪遵出版于12世纪90年代（原文如此，疑有误，洪遵的生卒年代为1120～1174年——译者）的《泉志》（古代钱币）就是第一部有关钱币学的书籍。一份古代金石雕刻的目录共记载有2000多种；它是由一位收藏家赵明诚所作，而赵的妻子李清照则是那一时代最为杰出的词人之一。在城镇里，店主与工匠们都喜欢说书、简短的音乐哑剧、木偶表演和皮影戏：这些传统后来激发了剧院与戏剧。

宋朝虽然在文化上十分强盛，但在军事上却并非如此。这并不是由于兵员的缺乏——在1045年宋朝就有超过100万的士兵——而是一个身份与效率的问题。军官都是些学者型官员，不是职业军人，而士兵们也是由那些成为乡村祸根的招募者招集的雇佣兵、社会渣滓。没有来自北方草原的雇佣兵，因而也没有骑兵可言。但是军队整体的效率低下却被某种非凡的技术抵消。随着城市的成长，攻城战役规模也在扩大，并使用了各种各样的重型武器，比如蒙古人不久就将采用的人力抛石机和床弩。这类机械和以前的炼丹术研究结合了起来。在10世纪早期，火药——以硝为基础——就被用在了被称为“飞火”的燃烧装置中：原始的火箭。一个世纪后，宋朝的抛石机便可抛投炸弹和烟雾弹了。

蒙古人将要进攻的正是这样一种伟大的文化，并因而产生了一个奇特的结果，这就像是用水来喷灭油火一样，燃料被冲散了，随着蒙古军队一起流向了西方，用中国人的观念和发现激发了欧洲。而这一系列事件链条背后的驱动力就是忽必烈。

显然，越过繁忙、宽阔而又防御良好的长江对宋朝发动正面进攻将会冒着失败的风险。蒙古人无法承受失败，蒙哥需要某种可以给他提供优势地位的东西。它就发生在宋朝的西南方，它的边界之外的一个小国，一旦夺取便可以作为开辟第二战线的基地。

忽必烈将负责此役，而且也恰逢其时。1252年他37岁，而且除了他自己的领地外，从未受命负责任何其他事务。他的父亲和兄弟在年仅十多岁与二十多岁时便已经领导过重大的战役。第一次战役，加之一个未经训练的领导者：蒙哥以派遣其最为优秀的将军之一兀良合台这种形式小心翼翼地给了忽必烈最好的帮助，此人是传奇人物速不台时年50岁的儿子，而速不台则是在成吉思汗统领下的半个亚洲和俄罗斯大部的征服者。

他们的目标非常遥远，而且非常难以到达。它在公元647年至937年之间曾经是一个大王国的核心区域，现在却缩小成为以其首都大理为中心的残余部分，而它也正是由于这个名字而为人所熟知。大理控制着道路因而也控制着与印度和越南之间的贸易(通过今缅甸)，它是一个森林茂密的山峦和彼此竞争的部落的联结点，素以难以进入而著名，更别说是控制。在公元751年，一位唐朝的皇帝企图降服它并因此而损失了60000人。

毫不奇怪的是，有关大理或南诏的信息依旧是稀少而又有争议的。比如泰国人的传奇故事把南诏当做泰国人最初的故乡，他们曾在那里进行过辉煌的统治，直到被蒙古人驱逐了出去；今天，学者们中间的一致意见是泰国人只是在极远的南方的一些无关紧要的武士组织。大理的白族人，一个藏-缅语系部落，在公元937年就作为统治集团而出现了，此后，在其皇族段氏的统治下保持着不屈的独立长达3个世纪之久。作为西方人很少听说过这个地方与文化，这是一个非常不错的地方。段氏家族统治着一片约有800公里宽的疆域——50万平方公里，大约与阿富汗或者得克萨斯州相当。北面的四川也因潮湿而著名，所以中国人将大理及其周围地区称为云南，“云之南”。大理是某种内亚的阿富汗与瑞士的混合物，它的部落之争由于统治者而得到了控制，贸易又使得它变得很富有，而与中原则保持着和平共处的关系，后者已经足够多地了解到，最好还是把这个地方留给它相互缠结的部落、它的高山、它壮丽的湖泊及其迷人的气候。今天，大理在其古老的根基与独特性之上依旧繁荣昌盛。白族居民仍然穿着传统的明亮而又包裹着身体的上衣，戴着沉重的头饰。装饰着木雕的石头房间排列在鹅卵石的街道旁，而佛塔则使人回想到了古南诏。艺术家在当地的大理石上工作着。有人徜徉于古镇、山间小路与湖畔。它使人想起了加德满都的年老的嬉皮士，就像它的过去那样。但是对于蒙哥和忽必烈来说，它只是一块垫脚石，以便用于进一步的征服。

这项高风险且充满挑战的计划的细节是模糊不清的，但它却值得尽可能详尽地考察，因为它解释了云南如何成为蒙古帝国的一部分，并进而成了现代中国的一个省份。

对于远在哈喇和林的战略家们来说，这一入侵看上去肯定是一个疯狂的想法。大理的一侧是锯齿形的苍山而另一端则是洱海，通路很少，而且都易守难攻。但是这为时3个世纪的和平已经使得它洋洋自得。它没有军队可言。它是一颗已经熟透到可以摘取的李子——但却只有蒙古人可以穿越宋朝到达那里。那将意味着从新近征服的疆域唐兀惕集结他们的军队，然后沿着宋朝防守虚弱的西部边界向南斜插1000公里，这必须要做得很好，也意味着要有详尽的计划。

从1252年仲夏在黄河向北巨大转弯内半沙漠的鄂尔多斯聚集部队开始，忽必烈的军队花了一年的时间完成了集结：这是一个无疑包括组装大量的武器和攻城机械的棘手的过程，而所有这一切又将不得不穿越河流与山谷。最后，在1253年秋这支庞大的部队沿黄河向西南挺进了350公里到达了洮河，然后又向南穿越西藏高原的山脚进入了今日的四川北部。这是一个非常遥远的地区，甚至对蒙古人来说也是如此，但是它已经在1239年被窝阔台的第二个儿子阔端侵入（征服会是一个含义过于强烈的词汇）。忽必烈扎营于今天的阿坝自治州高而荒凉的草原，并且准备对大理发动进攻，他显然没有与当地人发生任何问题，这就是著名的野蛮而又半游牧的果洛部落。

如果大理投降，就将没有任何破坏的必要。后来，中国的《元史》讲述了一个忽必烈的汉族谋臣如何设法把道理灌输进他本质上野蛮的蒙古灵魂的故事。一天夜晚，他的主要谋臣姚枢讲述了宋朝的将领曹彬如何占领南京“不杀一人，市不易肆事”。第二天早晨，当忽必烈上马时，他倾身向姚枢说道：“汝昨夕言曹彬不杀者，吾能为之，吾能为之！”

按惯例，忽必烈派遣三个使臣给大理提供了一个投降的机会。大理的主要大臣，亦即段氏统治者背后的权臣，处决了他们。他肯定是得到了错误的信息、过分自信或缺乏历史常识，或者以上诸种因素都包括在内。杀戮使臣是外交犯罪中最为严重的一种，是确保全面进攻的当众耳光，而随之而来的恐怖则是尽人皆知的。

忽必烈将他的军队分为三路。一路东进，越过高原草场，进入

忽必烈的中心地带：曾经是旗座的一个石龟（下图）是哈喇和林唯一的遗迹。背景的佛塔用哈喇和林的砖石建于17世纪，构成了额尔德尼召，现今为蒙古最为重要的旅游景点之一。在13世纪中叶，这里对于成吉思汗的子孙们来说是帝国的中心，其中包括他的幼子、忽必烈之父拖雷。在这幅波斯肖像画中（上图），拖雷和他的妻子——忽必烈有着巨大影响力的母亲唆鲁禾帖尼在一起。

对伊斯兰中心的震撼：1253年，忽必烈的兄长蒙哥汗派遣他的另一个兄弟旭烈兀重新开始对伊斯兰的征服，并将蒙古帝国向西拓展。这里（右下图）蒙哥在战役前夕举行庆典；旭烈兀首先消灭了阿萨辛派，该派的首领哈桑很可能在其位于伊朗厄尔布尔士山令人生畏的城堡（左下图）；总部在派遣他的追随者执行暗杀使命前让他们服用毒品（左中图）；1258年，在摧毁了阿萨辛派的城堡之后，旭烈兀发起了对巴格达的毁灭性的进攻（上图），时至今日，这次进攻仍然被穆斯林当作伊斯兰世界的最大灾难之一而被铭记。

今天，忽必烈的夏都——上都，只是一个被长期遗忘的山脊、平坦的草原以及远方的小山的遗址。马可·波罗觐见忽必烈的官殿已被风化为一个土堆（左下图）；几乎没有什么东西可以显示出过去的辉煌。最初的通路被一堵碎石墙阻断（上左图）；附近的小山包上有一个石头的神龛、敖包（左上右图）；上都遗址将不会再长期保持原始状态，附近是一个新的、令人舒适的、蒙古式的旅游者营地（右图）。

WC

佛教的到来：忽必烈统治中国以及扩展其帝国的使命导致他将蒙古与西藏及其世界性的宗教——佛教建立了联系。这种联系是在1244年当西藏萨迦派的首领（右上图）应忽必烈的堂弟阔端（左上图）之邀赴蒙古时建立起来的，两人会面于凉州（今武威）附近，该地现有108座佛塔，其中有很多在佛教神学中都是神圣的（左下图）；这里有一个博物馆在纪念这一事件，艺术作品颇为精美但并不真实，比如壁画和主要参与者的半身青铜雕像。随萨迦喇嘛一同到来的是他的两个年幼的侄儿，其中之一八思巴（右下图）将成为忽必烈的佛教导师兼首席宗教顾问。

1271 年，在八思巴的指导下，忽必烈建造了白塔寺，这是他的新首都——大都最大的建筑，建筑师是一位名叫阿尼哥（上图）的尼泊尔人；左下图为白塔寺的两位西藏僧人。

四川盆地，到今日的成都附近，以都江堰灌区新近的丰收补充粮秣。都江堰是1500年前修建的大坝和人工岛屿，用来控制岷江的水害。忽必烈自己则南进越过草原，可能于3天后在约350公里外和第一路大军会师。所有这一切大理方面都应该了如指掌。而与此同时，兀良合台则选取了一条更靠西约150公里的困难的——确切地说是不存在的路，深入四川西部的崇山峻岭，越过峡谷和山梁，抄近路到达了大理和西藏间的主要道路。当时机到来时，这将会使他用两天的时间赶到大理。大理的领导人高陈重兵于长江上游，而它的上游水源则形成了一个峡谷，越过山脊经过一天的行军便可抵达大理城东。大理的军队可能看上去不可战胜，但是蒙古人却已经多次经历过这种情况。一条河流根本不足以构成障碍，在他们南进的过程中已经越过了数十条。他们中的一些老手曾经在1226年跟随成吉思汗使用羊皮筏越过黄河。数世纪以来这种皮筏始终是那里常用的渡河方法；甚至在今天，人们也可以在兰州亲自尝试一下，或者是在更加下游的沙坡头镇，靠近成吉思汗的军队在他的最后一次征战开始时越过黄河的地点。渡河是在晚上开始的，当然也进行得悄无声息。在一位名叫伯颜的将军的带领下，蒙古人在拂晓时分出现在了高的侧翼，发起进攻，对其造成了重大的打击，并迫使对手急速退回大理。

随着兀良合台从北方沿湖疾驰而至，大理现在可谓任由忽必烈处置了。在这种情况下，考虑到先前的抵抗，按照成吉思汗的精神，你可能自然想到一次大规模的屠杀会接踵而至。但成吉思汗也并非完全冷酷无情与野蛮。他屠杀城市里的居民有一个主要的原因：诱使其他城市投降。城市投降时可以免去许多麻烦。蒙古人无论如何都会得到足够的战利品，而且使臣服者对其幸存充满感激，毕竟要比用残忍的手段使他们痛恨并举行反抗要容易得多。这里虽没有其他的城市要征服，忽必烈仍然下令克制，宣布普通人不应该因为他们愚蠢的领导人的错误而受到惩罚。这一切都归因于他的汉族谋臣吗？笔者不以为然。忽必烈此刻已经有了足够的管理经验让自己看到这一点：只是他的谋臣们——还有《元史》的作者们——自然而然地把它归功于中国文明的影响。

情况很容易就明朗化了，主要大臣及其屠杀使臣的下属被处决，但也仅此而已。国王变成了忽必烈官员手中的傀儡。与英属印度的一位王子非常相像，他因得到纵容而变得俯首帖耳，并在后来被授予了一个响亮但却空洞无物的称号：马哈拉扎（土邦王公——译者）。兀良合台以大理为他的军事基地，进一步“平定”更靠南方和东方的部落，深入到了今天的越南北部，并于1257年占领了河内，然后在遭遇到热带的酷暑、疟疾和坚决的抵抗时匆忙退却。这看似简单，但却是一个庞大的行动，因为云南距河内有1000公里之遥。在长达4年的时间里，蒙古人在宋朝的西部边界地区长驱直入，几乎未遇到任何抵抗，现在他们——更确切地说是忽必烈个人——已经拥有了所有必要的信息来策划下一阶段针对南方的战争了。

云南就像是一个加在天平上的新砝码：它以有趣的方式来平衡中国。

这个地方在大约20年的时间内只留下了一支很小的卫戍部队而且任凭其自行其是，在此期间唯一值得关注的发展——倒真的更像是一件无关紧要的事——是当地的官员设法与邻近的一个酋长部落康该（Kaungai）达成了短暂的友好协定，该部落位于伊洛瓦底江上游，因而也在西进缅甸低地的主要通道上。很久之后，当忽必烈把贪婪的目光投向缅甸时，这一在当时完全无足轻重的事件便具有了重要的意义。

1273年云南的第一任高级行政长官到任。赛典赤赡思丁是一个突厥人，他在成吉思汗1220年对不花剌的残酷进攻中幸存了下来，因为他的祖父带领1000名骑兵投降了。这位时年9岁的孩子被抚养成人，此后在为数众多的政府岗位上做出了突出的贡献，并在云南达到了其职业生涯的顶峰，而云南也正是在他和儿子纳速剌丁的帮助下完全融入了这个帝国。

其后果一直延续到了云南今日的多文化共存的状态中。这里是一个居住着对任何人都不构成威胁的土著居民的地区，然而他们却发现自己处于由蒙古人率领的主要由汉人构成的军队的攻击。它后来又被交给了一个穆斯林，此人使得它成了这个帝国的一部分，并且对伊斯兰教的引进负有责任。结果，它吸引了大批穆斯林。今天作为其丰富的多民族杂居的一部分，云南有50多万穆斯林。

第四章 龙居潜邸

KUBLAI KHAN

回到其在中国的领地后，忽必烈进行了大规模的领地管理的试验，几乎是在历练作为未来横跨两个世界的皇帝所需要的技巧，而这两个世界就是蒙古族与汉族。他的封地开始看上去不像是一个私人领地，倒更像是一个微型王国了，尤其是他在渭河流域的主要封地。为了管理这一大片富饶的领地——汉人和非汉人居民杂居的50000平方公里——他任命了20岁的回鹘人廉希宪，后者又任用了一位德高望重的儒生许衡。用《元史》标准化的语言来说，他们二人都接受了儒教“匡富济贫”的崇高理想。他们与忽必烈另一谋臣、僧人刘秉忠一道重建学校，禁止蒙古人掠书生为奴隶，以及印制纸钞。在一篇很长的备忘录中，刘提出了忽必烈应该遵守的保持社会平稳有益运行的步骤，指出良好的管理有赖于良好的公务人员，而这些人只能来自于良好的学校教育。实际上，博学的刘是在建议忽必烈像一个汉人的皇帝一样行事。他应该整顿税收和法律体系，重新引进科举考试，资助前朝历史的编修，这些都是新的中国统治者的传统任务。然而忽必烈却并不打算走得如此远，科举考试将不会举行，因为那就意味着他的所有谋臣都将是汉人；也不会有金的朝代史，因为那将被汉人看做为一个新朝代的宣布建立，而这将会被蒙古人看做为一种篡夺其兄长权威的企图。也许那正是刘想要看到的，但忽必烈并不想这样。

忽必烈已经跨居于两个世界了，并且在1256年作出了第一个重大的决定来使这种危险的平衡永久化。他需要一个更好的总部，在其领地里他并没有足以与这种地位相适应的城镇。如果他希望保持其新的中国臣民的信任的话，他就不能够以一个蒙古包城镇和移动的宫殿来坚持其传统的蒙古价值观，而这些新臣民则是他所依赖的收入的主要来源。所以，可能部分是由于刘秉忠，他决定创建一个固定的基地，一个首都。为什么不呢？窝阔台在哈喇和林有一个；他的兄弟旭烈兀则可以在为数众多的伊斯兰城市中进行挑选；中国北方的政府也同样需要，但是却需要小心从事。当然，一个真正的中国领袖会从众多的故都中选取一个，也许会是西安或开封，两者都在他的领地范围之内，或者甚至是北京，在成吉思汗1215年的进攻之后现在正在重新恢复它的自尊。但是忽必烈不是汉人，甚至在其家人与蒙古同伴的心目中看上去像汉人也是他难以承受的。他的汉族谋士们也理解这个问题，并且四下散开去选择一个合适的地点。

忽必烈知道他的首都应该坐落的大致地点，因为如果他将要平等地坚持两种文化的话，他就不会有太大的选择范围。它必须处于时称“中都”亦即中央之都的北京可以到达的范围之内，它也必须是在草原上，在传统的蒙古疆域之内。

现在内蒙古草原在地图上距北京令人惊异的接近，只有区区250公里，但实际上却是一个非常遥远的世界，即使在今日经济腾飞并且有良好道路的情况下也是如此。这是一次为时7个小时的旅程，其间人们要缓慢地爬上陡峭的山坡，绕过一个大弯以避开群山，从而使得旅程多增加了100公里。当你沿着每年把数百万人带往长城的高速公路驶向西北时，你远离了城市稠密的交通和重度的污染。长城这个世界的奇迹并不会滞留我们，因为它是在忽必烈时代很久之后才建造的。我们的注意力应该放在起伏的山峦，而长城就仿佛在这些山上蜿蜒漂浮。这里曾经是北京的最后一条自然防线：两座绿树覆盖的山脉，军都山与西山，都是险峻的山峰和陡峭的山谷，这里的地貌看上去像是一张被弄皱的锡纸。古代的穿越线路曾是一条沿居庸关的小径，在它的最狭窄之处宽度仅达几十米。它并不能够容纳下一条完整的高速公路：所以当在悬崖峭壁上开凿出来的北行车道上，挤满轰鸣而缓慢行驶的汽车长龙时，南行的车道则在视野之外，在大山的另外一侧。它非常容易防守，大多数军队都会受阻于此；但1213年的蒙古人却没有。那就是为什么害怕蒙古复兴的明朝会沿山脉修建城墙，以及为什么长城实际上有许多城墙，它众多的段落守卫着健壮的人和强健的马匹可以溜过去的侧峰。

在爬升了数百英尺的高度之后，就到达了一个仿佛是楼梯之间的平台一样的地方，而接下来的100公里旅程颇为容易。英文告示牌对疲劳驾驶提出了警告："不要疲劳驾驶！""杜绝疲劳驾驶！"下一站是张家口，过去这里距北京需要7小时行程，而现在如果交通不拥堵只需要2个小时。张家口是一座历史名城，尽管你从它难看的公寓楼的外表中很难猜到这一点，这些公寓楼现在蜂集于老城区拥挤的平房和小巷之间。它曾经标志着中国的平原与蒙古高原之间的边界，那也是为什么蒙古人（以及外国探险家）称之为卡勒干的原因，它源于蒙古语"入口"一词。俄罗斯、蒙古与中国间的贸易就是经过这里进行的。一个世纪之前，这里有7000家商贸企业，有成百的牛拉的大车与成千上万的骆驼穿行于其北部狭窄的大门。1917年俄罗斯的革命给这里造成了重大的打击，它的腹地遂以匪患横行而昭著于世。现在它又由于中国向北推进至其边疆省份内蒙古而得到了复苏，而就笔者所见，蒙古的影响在这里已经彻底消失了。它的历史作用的唯一感觉在于它的地形，漫长的之字形道路逐渐延伸到了蒙古高原上的农田与村庄。

此后前进方向转向东方，嘟嘟作响的手机也会显示出一条信息：欢迎来到内蒙古。一个手握蒙古马头琴的巨型塑像上的装饰牌敦促我们所有的人保护草原——保护是他们真正需要的，因为剩下的草原已经为数不多。在正蓝旗，一条新的向北的铁路线正在兴建之中，以便带来更多的农民并且用更多的犁和更多的城镇来开发这块边疆土地。

然而就在不远处仍然有一片开阔的会愉悦忽必烈心灵的地方。这个地方在历史上也可谓赫赫有名，因为它曾经是成吉思汗南下北京以及在它被征服后返回路上的营地。那也许就是忽必烈为什么要他的谋臣们注意到这里的原因。在刘秉忠的带领下，忽必烈号称金莲川幕府的智囊们遵循土地占卜的惯用仪式，确定了那个英语国家的人们称为行宫的地方的地址，而忽必烈不久则将其称为上都，北方的首都（与在蒙古人的统治下称为大都的北京相对应）。

关于这个地址还有个传说。这里最初被称为龙岗，所以刘和金莲川幕府不得不首先作法来驱逐恶龙，并且竖起一个高高的被赋予魔力的铁制三角旗阻止其返回。在这片开阔的平原中间还有一个湖泊，而这个湖泊也必须首先被排干然后再重新注入水。

它的周围也没有什么东西可以用作建筑材料——几乎没有一棵树，也没有采石场。行宫的主殿、庙宇、政府机关建筑物、附属宫殿以及官员的住宅都不得不从零做起，由成队的牲畜与成列的大车从数百公里之外搬运来圆木和石头（正如你将要看到的，还有大理石）。

忽必烈对称他的新地方为首都颇为担忧，也许更愿意给人留下这只是一个夏营地的印象。它的建造花费了3年的时间，而在接下来的4年时间里它以开平之名而称著于世，只是在1263年后被重新命名为上都。但它从一开始就打算被当做首都了，尽管与其说是一个居住的城市不如说是政府所在地和他的休息场所，更像是凡尔赛而不像巴黎。

它有三个部分，都是正方形的，建成中国传统的都城形式。外城每边2.2公里，周长总共约9公里：与令人不可信服的马可·波罗所提及的“16英里”相差甚远，但足以容纳供大批普通人居住的拥挤在一起的土坯与木头的房屋，它们被拥挤在一块面积不足1平方公里的角落，并被小心翼翼地与其北面的那一部分分隔开。这部分是一块矩形的公共用地，皇帝的花园。根据遗址入口处今日的告示牌，这里是“瑞林苑”。马可·波罗留下了一段对它的描述：鹿穿行于林间的空地，在草地上吃草，在小溪或者喷泉边喝水。这就是忽必烈的阿卡狄亚（古希腊的一个山区，在今伯罗奔尼撒半岛中部，以其居民过着田园牧歌式的淳朴生活而称著，多用来意寓世外桃源——译者），一个蒙古草原的人造版本，在这里他可以引弓射鹿，放出被驯服的雪豹去捕捉另外一只猎物，并且放鹰翱翔去追逐鸣禽。他在这里也有一个竹制的凉亭，大约15米见方，从这劈开的竹子像互相重叠的屋檐瓦一样摆放的屋顶之下，他可以观看马术表演。在这宁静的环境中，忽必烈也支起了他的大毡帐——蒙古式聚会的中心点。

外城东南角是围在约4米高砖墙内的1.4平方公里的皇城，包括有政府部门的建筑、手工作坊和几座道教与佛教的寺庙，所有这一切都沿着方格状的街道整齐排列。

这个地方的中心皇宫就坐落在皇城之内。实际上，这个包括皇宫在内的正方形并不完全是一个正方形，它570米×620米，周长刚好超过2公里。六个会议厅——水晶殿、洪禧殿、睿思殿、穆清殿、昭宁殿和统天阁——就汇集在皇宫本身大安阁的脚下，所有这一切都是中国式的建筑，有着上翘的屋檐和琉璃瓦。拉施特说这个宫殿就建在曾经位于中心地区的湖泊之上，建在一个由碎石与熔化的锡金属构成的平台之上，其结果就是水从各个地方涌了出来，形成了小溪与泉眼。

在蒙古王朝1368年倒台后，这个行宫被放弃。在接下来的600年里，它衰败不堪，其巨大的宫殿、庭院、建筑物和城墙都被侵蚀掉，直到成为起伏的草原上几乎无法辨别的土堆。一位英国驻北京公使馆的医生史蒂芬·布舍尔在1872年偶然在遗址上被绊倒，并且报告说看到了大理石块，巨大的寺庙遗址，“而破碎的狮子、龙和其他碑刻的残片则散落在各个方向”。当日本人在20世纪30年代占领内蒙古时，他们曾经做过一些工作，在那以后已经没有什么东西被遗留下来了。

正如每个英国与美国学校里的孩子们所知道的那样，忽必烈正是在这里下令建造了一个快乐的穹顶，这是1797年的一个夏日，塞缪尔·泰勒·柯尔律治在被一个不受欢迎的访客不合时宜地打断之前的梦中情景。柯尔津治的所见和诗歌都是幻想；所以当发现这个地方与其辉煌都是真实的存在，并且通过对它的参访而感知到诗的意境时，那倒的确是一件令人惊奇的事情。

当笔者在1996年首次前往这个行宫时，那里并没有指明道路的标志牌。我的导游并未受到影响。“鼻子底下有张嘴”，他以古老的名言评论道，并以向几位农民问路来证明了这一点。我们可以开车径直进入这个地方，这是一片壮丽的原野，因侵蚀而倒塌的断壁残垣仅比波浪般的小草和美丽的草原花朵略高出一点。这里没有栅栏，不收门票，也没有沿路阻断进入外墙的小路。这里的天空是纯净的蒙古蓝色，微风徐徐，唯一的响声是一只布谷鸟的鸣啭。

但我们并不是形单影只，这里有6个人正在测量着什么并用绳索围成了几个正方形。他们是来自呼和浩特的考古学家，终于开始捡起了一些研究线索。他们中的一位，考古研究所的副教授魏坚通过我的导游简单地向我介绍了一些情况。这些是墙，那边是宫殿。整个这块盆地过去被称为金莲川，而且你可以从大片混杂着紫色与白色不知名的毛茛科植物花朵中看出其名称的由来。

“你看，它是一个群山保护下的多么美丽的地方。”

我看了看北方矮墙一样的小山，它们似乎是非常尖的。

“这个地方是由于迷信的原因而被选中的，它是一个非常吉利的地址，北面是龙山，南面则有闪电河。”

“那些山，它们看上去像……乳房。”

他笑道：“他们的山顶上有神龛，石头堆。有故事说，那些有神龛的山被排列成了北斗七星的形状。”他所使用的术语是我们称为大熊星座的蒙古语名称，“它也是我们必须要调查的东西，我们还有很多有待了解的地方。”

我穿过起伏的草原走向宫殿，遇到了一个粗糙并且走形的小雕像——是突厥人的，在蒙古人之前——站在那里，仿佛是在站岗，它可能是由忽必烈的人带到这里的，也可能是在这里被发现并被扔到一边不再理睬。地上撒满了如果我不小心就会扭伤脚踝的碎石。宫殿的地基仍然在那里，一道长约50米高约6米的土堆矗立在草原之上。尽管有拉施特的说法，这里没有任何地下的潮湿迹象，除了在曾经是庭院里的可能是井的东西，它也有可能是个旗座。这座宫殿土堆的侧翼有另外两个土堆——三座大型建筑的遗址构成了一个三角形的庭院。由四处游荡的游人在草原上踩踏出的小径，每一条都通向了土堆的顶部。正面几乎是纯粹的泥土表面，上面点缀着一排洞，早已消失的屋檩无疑曾经在这里支撑过一个屋顶。我想象着那些来访的达官贵人在爬上宫殿的台阶被御座上的皇帝接见前，在宫殿的背阴处跳下马来的情景。

在那里，现在无论上下都没有什么东西是固体形态的了。它就像是一个奇迹一样使我震惊：尽管历经了夏季的狂风暴雨和冬季冻裂石头的严寒，一个泥土的平台已经幸存了700余年，而建筑物本身却踪迹全无，当然还有些碎石散落在稀疏的草丛间。但是砖和瓦都怎么没了呢？布舍尔在1872年看到的寺庙和碑刻的遗迹又到哪里去了呢？难道是日本人掠夺走了大部分东西，而只留下了一堆碎石吗？我捡起了一些，都是些不成形状的碎块，没有一块可以显示出它们曾经是些什么。有一小块上了釉色，也许是来自一个瓷罐儿，灰色弯曲的是一片屋顶瓦残片，而石头看上去就是石头。但是，什么样的碎石，什么样的石头才是行宫的尘埃？我究竟怎样才能对它们作出正确的判断呢？

2004年我再一次到了那里。作为中国各地正在发生变化的反映，这里也是今非昔比了。现在这里有一条从正蓝旗通往东方的崭新的高速公路，一个用中英两种文字书写的标志“元上都”，以及一条新近铺设且较小的径直穿过草原到达旅游者又白又圆的蒙古包的道路。这条道路以两个直角的转弯绕过旅游营地，并带你来到一个围栏、一个大门和一个小博物馆，这里有两或三个服务员，当然还要收门票。然而在这之后，我就和从前一样独自一人了。外国游客得不到帮助，因为当局还没有意识到这个地方的重要意义，尤其是对讲英语的人来说。为数不多的标志仍然是中文的，我仍然可以在小丘与宫殿的土堆和杂草覆盖的碎石上随心所欲地溜达，仍然可以自由地捡起石块。

没过多久，考古学家们就开始工作了。在博物馆的院子里矗立着一个玻璃橱柜，里面有一块巨大的白色大理石。它是继其他两块现藏于呼和浩特博物馆的类似发现物后，于2003年在宫殿的废墟下被发现的。也许是一个柱子的基石，它的上面雕刻着华丽的龙凤缠绕在一起的浅浮雕，这是战争与和平的象征。像这样的发现可谓真正的发现，它们显示出了这个地方的意义，忽必烈的汉族艺术家们的技艺，以及包含在其中的劳动——距此地最近的大理石采石场也在700公里开外。它们也给有关不可信的马可·波罗是否真的来过中国这一持续不断的学术争论提供了新的佐证。马可·波罗是这样开始他的描述的："在这个地方有一个非常好的大理石宫殿。"正如一块在宫殿附近的匾额所说的那样："这些物品证明了马可·波罗曾经来到过这里。"

最大的变化并非遗址本身，而是来到这里的道路。到行宫第一眼看到的是旅游者营地，这里有约40个小蒙古包（格勒）和三个巨大的水泥蒙古包，有着双层的圆顶。它是一个即将发生的事情的暗示，这个营地是一位当地商人本杰明·任建造的（与西方人打交道的中国人常常给他们自己取一个西方名字）。本杰明在许多方面都是非常出色的：长相帅气、善于交际、慷慨大方、野心勃勃并且有着把生意与生态结合起来的强烈愿望。在意识到工业与农业综合企业在草原的破坏性传播后，他构想出一个计划来植树拯救草原。在一位富有的印度尼西亚人的支持下，他购买了一片面积相当于一个县的土地，并在其中的一半土地上种植了不少于1500万棵树木，如果他没有发现草原被灾难性地过度放牧的话，他可能已经把其余部分变为牧场了。他现在正在让它恢复为草地。

说来事情也很巧，他的土地刚好就在行宫旁边。英语流利的他立刻就看出了潜在的发展旅游的机会，尤其是随着新道路的建成，旅游者需要有居住的地方，他的旅游营地于2003年开业，可以给旅游者提供蒙古包，里面精巧地配置有双人床、电灯、自来水和抽水马桶，这里还有双层圆顶的餐馆，雇用当地人来烹饪蒙古式宴会并以蒙古音乐提供娱乐。在运营的第一年，他接待了1500人，2004年达6000人，到2008年奥运会时应该是该数字的6倍。

在当今私有化的大趋势下，笔者可以想象到本杰明与博物馆之间的生意以及他可以接触到的有关遗址的大量信息。不久到这里将会变得更加容易、更加舒适、更加拥挤而且更加昂贵。除非你立刻就到那里，我担心行宫将不再是任何探险之旅，而且你将无疑不会被允许拣拾只砖片瓦。

但是布舍尔所看到的所有那些遗迹究竟到哪里去了呢？本杰明给出了答案。在附近的多伦诺尔镇，许多建筑物都有十分完好的砖头与瓦片。记住，这一地区的建筑材料总是十分缺乏。行宫似乎被当做了矿藏，被当地人一砖接一砖、一瓦接一瓦地挖走了，而所剩下的则是他们不能利用的东西。

我依然还保存着我拣起来的那几块碎片，而且我想我知道该用它们做点什么。我将把它们研成粉末，并且用这些粉末来填满案头的两个汉字刻槽：

上

Shang

都

Du

这个在观念上呈现半蒙古半中国的首都的出现，对于传统的蒙古人来说依旧是太过汉化。哈喇和林有一些嫉妒忽必烈成功的人在窃窃私语：他正在变得自高自大起来，野心极度膨胀，通过挑战蒙哥的首都来梦想自己的帝国。而且还极为富有，他有可能把从权限上讲应该归属于哈喇和林的税收收入据为己有吗？蒙哥自然听到了这样的风闻，也很想知道这是否属实，并被劝诱采取了行动。1257年，他派遣了两个税收调查官前去审核忽必烈的官员。他们发现了问题，开列出了142处违规之处，处罚了一些汉族官员，其中的一些人甚至被处决，并利用蒙哥的权威接管了忽必烈领地内的所有税收。忽必烈能够做出何种反应呢？他可以放任他的守卫，逮捕那些邪恶的审计人员。但是如此一来，正如其儒教及佛教谋臣们所指出的那样，将无异于公开的反叛。最好还是妥协。他也是这样做的，首先派遣了两个特使，但毫无结果，随后他又亲自前往，以兄弟的身份恳请蒙哥。这一招果然灵验，兄弟二人相拥而泣，忽必烈深表痛悔，而且也表明了清白与忠诚，蒙哥宽恕了他并重申了对他的信任（他也信守诺言：3年后以妖言惑众为由处决了那些审计人员）。

实际情况应该是兄弟俩都非常需要对方。忽必烈的权力有赖于蒙哥的支持——而蒙哥也有一个由成吉思汗在30年前造成的问题。由于受到年老的道士长春真人的深刻影响，成吉思汗免除了他所属教派的所有税赋，此人即成吉思汗从中国一路召请到阿富汗来教授其道家学说的人。而曾经在宗教界处于次要地位的道教，利用他们新发现的财富与地位夺取佛教的寺院。由于财富成了鼓舞之源，道教教派迅速膨胀了起来，根据一项记载，此刻他们共有81个派别，天平的一端是苦行僧，而另一端则是几乎等同于恶棍的算命先生，他们非常乐于把画像与雕像从佛教的神龛上撕下来。

佛僧也进行了同样暴力的反抗。他们由于来自西藏的僧侣的流入力量得到了加强，而西藏则是一个将构成忽必烈的帝国一部分的地区。1258年佛教徒们都十分清楚地意识到了政治联系的重要性，而且极想对道教徒复仇。

这种争吵必须被制止，否则中国的北部就不会稳定下来，而从这里出发去进行更为重要的进攻宋朝的安全基地就将不复存在。就这两个问题而言，忽必烈都可谓关键人物。正如莫里斯·罗沙比所说：“虽然我不能排除中国编年史中所描述的那种戏剧性场面真正发生过的可能性，但我相信它只有在蒙哥和忽必烈都理智地评估过他们之间分裂的愚蠢之后才会发生。”

所以在1258年初，忽必烈日程上的第一件事就是召集一个佛教与道教首领的大会，以迫使他们停止争吵。它的确是一次大会，共有300名和尚与200名道士齐集开平行宫，由在场的200名宫廷官员与儒生分隔开来，忽必烈主持了会议。

道教的论据依赖于两种经文，这两种经文都宣称创建了道教的圣人老子经历过81次化身——因而这也是道教派别的数目——其中的一次化身就是佛。此外，一种经文称老子死于佛教的故乡印度，而不是中国。因此，他们声称，佛教实际上就是道教。这是一个颇具凌辱性的观念，而且还由于总结在其标语中的日程“化胡”(归化野蛮人)而变得更为糟糕。他们没有意识到的是忽必烈已经几乎就是个佛教徒了，因为他所宠爱的妻子察必就是佛教徒。他身边成群的佛教僧侣以及他们采取佛教式的善政的实际理由都给他留下了深刻的印象。

事实上忽必烈并不需要运用他的偏见。道教徒并不习惯于辩论，因而证明了他们自己是一群颇为乏味的人。忽必烈的西藏顾问八思巴就有关道教的主要经文“化胡经”的真实性及其老子死于印度的说法对年长的道士进行了反诘。1～2世纪的伟大史学家司马迁之所以没有提到这个有趣的说法或者坚称这一说法的经文，原因是——八思巴得出结论说老子实际上就是死在中国，而那个经文也是伪书。既缺乏证据又不善辩论的道士看上去像傻瓜一样被抛在一边。忽必烈给他们提供了最后一次机会：召唤神灵与鬼怪，通过展示超自然的技艺来证明其魔力。自然他们根本没有魔力可以证明。

忽必烈作出了他的裁决，佛教胜，道教败。17位道士被削发为僧，所有的伪经都将被销毁，237所道观将被恢复为寺庙。但是他也足够明智地没有进行报复，因为他知道他不能够承受疏远为数众多的道教信徒的代价。这里将不会有处决行为，只是恢复世纪之初长春真人30年前突然身价倍增前的状态。

这次争论确保了忽必烈的重新得到信任。他以坚定的决策行动获得了和平，展现了一种智慧与节制。每个人都对此深表赞同，而他则设立了他的下一个巨大目标：入侵南宋。

第五章 汗位争夺者

KUBLAI KHAN

与任何一个成功的专制君主所做的一样，蒙哥也把迅速与全面的对外征服作为一种消弭内部分歧的手段。这并不是说有人用这样的术语来表述，而是因为这一动机已被一个压倒性的真理所掩盖，正如蒙古人自己认为的那样，在这个世界上他们还有未完成的事业。到1257年，波斯与南俄已经稳定，所以现在只剩下了中国的其他地方——然后是世界的其他地方。

蒙古人处于强势地位，拥有以开平行宫（在忽必烈的统领之下）和云南、中原北方以及曾经是西夏的地区为基地的军队。但是面前的任务并不仅仅是令人生畏的，坦率地说，它似乎是愚蠢的，双方的差异是如此巨大。

宋朝的疆域遍布河流、森林和山脉，没有可以使蒙古骑兵展示其优势的开阔的平原。黄河与南部沿海间的土地曾经是、至今依然是中国的粮仓，包括有数百万平方公里的良田与运河。其首都，今日之杭州（时称临安）是世界上人口最为稠密的城市，拥有150万人口——超过了整个蒙古的人口。一个世纪之久的皇家开销已经使它成了一个繁荣的城市。它控制着大运河进入杭州湾的入口南端，位于世界最好的港口城市之列。它的环境——天目山和西湖——与它的宫殿一样美丽。蒙古人怎么敢梦想战胜这样一座城市,更不用说其他41座拥有10万或更多人口的城市,更不用说拥挤在长江盆地肥沃土地上的5000万农民呢?

蒙古人自己并没有资源来从事这样一项事业,他们将不得不利用北方的汉人与南方的汉人作战。由于蒙古骑兵实际上无用武之地,所有的一切都将有赖于汉族的步兵、汉族的攻城器具、汉族的工程人员。面对亚热带的夏季气候、复杂的地形、漫长的距离、流行的疾病,谁会最终获得成功呢?

至少蒙哥有一个不错的总部,它是由成吉思汗本人在30年前建立的,坐落于黄河以南200公里蜿蜒起伏的六盘山脚下的一条支流——清水河的源头,在成吉思汗罹患致其死命的疾病之前,曾于1227年在这里度过夏天。这是一个非常不错的地方,因为它处在开阔地带,然而距山里的秘密山谷仅一天的行程——陡峭的山林、肥沃的土壤、丰富的药用植物——在治疗成吉思汗致命疾病的无望的尝试中,他很可能曾被带到了这里。现在的一个主要的考古遗址开城就曾经是指挥中心,而最后一位西夏皇帝就是在这里向生病——或者已经死亡的成吉思汗投降并被谋杀的。它距宋朝边界仅70公里。

蒙哥足够清楚地知道他面临任务的艰巨性,他的庞大计划就是一开始便将其对手分割开来。他的三路大军将会在武昌(现在是大都会武汉的一部分)会师于长江,这里对长江下游以及首都杭州来说都是冲要之所。其中的一路大军就将由忽必烈率领,由其在开平的行宫向南长途跋涉1400公里。事实上,忽必烈是否可以参加这次军事行动仍是一件值得怀疑的事情,因为他此刻正身患痛风,这是一种将会折磨他一生的疾病。当蒙哥提议以成吉思汗的一位侄儿取代他时,他感到十分愤慨。他刚刚平息了佛道之间的争论,并且渴望采取行动。“我的脚已经养好了,”他抗议道,“我的长兄率领军队出征,而我在家里坐视,这怎么能行呢?”于是蒙哥就让他继续领兵南下。忽必烈将会在武昌与其他两路大军会合:一路在兀良合台的率领下由云南而来(几乎1500公里之外),第三路则来自开城。蒙哥自己则将进入这一地区的中心进行独立作战，向西南方向长驱直入650公里，夺取四川的中心成都，然后转向东南250公里的重庆这个连接长江下游贸易与通往西藏陆路交通的港口城市。

蒙哥安排了一次恰当的仪式来确保得到长生天的支持，在他的祖父位于不儿罕·合勒敦的坟墓前祭奠了他的英灵，然后又把来自其白色母马群的马奶洒在他的宫殿四周。此后他向南前进，越过戈壁，经由曾经是西夏而现在为帝国的国土抵达开城。1257年夏，他在六盘山避暑，集结他的军队。次年春天，他的军队占领了成都并冒着四川的浓雾继续前进——这里的大雾是如此浓密，以至于自古便有蜀犬吠日之说。

但是进展却十分缓慢，这是因为征服必须与管理相伴随，所以在他抵达重庆之前已经是1259年年初。然后又是进一步的延迟：为了夺取重庆，他必须首先克服北方60公里处的一个难以逾越的堡垒。它建于一个险峻的被称为钓鱼山的400米高的山脊上，位于今合川镇附近，控制着三条在汇入长江前一同流淌的河流。这是一次使蒙哥陷于彻底停顿的战役，由几个星期渐渐变成了几个月，又由春天进入夏季。随着气温的上升疾病也开始流行起来。他的士兵中有数以千计的人死于非命。然而尽管屡次受到其将军们的敦促，蒙哥仍然拒绝放弃。

8月，蒙哥在附近山上避暑，并在酒可以去病的借口之下狂饮不已，结果他染上了某种严重的很可能是痢疾的疾病。如果就是这种病，他生存的机会将是十分渺茫。他的大便呈水样，腹痛折磨着他，10天后他便一命呜呼。

在这一时刻，由于蒙古的领导者们将注意力重新集中于继承问题之上，所有的军事行动都会陷于停顿。首先举行的是葬礼仪式，这将至少花费一个月也许两个月时间：尸体要准备运输；长达1800公里的路程要历经一个多月的时间才能返回哈喇和林，而在这里还要在级别很高的妇女们的宫殿里连续举行4天的官方哀悼，最后送葬的队伍还要向东长途跋涉500公里，越过草原，经过位于今日乌兰巴托附近的山峦，进入蒙古人最初的核心地带，然后溯克鲁伦河而上，翻过守卫其源头河谷的山脊，并进而最终到达圣山不儿罕·合勒敦：成吉思汗及其子拖雷的埋葬地。这个巨大的表示敬意的行动应该包括每一位诸王、每位贵族、每位公主，每个人都带着他或她自己的随从与马匹和大车，结果是大量帐篷搭建起来为葬礼做准备。最后的埋葬地点将会在大禁地，有骑马的守卫常年在其通道上巡逻。最后的一小队悼念者将沿着20公里的弯曲环绕的博格达河谷行进，登上森林茂密的山坡来到位于不儿罕·合勒敦巨大的弧形山峰下的开阔的平台。地址本身被设计得易于保守秘密：马匹踏平坟墓，然后小树与杂草慢慢覆盖了泥土曾经被翻动过的地方，而夏季的雨水与冬季的霜冻又会使坟墓恢复到永冻层的状态。所以，成吉思汗、拖雷、蒙哥以及后来的皇帝们究竟长眠于何地仍然是个谜。

接下来的日程将会是诸王与部落首领的大会，即忽里台，以选举下一位大汗。但此刻冬季已经来临，所以选举直到来年春天才会举行，从而也保证了汗位的觊觎者们有足够长的时间来争取他们所需要的支持。

在此期间，忽必烈在干什么呢？当蒙哥去世的消息传来时，他已深入宋朝境内250公里，正要渡过今天以淮河之名而著称的那条河流。他数周以来一直在长途跋涉，置速度于安全之上，行程1000公里，避开了军事重镇襄阳，接下来还有400公里——或许是10天的行程方可到达他的集结地点。前方就是宋朝的军队，他们的探子无疑已经打探到了他的兄长的死讯，并在四处传播这个好消息，从而给宋朝的抵抗注入新的信心。所以，他面临着这样一种选择：或者按兵不动，给宋朝喘息之机来准备反攻，而后撤退，放弃已经征服的土地；或者继续前进。他从经验中得知什么是正确的选择。当他的祖父去世时他已经12岁，已经足够大到成为这个计划的一部分，即保守死讯的秘密不会被泄露给他的主要敌人唐兀惕，以免这个消息给他们增加信心。他与其副将拔都儿讨论了此事。拔都儿与忽必烈同岁，出身于一个显赫的军事家庭，是成吉思汗的重臣木华黎之孙。他也深知此事非同小可，于是决定就在他们之间作出了。

他们将装作这个消息只是图谋散布恐惧与涣散军心的谣言。“我们不必理会这个谣言，”根据拉施特的记载，忽必烈这样说道，“我们已经带着多如蚂蚁或蝗虫的军队来到这里。我们怎能未完成任务就撤退呢？”

于是他们继续前进，到达了长江水域。从上游400公里离开三峡的那一点起，长江就变成了某种形式的亚马孙河，懒洋洋地穿行于稻田遍地的平原，每公里的海拔高度只降低了2.5厘米。与其说它是一条河流还不如说它是个内陆海洋，就像吸墨纸上的墨水一样变化无常。在忽必烈的时代，它几乎没有什么像样的堤岸，所以它经常漫过它们。在这种时候，它就成了漂移的河道与湖泊的迷宫，形成宽达10公里的障碍。越过它无疑需要一支庞大的舰队，但忽必烈的确越过了它，并对武昌发动了攻击，三周后来自兀良合台的从云南赶来的20000人部队也加入了攻城战。他们经历了一段艰苦的战斗，攻取山上扼守咽喉要道的堡垒，但有5000人因疾病而丧命。他们的到达几乎使武昌城失去了勇气。在10月初，当宋朝由于蒙哥之死而得以分兵的分遣部队赶来对抗忽必烈时，这座城镇实际上已经处于投降的边缘。但这些援军还是设法绕过了蒙古人——很可能是经由水路——并且进入城内，这也证明了攻城者的围困并未严密到水泄不通。

战事陷于僵局。

忽必烈面临着一种棘手的选择：继续武昌的围攻，或者返回蒙古来处理汗位继承问题。帝国的战略日益取决于内部事务的处理了。12月，忽必烈意识到他可以不再犹豫了，但是选择什么呢：完成战事，还是回家？

宋军的统帅贾似道是一个无疑深知其对手所承受压力的老谋深算的外交家，他也在竭力促成忽必烈的撤退。此人是他的时代最为著名也是最有争议的人物之一，在忽必烈的故事中也扮演着一个重要的角色。他的祖父与父亲都是中级军官，虽然没有什么可以称道之处，但他年幼时，贾家也可谓家道殷实。在其家乡宋朝首都杭州他曾是一个纨绔子弟，沉迷于追逐漂亮女人、酗酒、赌博。他也是一个幸运儿。他的姐姐被选为皇宫的嫔妃，深受皇帝的宠爱，并为其生下了一女，也是这位皇帝唯一幸存下来的孩子，随后，她的地位上升为皇宫里的贵妃。1236年，这位皇帝身患疾病，而一些高官则企图建议其退位。贾探得这个阴谋并告诉了他的姐姐，后者又将消息告诉了皇帝，而皇帝则采取行动保住了自己的皇位。贾似道接下来便是官运亨通，到40岁时已是权倾朝野，富甲一方。他涉猎艺术品与古玩，在俯瞰西湖的山上有一处豪华的庄园，并经常在这里设宴款待数以千计的来宾。随着时间的充裕与财富的积累，他沉溺于一种非常古怪的爱好：斗蟋蟀。的确，他对蟋蟀及其攻击方式已经是如此熟悉以至于他写了一本有关饲养与训练冠军蟋蟀的手册。他也会附庸风雅。另一部著作，一本有关其思想与经历的平庸之作《养乐圃杂记》是其以笔名“半闲老人”而作的书。他的对手（自然）称他专横而又琐碎，并对他盗取国家艺术珍品填满自己的世外桃源丛香园的方式颇有微词。1259年，当他46岁时被任命为帝国右丞相，负责改善宋朝摇摇欲坠的财政与军队。于是他发现自己承担了防守武昌的职责，并且处于影响忽必烈的下一个决定的位置。

贾选择了一个高风险的战略。他暗中遣使忽必烈求和，这是一个他后来将要为此付出惨重代价的欺诈行为。如果宋朝每年都支付贡品以换取蒙古人同意以长江作为两国的新边界又会怎样呢？

忽必烈对此却不感兴趣。“汝以生灵之故来请和好，其意甚善，”他通过他的使节回答道，“然我奉命南征，岂能终止？”

蒙古人并不需要一个得到他们可以轻易取得一切的协议，而一个确定新边界的条约在完成征服的那一刻到来时将会造成某种外交上的不便。最好还是先撤回去，然后在他们自己的时机到来时返回，尤其是——这也是决定性的因素——因为一些非常不祥的事件正在家里酝酿着。

正如忽必烈在其忧心忡忡的妻子传送来的消息中了解到的那

样，他的弟弟阿里不哥——强壮的阿里——帝国游牧中心地的主人，正在由于一些不明的原因而集结军队。这肯定与继承事宜有关联，因为在仍旧健在的三个兄弟中，波斯的统治者旭烈兀显然不在竞争者之列，剩下的就只有阿里不哥与忽必烈了。忽必烈有可能返回吗？如果忽必烈需要一个进一步的理由，两天之后当阿里不哥自己的信使带着除了乏味的问候与对忽必烈健康的询问之外别无他事而到来时，他便得到了这个理由。忽必烈满腹狐疑，他问到他们的主人将军队集结起来干什么。由于对忽必烈已经了解到阿里不哥的行为的事实而心存不安，他们支支吾吾地说道，军队？什么军队？我们这些奴才对此一无所知，这肯定是一个谣言。忽必烈已经嗅到了其中的奸诈，在一次与其高级将领的秘密会议上，他告诉他们将北返蒙古以便搞清楚正在发生的事情。

事实是阿里不哥是一个传统主义者，他不愿意看到他的兄弟放弃旧的方式——这里有一个基督徒妻子，那里有一块中原的领地——正在本土寻求支持以便保证他在第二年春天的大聚会上被选举为大汗，但是显然他并不想要忽必烈了解他的计划。几周后，已经撤营北上600公里的忽必烈回到了黄河河畔，并且致信阿里不哥询问有关军队的事宜——他们为何集结？阿里不哥的一位助手指出忽必烈似乎已经猜到了正在发生的事情，最好遣使告诉他集结已被取消，并且送一些鹰隼与猎物作为礼物以便使他安心。

事情就这样发生了。表面上看，忽必烈如释重负——“人心大悦”——但他并未被愚弄。现在，政治超越了帝国的建立。他下令他的将军们立即停止对武昌的攻击，留下一支象征性的部队做桥头堡，然后返回了蒙古。

这次入侵最终宣告结束了，贾迅速夺回了被占领的地区。在以后的20年时间内，宋朝依然未被征服。忽必烈发现他所有的注意力都集中在了一场可能会迅速升级为内战的争论上面。

在1259年至1260年间，随着一些消息在戈壁与草原两端间的快速传递，阴谋与反阴谋如影相随，两位未来的皇帝为争取优势你争我夺，仿佛他们及其支持者是一个巨型棋盘上的棋子。阿里不哥试图召开一次聚会来选举他自己为大汗。此举未获成功，因为它是如此显而易见地违反规则，以至于几个诸王并未对此做出回应。于是他又尝试了另外一个策略。请立刻回来，他乞求到，悼念我们的兄弟。现已到达北京的忽必烈看到，如果他去了就将是自投罗网，并且受制于人。他说他的人刚刚从大战中返回，他们需要休整。阿里不哥的信使一离开忽必烈就立即派人前往蒙哥逝世时所带领的那支部队。他们此刻在什么地方呢？显然是躲在唐兀惕故地——成吉思汗占领前的西夏。

此刻已经是春天。新近到达其在蒙古西部阿尔泰山夏营地的阿里不哥看到，他既不可以长久地等待下去，也不能冒险进行前往哈喇和林的旅行，也许是因为它处于忽必烈的部队可以轻易到达的范围之内。他召集起了他可以召集的诸王，自立为汗，并且派使者四处宣布，正如拉施特所说，旭烈兀、别儿哥（南俄金帐汗国的新首领）、中亚察合台王国最近的领袖以及其他诸王都已经同意阿里不哥继承汗位，“你们不必在意忽必烈所说的话。”

忽必烈被激怒了。这是公开的叛乱，不仅仅是针对他个人也是针对新汗必须由大多数诸王参加的会议来选举的这一惯例。这也是一个谎言。波斯与金帐汗国的两位汗此刻并不在蒙古，而且无论如何都各自面临着疆域与宗教的艰苦挑战。在蒙哥逝世后，旭烈兀的确曾经动身归返蒙古，但是哥利亚泉的灾难又使他返了回去。别儿哥已经皈依了伊斯兰教，较好地统治着他的穆斯林臣民；而旭烈兀则一直在屠杀成千上万的穆斯林。这两个一位亲穆斯林，另一位反穆斯林的诸王，都对现在的阿塞拜疆提出了主权要求。当旭烈兀返身回去拯救他能拯救的一切时，别儿哥则利用其堂兄弟的不利地位向他宣战。这样两位你死我活的竞争者怎么会有机会就新汗的当选达成一致呢？

阿里不哥实际上已经是搬起石头砸了自己的脚，忽必烈并非唯一被他的厚颜无耻激怒的人，那些没有响应阿里不哥呼吁的诸王与将军们都聚集到了忽必烈的麾下。为了拯救帝国可以做的唯一事情就是：他不得不在有尽可能多的合法性的情况下自己宣布为新汗。这不可能做得“完全”合法，因为那将需要在哈喇和林举行一个全体宗王的聚会，而这也恰恰是他并不打算做的事情。所以在1260年初，那些支持忽必烈的人被召唤到了开平行宫去举行仪式。①

双方的实力基本上旗鼓相当。忽必烈可以依赖旭烈兀，而旭烈兀则正在忙于击退别儿哥。此外忽必烈的身后还有着中国北方的资源，这也正是他要通过一种对其美德的宣示要竭力保住的东西：他要以一种仁与爱来进行统治，降低税收，使饥者有其食，敬畏祖宗，简言之，做一个彻底的中国式的皇帝所要做的一切。他颁布了一系列命令建立起了中国式的机构，并在其汉族谋臣王谔的建议之下给自己的王朝一个中统的年号。一些学者认为这是通过将他的统治与变幻之书《易经》这一有2000年之久的神谕联系起来的方式表明了忽必烈亲汉的倾向。

笔者以为，这一小片段简短但却明确地说明了忽必烈所面临的历史选择。他的根基在草原，但却有着中原的份地；他既是北方与南方部分地区征服的一部分，也要完成对其他地方的征服。现在他位于一座建在草原上的中国式的城市里，即将宣布自己为皇帝——确切地说算什么呢？是蒙古帝国的还是中国的皇帝？他需要帮助来区分如何才能处理得最好。正如我们所知道的那样，他并未召集蒙古的萨满们去检验烧焦与开裂的绵羊肩胛骨。相反，他召集了汉族懂得如何根据《易经》来占卜的行家。

《易经》在中国的文化中占据着独特的地位，儒教与道教在其中都有反映。在本质上，正如忽必烈可能从他的顾问那里得知的一样，易，改变，意味着生活的潮流，以水的通路或者道为象征，如果我们能够正确地读懂这些象征，我们就可以预知未来，以及把握过去的和完成的事物的精髓。这一结合了神话、象征、仪式、地形、

①这是拉施特记录的事件进展的顺序。其他来源表明是忽必烈首先宣布为大汗，紧接着才是阿里不哥。但这并不重要。首先自立为汗并不会对事情产生任何影响。

字符、语言以及许多其他人类特质的巨大而又复杂的占卜体系，其根源可以上溯5000年，到商朝之前、青铜时代之前、有文字记载的时代之前，它的复杂性（有人可能会说）与智慧在此后的每个时代都在增加。它是“六经”中的一种，也是所有学问的基础。从皇帝到清道夫的每个人都不时查阅它来探求变化和作出决定，尤其是在天降神命于新王朝的关键时刻，因为它提供了对未知世界的洞察，在这里，现实世界的事件是可以被预测到的。它既可以是一堆给人印象深刻的毫无意义的咒语，或者也可以说充满了令人惊异的真理，这取决于你的怀疑与想象力的水准。就像一个巨大的墨水污斑一样，你可以从中看出最为重大的问题，得出最令人吃惊的见地。现在许多人都说，恰如荣格（1875～1961年，瑞士心理学家和精神分析医师，分析心理学的创立者——译者）曾经说过的一样，它是一种“开发潜意识的方法”，是一种贯通相互矛盾的喧闹思维以作出决定的方法。但问题是如何才能理解它所说的内容，专家起作用的地方也正是在这里。

忽必烈听到的话也正是每一个中国式的皇帝所希望听到的。可以想见这样一种情景：忽必烈正在其新宫殿里为如何采取行动而苦恼。他知道自己必须在某个时候、某个地方自立为皇帝。此外他也必须通过给他的王朝一个年号的方式来申明其践祚的合理性，从而像所有的中国皇帝曾经做的那样，再加上一个新的日历。但是他应该在这里、在此刻这样做吗？他应该选择一个什么样的年号呢？

谋士们已经用50根可以产生64种六线图形（六线形）之一的蚰蜒草棍儿为他准备好了卦辞，这个图形将依次产生一个卦、一个爻和一个卦辞。但这位圣贤讲汉语而忽必烈不懂汉语这一事实又会使得事情更为复杂。所有的一切都要经过译员。这将要产生六线图形的六根草棍中的每一根都必须与随机作出决定、祭祀活动以及复杂的数字转换相联系。记住，这一切都与对变化的理解相关联。一根草棍儿要被放在一边（笔者不能理解其原因，或许是为了产生一个奇数）。其余的49根蚰蜒草棍儿被随机分为两堆。遵循着古老的传统，忽必烈慢慢地把这些草棍儿从一堆倒向另一堆，然后再从草棍儿堆里倒向他的手掌，直到他的左手手指间握有或者九根或者五根草棍儿为止。这些草棍儿被扔到一边，并被赋予新的数字的价值。他要这样做三次。然后这三次选择被结合在一起产生一个最终的数字，这个数字又依次产生一根或中断的或未中断的线条，然后根据图形来决定这根线条是否要经历进一步的转换。这一次是一根“新阳线”，一条具有积极意义的没有中断的线，也是一条无需经历进一步变化的线。这一程序他先后进行了六次，产生了六根线。令人惊异的是，六条线完全一致。在历史悠久的分类中这一六线形当属上上签，是一个“创造性的”乾卦：

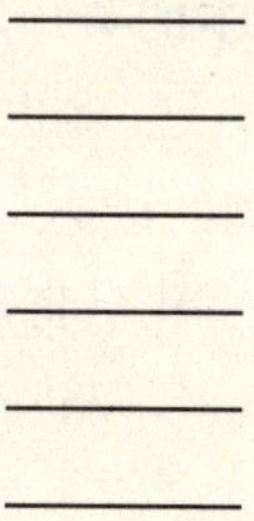

这是十分吉祥的，创造的动力来自上天。它由两个都被称为乾的三线图形组成。而这一图形的加倍就代表着行动。所以整个图形都代表着根本的权力，即上天的权力，天神及其在人间的代表帝王的创造性行动。忽必烈了解上天，因为正是蒙古的长生天或天神，腾格里，才使他的祖父得到了其君临天下的神授之命。如果忽必烈作出了正确的决定并且变为统治者，他将继承这种天命，首先是作为蒙古的大汗，然后便是作为世界的征服者，这也当然包括作为中国的皇帝，而中国的皇帝也同样是通过神授天命来进行统治的。这是他的命运吗？如果是，他怎样才能最好地实现它？他热切地等待着。

谋士宣布了卦辞：“大哉乾元！万物资始，乃统天。”

我可以想见到忽必烈内心的反应：“什么？”

这位谋士吸了口气解释道，当一个人得到这种神谕时，这就意味着成功将从宇宙最初的深处来到他的身边，意味着一切都取决于他只以一种方式对他自己以及他人的幸福的追求，那就是对正确事物的坚持不懈。这种神谕的特性之一就是一个有时候可以被解释为“辉煌”的字，但它也意味着“原始、最初、第一、伟大”诸意。这个字就是元。

他又接着说道，知进退存亡而不失其正者，其唯圣人乎！大汗命运就是显示庄严、潜力、权力与坚韧这四种特性。殿下聪明睿知，足以有临；发强刚毅，足以有断。进退存亡之正，知之久矣。时乘六龙之道，知之久矣。

还有更多相同的东西。几乎在任何版本中它们都是晦涩的、神秘的，而且听上去极为睿智的(本段落取自加里·贝尼斯对里查德·威尔海姆的中文原文德文译本的英译本)。忽必烈从中毫无疑问地得到的是他处于正确道路的宽慰。他也从中读到了一个他统治时期的名称：中统，这是一个模糊的概念，意思似乎是中央的或中庸的统治。最后，一旦他被加冕，他甚至将不得不更加坚定地以一个即将成为新王朝名称的词来显示其权威。现在采取这样一个步骤将似乎过于傲慢，但是这篇阅读给了他一种王朝名称的观念，而这一观念将伴随着他直到采用它的时机的成熟，这是一个表达了他希望其王朝所变成的一切的名称：辉煌、第一、伟大，这就是元。

1260年5月5日，忽必烈断然采取了行动。聚集在其行宫的诸王接连三次请求其接受王位，根据传统的要求，他拒绝了两次；而第三次他欣然地接受了。诸王们发出了效忠的誓言，并宣布他为新的皇帝。

现在，帝国有了两位大汗，与基督教会在1378～1417年大分裂时有两个教皇非常相像，教皇与反教皇。这里是一个大汗与一个反大汗，而谁会最终取胜呢？

对宋的军事行动仍在继续，忽必烈也曾派遣特使赴杭州尝试一种外交的解决方案，但是贾似道的反应是逮捕了他们。两个相互敌对的兄弟间更多的尔虞我诈贯穿于整个1260年夏季，而每一次以血还血以牙还牙的行动都在使危机进一步加深。阿里不哥的一位亲信脱里赤参加了忽必烈的加冕礼，并带着这个消息北逃，但却遭到追逐并被抓获。阿里不哥返回了哈喇和林，并在那里自立为汗。忽必烈试图让他自己的人阿必失合，其表亲的孙子负责察合台中亚的领地，但却听说这个使团——阿必失合、其他两个诸王还有100人——都被阿里不哥抓获，而他在那时已经任命自己的候选人管理察合台的领地了。此后便在一个地点不确定的地方爆发了双方的第一次武装冲突，阿里不哥显然在此役中落败。作为报复，阿里不哥将阿必失合、他的两个忠实的同伴与100名护卫队悉数处死。

忽必烈关闭了戈壁的商路，隔断了此前一直要从中国输入的对哈喇和林的物资供应。他之所以可以做到这一点是因为他的堂弟合丹控制着西夏与更加遥远的西部的回鹘地区。他们两人可以阻断从察合台疆域边界的别什八里到忽必烈的潜邸开平的长达2300公里的弧形边界，迫使阿里不哥在冬天到来时转而求助其北部西伯利亚山谷的粗野的农民与手工匠人。忽必烈稳扎稳打，他征召了更多的部队，购买了10000匹备用马匹，调集了6000吨大米——一年的军需——然后率领他的装备精良的部队向北深入蒙古腹地。在距哈喇和林不远的地方，他听到了有关处决的消息，作为对此的报复，他杀掉了脱里赤。

被迫退至其在西伯利亚供给基地叶尼塞河谷的阿里不哥变得绝望了。他做出了道歉与臣服的表示："我们，作为你的兄弟犯了罪，并且由于无知而僭越，你是我的兄长……我将唯你马首是瞻。"

但他并未信守诺言。小规模的战斗仍在持续不断，直到第二年秋天在蒙古东部草原的决一雌雄。这里发生了两次重大的战役，双方都有巨大的人员伤亡而且没有产生决定性的结果，但阿里不哥损失惨重。正如拉施特记载的那样，他"心情烦躁而又困惑不解，带领着一支疲惫不堪而又饥饿的军队"退回到西伯利亚的森林与群山中，他的盟友也抛弃了他。其在察合台汗国的傀儡统治者阿鲁忽拒绝提供帮助，并且处决了阿里不哥派遣的官员，汗国陷入了一种袭击与反击的混乱之中，它的首都阿力麻里变成了"食物短缺而又饥荒"的地方。那里也正是阿里不哥的逃亡之所，他的前盟友则被赶入了中亚的腹地，与此同时，忽必烈占领了哈喇和林过冬。春天到来时，阿里不哥发现他的支持者已经丧失殆尽，当一阵旋风——中亚草原的5月因其风沙而著名——将他用于集会的大帐从其1000个钉子上连根拔起，摧毁它的支柱并伤及里面的许多人时，这都成了他的支持下降的象征。对于他的大臣来说，这是一个失败即将到来的预兆。

就在此刻——1262年初——一次发生在后方的反忽必烈的叛乱暂时解救了他。麻烦来自中国北方的中心山东，一个靠近黄河入海口的富裕的地区。当地的军阀李璮是忽必烈的一位高级将领的女婿，并且曾经帮助蒙哥与宋作战。忽必烈曾认为他是一个忠实可靠的联盟，并以注入资金的方式对他的突袭行动提供帮助。这似乎是一次豪赌，因为李的儿子就在宫廷，实际上是一位人质。但是控制着当地盐业与铜业的李对经营自己的巢穴比对讨好忽必烈更加感兴趣。他觉得自己作为汉人与宋朝联合要比与蒙古人联合有着更加美好的未来。所以他安排自己的儿子逃出忽必烈的宫廷，随后他便纵兵攻击当地的蒙古人，占领仓库，并显而易见地意在建立自己的独立王国。平定这次叛乱花费了几个月的时间——实际上对他的惩罚是将其缝在口袋里，然后由马匹践踏而死，即那种蒙古人传统上专门留给官至王爵的人的死刑。忽必烈接下来又处死了李的岳父，然后返回来处理阿里不哥的事务。

山东的叛乱是一件危险的事情，但忽必烈很好地处理了它。尽管他此后在对汉人的信任方面始终心存疑虑，但他依然谨慎地咨询他的汉人谋臣，并告诫他的军队要留意平民。此刻他意识到他需要一个更好的组织来运行他的战争机器。1263年建立的枢密院首次在民事与军事管理方面进行了明确的划分。战争将是蒙古人自己的事务，汉人被排除在外，这是一个由蒙古人管理的负责战争与情报的部门。在建立这个机构时，忽必烈采取了一个远离其祖父以草原为基础的帝国的重要步骤，那是由对成吉思汗个人的忠诚来维系的。这个机构将成为一个完全平行的官僚机构，由一些既对忽必烈个人也对他的创造物亦即国家忠诚的精英官僚集团组成。

1263～1264年的冬天对被困在中亚的阿里不哥的军队来说是十分严酷的。食物、武器和朋友都十分匮乏，人与马匹都处在饥饿之中。盟友——甚至一些阿里不哥自己的家庭成员——都背叛了他。在侧翼，阿鲁忽又重新聚集的军队卷土重来。

1264年，阿里不哥面临着不可避免的选择并且开始求和，以一种兄弟屈服于兄长的方式。如拉施特所描述的那样，他们的会面令人百感交集。阿里不哥以传统的方式走向忽必烈巨大的毡帐宫殿，撩起挂在门口的帘子并把它搭在自己的肩上，等待着被召唤进去。在被召进去后，他站在群臣中间，就像是一个做错事情的孩子。兄弟俩互相对视着。如果本书是小说，我会告诉你记忆将他们带回到了童年，带回到了在唆鲁禾帖尼严厉注视下度过的那些时光，带回到了对她的美德的追忆：自制、容忍、宽恕。甚至拉施特也对这一刻作了这样的描述，仿佛他们是在电影剧本里的对话。忽必烈和缓了下来，两个男人的眼里充满了泪水。忽必烈招了招手。

"亲爱的兄弟，"他说道，"在这场纷争中谁是对的呢？是你们还是我们呢？"

阿里不哥并不打算承认所有的错误都是他的，于是回答道："当时是我们，现在是你们。"这对忽必烈来说几乎就足够了。

但是被阿里不哥的将军阿速歹杀死的诸王阿必失合的兄弟却提出了抗议。"我是奉当时的君主阿里不哥的命令杀死他的，"阿速歹激昂地说道，"现在忽必烈汗是所有地面上的君主。如果他下命令，我也会杀死你的。"

另一位官员说了一些安慰性的话，今天不是追究过去事情的时候，今天是宴饮作乐的时候。忽必烈对此十分赞成，阿里不哥在诸王中间得到了一个位置。

但他并未被彻底放过，第二天就有一次审讯来弄清楚事情究竟是怎样发生的。接着就是很多有关谁对阿里不哥影响最大的同案间的争论。这是些非常困难的事情，因为忽必烈希望证实罪人，但却发现了不能处死他的兄弟的原因。

最后，阿里不哥的10个助手被处死，他本人与阿速歹得到了饶恕，但仍然处于监禁的状态。如何处理阿里不哥呢？忽必烈召集其他三位地位较低的汗——旭烈兀、别儿哥以及现在的阿鲁忽来讨论这件事，但他们的意见不一。旭烈兀与别儿哥仍然处在战争中，而阿鲁忽则刚刚恢复权力。他们中没有一个人敢离开家。

那么谁可以使忽必烈汗摆脱他惹麻烦的兄弟呢？显然不是他的家人，也不是长生天。阿里不哥还不到50岁，身体健康，因此也不断在提醒忽必烈并非没有挑战。然后，在一种突然并且令人十分意外的不明的情况下，正如拉施特大胆推断的那样，阿里不哥"患病死去"。他是被谋杀的吗？当时就有人对此持怀疑态度，而另一些人更是确信无疑。这对一个难以解决的问题来说的确是一个非常方便的解决方案。

此后可能是上天真的显灵了，在阿里不哥死后几个月的时间内，波斯的旭烈兀、金帐汗国的别儿哥以及刚刚在察合台汗国复位的阿鲁忽也相继死去。这过去的五年是一种多么大的浪费——而所有的一切都是阿里不哥反对其兄长的结果。入侵中国的伟大任务陷于停顿，横跨欧亚大陆的蒙古统治的稳定性受到威胁，蒙古的心脏地区与其在中国的领域发生分裂，西部的三个汗国的统治者更是互相残杀。然而现在，一瞬间，所有的一切似乎都已经解决。忽必烈不完全合法的登基已经不重要了：他现在可以直接号令蒙古、中原北方、中亚大部分地区和宋朝的一部分，同时还凌驾于波斯与南俄的诸汗之上。一幅他大约在此时的肖像画表现出50岁的他，正值盛年，穿着朴素而又没有任何装饰的裹着身体的长袍。在他身上似乎已经有了某种圣人的味道，但脸上却依然是对完成自己的任务充满信心的表情。

再一次将目光投向南方的时机已经到来了。

KUBLAI
KHAN

忽必烈汗

第二部

夏

第一章 新首都

KUBLAI KHAN

有一些首都似乎有着与生俱来的伟大：罗马、巴黎、伦敦。另一些首都的伟大则是逐渐被赋予的：巴西利亚、堪培拉、华盛顿——以及北京。3000多年以来，中国的文化都集中在中国中部的两条重要的河流，黄河与长江。北京不会是任何人的首要选择——太过靠北，没有大江大河——直到蒙古人的前任金人于12世纪20年代从满洲入侵为止。在南宋以杭州为中心进行统治的时候，北京成了中国北方三个重要的首都之一——以中都"中间的都城"之名而闻名遐迩[①]。所以正是来自中国中心地区以外的北方人使它成了政府的所在地，并因此把成吉思汗的目光吸引到了这里。

这座于1215年被蒙古人占领并残破的城市按照现代的标准来看是十分狭小的，只是一个每边3.5公里的正方形，位于今日的天安门广场西南的一个极普通的地方，现在这里几乎没有任何表明其先前曾经存在过的线索，直到1260年它仍然没有从成吉思汗的军队所造成的破坏中恢复过来。毫无疑问的是，中世纪北京的景象与声音已经回到了它的小巷中：标志着走街串巷的剃头匠叉子发出的

①只有一段时间。北京曾经有过许多名字，而其他城市也曾经叫做北京。笔者将涉及到的这种情况保持在最小限度之内，更愿意通篇称这个地方为北京。

嗡嗡声，软饮料叫卖者的铜碗发出的叮当声，更夫夜晚与白天敲的梆子声以及街头小贩的叫卖声随处可闻。但是城墙和被烧毁的宫殿依然是一片废墟。带领着忽必烈的人四处转悠的房地产商肯定已经在悄声谈论着它的潜力了，而未来的购买者也肯定是除了一片毫无希望的废墟外什么都没有看到。

在13世纪60年代，就像一位制陶工匠手握一块未成型的泥巴一样控制着中国北部的忽必烈肯定作过多种多样的选择。他也可以无视北京而从其潜邸上都来进行统治。但是，如果这样做，那就等于宣布他自己是一个永久的外人。看到在一个中国的基地进行统治的益处后，他也可能选择恢复一个古老的政府所在地，譬如开封或者西安。但是北京却有两个重要的优势：在中国北方可能作为都城的许多城市中，它与上都和蒙古的距离最近。1263年，在开始修建上都仅7年后，忽必烈就决定把北京作为他的主要的都城。这将完成某种从蒙古草原进入中原，从哈喇和林经垫脚石上都再到北京的过程。他将完全放弃哈喇和林，并在此后往来于他的两个基地，在上都度夏，在北京过冬，这形成了他的横跨两个世界的行为模式，也是北京成了今日中国之首都的原因。

但是如何才能最好地处置这块土地呢？新来的王朝都是通过彻底的毁灭与重建来留下他们的印记的（就像明朝即将对蒙古人的北京所做的那样）。可能有一年时间的优柔寡断，因为到1261年旧城墙得到了修补，这似乎表明了他们处于将在过去的基础上进行建设的边缘。然而正如忽必烈的谋士们所指出的那样，这些古老的小街巷里的新生活，将会引起愤恨。而在废墟内的重建将会是已经接受了一个失败的王朝的议程，而且还可能会滋养叛逆。于是忽必烈决定建一个全新的首都。

就在这座金朝都城的东北方有一个完美的地点，来自西山的流水都在这里注入了北海。在蒙古人到达的30年前，这里就已经是富人的游乐之所了。这块公共土地中心占地35公顷的湖泊是由于一个传奇故事而存在的。从前，在东海上有三座仙山，那里的人以神奇的长生不老之药而获得了永生，许多人都去寻找这些山和药，但无一人获得成功。在公元前2世纪，汉武帝命人在其都城的宫殿旁挖了一个湖泊，湖上有3个小岛来代表这些仙山。后来的皇帝们也都在各自的都城做一些同样的事情。10世纪末宋王朝在北京也效前朝之尤，开掘了一个湖泊并引西山之水流入，同时还按照传统建了3个小岛。正是由于这个地点的精心建造的优美景色，12世纪的金朝皇帝才将它选做其夏宫万安宫的地址，他还在今天的玉岛顶上修建了第二个休养所，这里是这座城市的最高点（现在它的上面矗立着一座17世纪的白色舍利塔，相当于北京市的埃菲尔铁塔）。当成吉思汗1213～1215年攻击北京时，这里的皇家建筑曾经遭到洗劫，但湖泊依然存在于被废弃的杂草丛生的公园中心。忽必烈把这里选做他的新城市的中心点应该是再自然不过的了。

如果说上都表现了忽必烈蒙古的一个侧面的话，那么新首都则完全是中国式的。1263年秋天，当这位皇帝从上都来到这里，重新利用这块由于忽视而处于半荒芜状态近50年的土地时，颇让人觉得难以置信。可以想见，这个湖泊满是淤泥与杂草，其周围的夏宫一片凋零，随处可见一些大胆的农民在这片曾经的皇家宫苑开垦的小片农田。由于旧都依然是废墟，忽必烈只能住在自己的毡帐里。小树与灌木丛被清理干净，一个皇家的营地随即拓展开来：皇宫禁区由几顶富丽堂皇的蒙古包组成，较小的建筑则分属于诸王与官员，还有数百顶卫队、马夫、车夫、军械士、金属工匠、木匠的帐篷，而其他工人的帐篷则数以千计，当然还包括建筑师。

总体设计由上都的设计者刘秉忠负责。但在他的建筑师团队中有一个在中国官方史料中未被提及的人则有着特殊重要的意义。因为他是一个阿拉伯人，在各种中文史料中他的名字大致被转写为亦黑迭儿丁。我们对他的了解完全是由于一位中国学者陈垣，他在20世纪30年代偶然得到了一则专门为亦黑迭儿丁的儿子马哈马沙写的碑铭。可能是由于亦黑迭儿丁在蒙古征服波斯的前30年就已经证明了他的价值，所以他被忽必烈召至帐下——或者更有可能是被刘秉忠——来负责工部，该部与帐篷有某种关系（无人知道是什么，也许是为皇族家庭的制造）。不管他的职责是什么，数年以来他已经变成了城镇设计的专家。此刻，在其垂暮之年，他被选择来监督忽必烈宏大的新工程。

这则碑铭值得全文引述，因为它说明了这个工程的规模，并使得忽必烈的政治目的颇为清晰，同时也对其年老的建筑师赞扬有加。碑文说，在1266年秋天，朝廷命令修建新首都的城墙与宫殿，它继续说道：

> 时方用兵江南，金甲未息，土木嗣兴。属以大业甫定，国势方张，宫室城邑，非巨丽宏深无以雄视八表。亦黑迭儿丁受任劳勚，夙夜不遑。心讲目算，指授肱麾，咸有成画。太史练日，圭臬斯陈，少府命匠，冬卿抡材，取赀地官，赋力车骑，教护属功，其丽不亿。魏阙端门，正朝路寝，便殿掖庭，承明之署，受厘之祠，宿卫之舍，衣食器御，百执事臣之居，以及池塘、苑囿，游观之所，崇楼阿阁，缦庑飞檐，具以法。故役不厉民，财不靡国，慈足使众，惠足劳人，功成落之，貤赏称首。岁十二月，有旨，命光禄大夫安肃张公柔、工部尚书段天佑暨亦黑迭儿丁同行工部，修筑宫城。乃具畚锸，乃树桢榦，伐石运甓，缩版覆篑。兆人子来，厥基阜崇，厥址矩方，其直引绳，其坚凝金。又大称旨。自是宠遇日隆，而筋力老矣。纪功太常，攸效钦崇，部人凿石作像，髭髯咸肖。殁置墓舍。族属见之，谓其非法，谋弃隐处。世祖夜梦亦黑迭儿丁，若有愬事，状如平生。明发召，诘其家，以像事告。亟命止之，赐楮币万缗，作祭事。

然而，在官方的元史中，亦黑迭儿丁的名字被忽略掉了，只有他的三位级别较低的汉人同僚被提及。“这或者是由于故意遗漏，”陈说，“或者是出于先前建筑学并不为人敬重的缘故。”依笔者之见，这听上去倒更像是精心策划的种族主义。与其祖父一样，忽必烈乐于使用人才而不论其出身。但是北京不久就将成为宏伟的帝国首都，忽必烈自己也将成为一个帝王。按照中国人的观点，忽必烈建立了一套以蒙古人为首，然后依次是穆斯林、北方的汉人、南方汉人的等级制度。这里有一位被蒙古人雇用来的阿拉伯人向中国人展示如何建造一座中国城市，想象一群中国官方史家希望为他们受到的羞辱复仇并不会是一件难事。亦黑迭儿丁就这样在史书中销声匿迹——直到陈垣解读了一则为马哈马沙及其父亲所撰写的碑文。"现在到北京的访客都会对其宏伟的宫殿与城墙大为惊叹，"陈写道，"但有谁会想到设计出这一切的竟然会是一位来自阿拉伯国家的人呢？"

今日的北海公园曾经是皇帝与王子在城墙外的游乐园，现在成了大众的游乐场所，它就位于城市的中心。在其岸边野餐与荡舟于湖中的北京人，应该为此而对忽必烈心存感激。正是忽必烈把它变成了一个现在的旅游者口中的世外桃源，正是他首次修建了一座横跨玉岛的桥梁（他在位的后期被现在的观光者所看到的大理石永平桥所取代，该桥有着优雅的曲线）；正是他用稀有的树木、弯弯曲曲的台阶和有诗一般名称的庙宇与凉亭——金露、玉彩虹、祈福、永谐——装点了山坡的景色；也正是他使得湖泊与岛屿成了让外国人叹为观止的美景。马可·波罗曾经注意到湖里的鱼群，并对两边防止它们逃到河里的铁栅栏大为惊叹。约在50年后，来自意大利东北部波登隆埃的托钵僧鄂多立克也十分羡慕湖上大量的天鹅、野鹅与野鸭。

自然，忽必烈用一个新的宫殿取代了玉岛顶部的旧宫殿，并用从湖床里挖掘的泥土增加了它的高度。这里很可能是他在城市建设期的十年中（1264～1274年）治理朝政的地方①。山顶的宫殿早已不复存在，但在其原址却矗立着一个令人惊异的昭示着它曾经存在的物体。在这座皇宫的7个殿堂中，位居第二的是一个微型的宫殿，里面有一张镶嵌着黄金与玉石的床，当忽必烈上朝时，喜欢斜

①见G.N.凯茨：《紫禁城起源的新日期》。

倚在它的上面。在这个床的旁边，有一个巨大的重达3.5吨的玉瓮，上面精细地雕刻着飞跃于波涛间的巨龙。忽必烈正是从这里给其臣子分发其多达3000升酒液的。在因世事变迁而被弃置一边后，这件非凡的容器于18世纪被重新发现并被重新安放到山顶，它落座于一个新的玉石基座之上，并有自己的小凉亭为其遮风挡雨。在西方人看来非常奇特的是，这个亭子凸显出一个万字标志——与纳粹邪恶的“卐”版本不同，它的图案呈现出逆时针的方向，是琐罗亚德斯教最初的行善标志（卍字符号在中国的地图上被用来表示寺庙）。每个人都知道这个瓮的价值是能够带来好运，旅游者从附近买来小的红色咒符然后把它们挂在四周的栅栏上：一生平安。这是一种对全家人幸福的祈祷。

亦黑迭儿丁计划了一个包括上都在内的以前各个首都传统形式的城市。它将会是一个三合一的城市：一座宫殿、内城与外城形成一个嵌套的矩形。这种设计使人回想起以前几个中国首都的平面图与辉煌，最为著名的就是长安（今西安），7～10世纪的中国首都，它很可能是当时世界上最伟大的城市。忽必烈当然不会知道每年将成百上千万游人吸引到西安的兵马俑大军，但他肯定知道其死去的指挥官，公元前3世纪中国的统一者秦始皇的权力，他也是道路、运河与长城的修建者。而这也正是忽必烈此刻正在追求的权力与荣耀的衣钵。

1267年8月，数千名工匠在亦黑迭儿丁的指导下开始在山上和沿着三条弯弯曲曲的河流修建城墙。他们使用的是泥土而不是石头，挖掘了一条护城河以便为他们提供原材料。“这是那个国家的传统，”拉施特写道，“铺设两块木板，并在其中倒入潮湿的泥土，用一根很大的木棍去捶打它，直到它变得结实为止。然后他们取掉木板，一座墙壁就这样形成了。”这是一件不需要技巧的工作，而且进展很快。382户在荒废期间搬到这片地区的人被赶了出去，以相当于强制购买的命令——在1271年他们都得到了补偿。一年以后，一道基座部分厚达10米、高10米、顶部渐渐变窄为3米的通道的城墙便已建成，所以从横切面看，它们看上去就像是取掉了顶角的三角形。它们构成了一个5.5公里×6.5公里的长方形，总周长28公里，其间有11道大城门将它们隔断。城墙之内修建有掩蔽皇城的第二道城墙，而它的里面又是第三道城墙，只是在这里面才会在适当的时候建起宫殿及其附属建筑。实际上，亦黑迭儿丁做得比西安更好，建造了第四套城墙系统，创造出了一个宫殿中的宫殿。

从1271年开始，28000名工匠开始建造皇城内的建筑，他们设置了曼哈顿式的直角型的街道网，每个街区都是一个上层家庭的房产，形成一套完整的房屋体系。在稍偏离中心区的地方，亦即在北海的右侧有一座宫殿，连环相套的城墙被设计得固若金汤，但这也只是它的部分目的，其未明言的目的，正如克里姆林宫与格拉纳达（西班牙城市，以摩尔人的遗迹而著名——译者）的爱尔罕布拉宫（巧合的是，这两者也是在此前不久建造的）一样，是出于政治的与心理的：给所有进出者留下占领者可怕的威严的印象。想象一下你的进入，穿过外部城堡的大门，沿着拥挤的街道穿过另一座大门——一条需要护卫人员和关防才能通过的通道进入有着巨型官邸和花园以及成群仆人的富裕而又威严的飞地，最后来到帝国最为核心的殿堂，这是一个包含有体现全能权力的珠宝盒，是上天自己的用以统治自罗马帝国崩溃以来最大的政治体的选择，与此相比，阿拉伯与俄罗斯帝国颇显相形见绌。忽必烈有他自己的敌人与不安因素，但是接近他就必须消除所有这样的想法。在你被引进那个神圣的场所很久之前，你就会为一个完整的皇家特质的宝库而折服：威力、威严、权力、神秘还有难以言喻的财富。

这些就是马可·波罗于1275年到达这个以其非正式的蒙古-突厥语名称汗八里而称著的地方时所感受到的情感，汗八里意为大汗的城市，或者如马可·波罗所拼写的那样Cambaluc。对于中国人来说，它是大都，即伟大的首都。马可·波罗对宫殿及其花园作了一个特别的描述，所有这一切都被连接着8个堡垒的10米高的城墙所包围，每个堡垒又都储藏着其自己的用于战争的物资——弓箭、马鞍、笼头、武器。在大树之下——都是用大象从遥远的地方运进来的稀有树种——鹿与羚羊在吃草，其上则有通道供人游览，而这些通道又都略微倾斜以便于在雨水将贵族们的脚浸湿之前就将其排干。这座有着红、白、绿、蓝相间的瓦片的宫殿是一座单层建筑，它有一个可以容纳6000人进餐的中央大厅，人们在有金银装饰的动物形象的壁画下进餐。没有人知道私人房间的数目，除了精英中的精英外，这对所有的人来说都是禁区。

最后，当蒙古人征服全中国后，这就将变成整个统一的国家的首都，而它始终是这样。今日北京的中心，紫禁城就建在忽必烈的创造物前，它的入口正对南方，就像任何一座蒙古包一样。那800个宫殿和大厅，9000个房间与天安门广场前的入口——所有这一切之所以存在就是因为忽必烈选择了将他的宫殿设置在了那里。

随着棋盘格一样的街道与新的建筑物开始将一个建筑工地变成首都，忽必烈需要作一个决定。为了使他的统治成为绝对的，为了实现从其祖父那里继承的野心，他需要做一个上天已将神授天命赋予他以及一个新的王朝已经被建立的公开声明。显然，如果他的计划被实施的话，一个蒙古名称并不易被他的汉族臣民所接受，尤其是不久即将成为其臣民的南方汉人。正是他的谋臣刘秉忠提出了一个完美的中国式的名称，也就是那个当忽必烈在考虑何时决定宣布自己为皇帝时被最初提到的名称，它直接来自伟大的占卜著作《易经》，并且已经被深深埋入在上都所掷出的乾卦中。现在它在一系列词汇中发现了更大的合理性，这是一些神奇的咒语，与水的通路或者道相关联，一种使人联想起生命走向的公式。这些词汇就是元亨利贞。每个词都反映着《易经》传播与发展的时代顺序；每个词都有深远的含义。而现在我们感兴趣的就是其中的第一个词：元。

元的字典释义是最初、首要、原则、基础。但是它还有更多的含义。概括地说，这就是史蒂芬·卡切尔在其《〈易经〉全译：变化的神话》一书中所要说的：元是最终的源泉，是原动天，宇宙绝对起源背后的运动，是原动力与东方的权力。它既包含有原始也有

“最年长的”与“思想与生长之源泉”的概念。它意味着好人及与根本真理的联系。它也与基本的典仪观念、伟大与创建性的行为有关联。

所以，1271年12月宣布的正是元这一王朝名称。它的被选择具有深思熟虑的创意：此前的皇帝没有一个人不以地名为其王朝的名称，因而它的谱系是完美的。对于中国人的感官来说，没有任何其他名称会有更好的感召力(巧合的是，这也是为什么中国当今的通货单位也使用同样的名称)。此外，它的模糊的宗教含义也暗示着与腾格里亦即蒙古人的上天相关联的某种崇高的东西。忽必烈的所有臣民，无论汉人还是蒙古人，都会因他们皇帝的这一选择而留下深刻印象。

今日之北京是一个被现代化的事物所淹没的环礁湖。但是在交通、污染和新建筑的雾蒙蒙的外表之下，它还是呈现出了一个古老城市的朦胧的形象，一个由其最核心部分的道路系统所确定的模糊的长方形。在一个炎热的夏天，为了使这个假想成为一种现实，笔者进行了一次探查活动，决定沿着俄国公使馆的植物学家、内科医生兼该城勤勉的历史学家艾米尔·布赖特施耐德当年的路线行进了一周。在大约1875年他的时代，由乡村拔地而起的蒙古人修建的城墙被道路与马路分割成了一条一条的十字线。40年后，当历史学家林语堂徜徉于其上时，他发现它“完全是田园风格，有农家与养鸭池塘”，这听上去很是迷人。

所有这些魅力早已不复存在。北海公园西北4公里处，一个绿树掩映的小山脊将一条双重的马路分割开来，它看上去不起眼，但却是忽必烈的土城墙的遗迹。你可以乘坐一路躲躲闪闪的汽车到达那里，为了透过雾蒙蒙的空气更好地看到那些高楼大厦、道路与往来的车辆，笔者沿着两旁是七零八落的草皮的青砖路走到了它的顶部。一块告示牌提醒人们：“小心草木，它们也有生命。”这里没有其他什么东西依然有生命，也没有太多过去的东西。一座现代的庙宇香火稀疏，除了一个正在弹奏一把单弦琴的人以外。汽车在曾经是卫士们列队行进于朝臣们往来徘徊的地方呼啸而过。向北走一个街区有一条运河,那里曾经是标志着忽必烈新皇宫北部边界的护城河。笔者沿着它前行,穿过一片不久就将成为主要的奥林匹克运动会场馆的地点,来到了一个以忽必烈的王朝与北京的蒙古名称而命名的元大都公园。装饰过分华丽的游船在等待着白天的游客,一个年轻人在长凳上打盹儿。以前城墙边缘的地面都铺着石头,现在除了高大的树木与小径外一无所剩。一个柱子上有一幅成吉思汗及其子孙驾祥云而至的浅浮雕,这并不是真实的历史,而是传统:它是在1987年连同公园一起建造的。但这里至少还有一些从13世纪残留下来的东西——两只驮着矩形石柱的石龟,这些为中国人所喜爱的权力的象征物也被蒙古人接受了。在它们的后面,曾经是忽必烈宫殿的地方则成了挤满公寓楼的街区。如果你想得到一种忽必烈时代的北京的感觉,最好避开街道去寻找一些自由放飞你想象力的东西。

到1274年,北海旁边的皇宫已经接近完成到足以让忽必烈在他的主殿里首次上朝了(尽管城墙与其皇宫里的其他宫殿的工程还在继续进行中),他现在已经拥有了一座可以用来表演其权力戏剧的剧场。

权力的秘密之一就是对它的展示。现代世界对权力的展示已经变得有点三心二意了。民主由于它而陷入困境;忠诚,如果还有所保留的话,也是一份颇为麻烦的遗产,非常珍贵但却缺乏权力的内涵。但是独裁者们,历史上首屈一指的男人们或者有时候是女人们却总是深知,权力及其展示加在一起会更具成效。从古代波斯到纳粹德国,政治的统治已经由于代表着意识形态的象征符号、仪式、典礼的应用变得显而易见了,而统治者们又往往会使他们自己等同于这些意识形态,并通过它们来显示其权威。不同的社会有其各自的行事方式,罗马的皇帝们在其葬礼上变成了神;尼泊尔的国王们则通过一些慷慨大方的行为证明他们自己就是宇宙之神毗瑟挐(印度教主要神灵之一,作为世界的保护和维持者受到崇拜,被认为是包括大梵天和湿婆神在内的三位主神中的一员——译者)的化身；在巴厘岛，国王通过在庆典中的表演来显示他的权力；希特勒则在纽伦堡的戏剧性的集会上使自己成了史诗般的英雄。正如一位历史学家戴维·卡纳丁所指出的那样，国王们通过神圣的仪式统治与通过神圣的权力统治一样多。但是在不同的仪式之下却潜藏着根本上的相似性（人类学家与历史学家对此颇多争论）。

这类仪式与典礼表明了以下几点：

- 国家的稳定；
- 凌驾于个人之上的国家权力；
- 权力结构的重要性：统治者、家庭、法庭、人民的等级制度；
- 统治者的合法性；
- 统治者的超人的特性，使他（偶尔也有她）与神相关联。

突然出现在一些社会中的一种戏剧性的事件就是对仪式的追求。譬如法兰克帝国的查理曼大帝，在公元800年被加冕为皇帝后，就将仪式当做其最为重要的事件之一。对于一次主要的政治危机得以解决的大型聚会来说，这是一个十分自然的结论，因为“这种追求就是合作优点的运用与展示”①。这种戏剧性的方式以及随之而来的欢宴象征着共同行动与军事及政治合作的优势。

忽必烈足够明智地看到了仪式的益处，但对于它们在中国文化的环境下的形式却不甚了了，所幸的是，他有成群的谋士来为他出谋划策。也有大量的先例可循，尤其是一部三卷本的记录了500余年前的唐朝（618～906年）帝国礼仪的文集，那时候的中国统一、富裕而又稳定②。唐朝的学者们相信，这些礼仪起源于遥远的古代，大约在公元前2000年，并在公元前第2世纪至公元前第1世

①尼尔森，珍妮特，《天定与人选：卡洛林王朝的效忠仪式》，见卡纳丁与普莱斯编《忠诚的仪式》。

②戴维·麦克马伦，《官僚主义与宇宙哲学：唐代中国的礼典》，见戴维·卡纳丁与西蒙·普莱斯编《皇家礼仪》。

纪期间由于儒教实践的引进而得到了修饰。这些象征着政府本质的150种仪式结合有宇宙学、伦理学与儒学的内容，同时也混有佛教与道教教义。这里有一些献祭于天地之神、五行、丰收、日、月、星辰、神圣的山峰、海洋与江河，以及祖先与孔子的规则。还有一些定期的与不定期的典礼仪式用于祭奠人类与精神世界合二为一的泰山；其他一些仪式则用于君主以及取得君主地位的人物、接受与款待使臣、宣布胜利、权贵的婚姻、皇家的祝仪、任职仪式、成人仪式（直到六品官员的各级官吏之子）、省级官员发送备忘录、灾荒年份、瘟疫以及哀悼时举行的祭仪……还有所有这些仪式的不同变化形式，此外还有更多，取决于它们是由皇帝还是其代理人来举行。从皇帝到最低一级的九品官员的各级官员都可举行仪式。祈福仪式要求或松弛或严厉的两种程度的禁食，持续时间大约在7天、5天或3天，取决于这个仪式是重大、中等还是不很重要的。规则详细说明了帐篷、乐器、参与者的位置、祈祷词。其中有村民应该如何向土地与谷物之神敬献煮熟的肉类、玉石、丝绸等的详细说明。这些仪式有着它们自己的庞大而又复杂的官僚机构，共四个分支——分别负责照料祭祀、帝国宴会、皇室以及为外国人举行的仪式——而在国务部里面还有一个礼仪司。这就要求有数百个礼仪方面的专家，但在所有其他部门中的17000名学者官员中都被期望在其各自的专业领域中拥有熟悉的特殊仪式的知识。

在这个庞大的、花费昂贵以及繁琐的机构中，所有的一切被认为对国家运作具有至关重要的作用，因为它为人类活动提供了一种环境，并且使这些活动与宇宙联系了起来。它维系着社会的等级制度，并且限制了人类难以抑制的欲望。它出现在刑法法典规范的范围之外，因为它既不强迫人们也不会惩罚他们。它强调宇宙秩序的仁爱之心以及皇帝作为天地之间的中介的作用，就宛若一个庞大的保持社会稳定的陀螺仪（这也是诸王朝甚至在垂死阶段也如此经常地保持运行的一个原因，直到其终结的似乎突然到来）。此后的王朝都步唐朝之后尘，产生它们自己的礼仪之典。如果忽必烈想认真地做一位统治者，这就成了他必须拥有的东西。

所以，在其中年后期，忽必烈竭尽全力进行了展示与控制，其规模超过了那个时代地球上的任何一位君王。如果你统治着亚洲可居住地区的三分之一而且让家人统治着其余部分；如果在同时你对权力的最初诉求还有一点不确定；如果你正在变老、身材发福、很容易气喘吁吁并且由于痛风而步履蹒跚——那么你就会自然而然地尽可能多地装腔作势。在1274年以后的那些年里，忽必烈控制着比历史上任何一位君主都要多的财富，而且他也深知如何通过上苍利用财富来展示与强化他的权力。但他也不愿假扮做一位汉人，在他的庆典与仪式中盲目地遵从唐朝的先例；与很久之前一样，他的目的依然是在蒙古人和汉人之间保持平衡，而他的技巧就是经证明效果良好的激发敬畏的方式——仪式，以及使他从一个人上升为君主、又从君主上升为次神的展示。

他以宫廷为基础并将其影响传遍中国与中国以外地区的力量就是他的12000多个家族、官员与军官的朝廷；这个集群中的每个人都至少有3套不同的服装，每一套都与忽必烈自己的服装相匹配，只是奢侈程度稍逊一筹，而每一套都分别用于3个特殊的国家节日，它们是9月末忽必烈的生日、新年以及一年一度的春季狩猎活动①。

譬如新年，这是一个专门被设计为强调皇帝的汉族及其蒙古背景的节日。作为汉人最为重要的节日之一，在忽必烈的治下它有着双重的含义，因为其王朝的名称“元”除了其他含义之外还意味着“第一”，尤其是阴历的第一个月（时至今日这两种历法，阴历与阳历仍然并行不悖），这也是蒙古人最为重要的节日之一。在乡村依旧与从前一样，在第一个月的第一天——“白月天”——人们都要早早起床，穿上他们最好的衣服，走出他们的蒙古包，向东方鞠躬然后是其他的基本方位，把牛奶或者伏特加酒洒向蓝天、弹向空中，然后返回蒙古包中礼拜佛像或者——现在更可能的是——逝去的家庭成员的照片。家里的父亲把一些发酵的马奶弹向蓝天，孩子们则双手

①史料中有关这些场合的数字就上升了，常常是4，有时候上升到了12或13（在马可·波罗的各种版本里trois与treizeltres很容易被混淆）。

摆放成合乎礼仪的样式向父母敬献丝绸哈达。接下来便是鞠躬与祝福，喝茶、拜访亲友、追忆往事，社交关系也因此而得到了加强。

忽必烈的宫廷仪式将这些简单而古老的私人礼仪与中国宫廷的庆典糅合了起来，创造出了一种规模庞大的庆典，一种颇具震撼的个人与国家权威的宣示。马可·波罗对此进行了描述：成千上万的人——他说有40000人，尽管我们必须记住他那种抛出令人怀疑的巨大数字的习惯——穿着白色的衣服，都以恰当的顺序跟随在皇帝家人的后面，从大殿里涌出进入周围地区。某位高官——高级萨满、佛教僧侣或者是首席侍从官，马可·波罗对此并不确定——大声喊道："鞠躬礼拜！"所有的参与者都会以前额触地，行跪拜大礼。接下来是一首歌，然后是来自一位教士的祈祷词："苍天之力遍及四海！大地在苍天的指导之下！我们祈求并且恳求你把成堆的祝福加在皇帝与皇后身上。保佑他们万岁，万万岁！"然后每个教士都走向圣坛，在一个刻着忽必烈名字的匾额上方挥舞着香炉。然后从各个角落出现的官员们奉献上金、银、珠宝各色礼物，其中的许多都是以81为数，因为81恰巧是双倍吉祥的数字9的9倍数，这些财宝被展示在装饰华丽的大象队与骆驼队背上的箱子里。

接下来便是欢宴。忽必烈坐在一张的确是很高的平台上的桌子旁，下面紧接着就是诸王与他们的妻子们。在一边放置着一张巨大的装饰有动物雕像的餐桌，中央放置着有四个分配器的大小像一个木桶的金酒桶，仆人们就是从这里把酒分发到金壶里。大殿的下方排列着数百张小桌子，两旁的地毯上分坐着卫士及其军官。高台的一侧是一个乐队，它的指挥者时刻注意着皇帝。

马可·波罗提到了在这一场景中的一个奇特的因素，一个使人回想起忽必烈游牧民族根源的意义非凡的细节，今天任何一个去往蒙古旅行的人都可以理解。当进入蒙古包时，你必须小心一步跨过门槛而不要碰触到它，亦即门框的下边。没有人知道这一迷信的来源，但对它的力量却不可否认。如果你偶然碰到了它，这就是一个凶兆；如果有意这样做，则会被视作精心策划的挑衅。此刻忽必烈的大殿里不可能有真正的门槛供人们跨越。然而在每个门口都站着两个大块头的卫兵手持木板，严防有人犯戒。在蒙古，如果一个奴隶踩到了诸王的门槛，他就有可能被处死。当然这样残忍的事不会发生在忽必烈的国宴上，但它仍然不可轻视。卫兵们得到命令羞辱那些犯戒者，剥掉他们华丽的服饰，或者用木板象征性地抽打他们。如果要得到宽恕，除非你是一个对此一无所知的外国人，而在这种情况下，一位高级官吏就会猛然抓住你，向你说明正确的方式。一旦所有的人都就座，宴会便马上开始，那些坐在桌子旁的人则由男仆们来提供服务。忽必烈再一次用礼节来强调他的地位，因为他的男仆们"用上好的镶着金丝的餐巾捂着口鼻，以便不会有别人的呼吸与气味玷污皇帝的饭菜与酒杯"。

皇帝姿态优雅地从一个男仆手里接过酒杯，乐队的演奏宣告了这一时刻的重要意义，举杯与端着食物的人们都跪在地上，皇帝一饮而尽。当他俯身接受食物时，同样的事情再一次发生。这样的仪式使宴会屡次中断，一直到结束，当杯盘碗碟被撤下去后，娱乐的时间随即到来，这是一个由伶优、变戏法者、杂耍艺人和魔术师提供的歌舞表演。

忽必烈的新北京是一个产业规模的狩猎中心。在14000名猎人的控制之下，以城市为中心方圆500公里的乡村——正如马可·波罗所言，40天的旅程——都在从事为皇宫提供狩猎场所的生意。所有的大型猎物都是皇帝的：野猪、鹿、熊、麋鹿、野驴（在蒙古遥远的西部仍然能够看到它们的踪迹）、各种野生猫科动物。忽必烈有一个自己的豢养着各种猫科动物的动物园来供自己狩猎，经过特殊训练的猎豹与虎被用于捕杀大型猎物。在亚洲各地，猎豹长久以来就被国王们豢养用于狩猎，但是虎——来自忽必烈帝国北部边界的西伯利亚虎——则似乎是一种创新。不认识虎的马可·波罗称它们为狮子，"它们的皮毛呈现出一种最为美丽的艳丽色彩，周身都是黑、红与白色的条纹"。也有经哈萨克人训练与放飞的鹰，不但用来猎捕野兔与狐狸，而且还有鹿、野山羊、野猪——甚至还有狼，鹰会用其爪与喙对猎物进行攻击，同时还用它们的翅膀将猎物击昏

（放鹰狩猎在今日的哈萨克斯坦与蒙古西部依然存在）。所有这一切都会在春季流行起来。

马可·波罗向我们谈到了所有这一切。

3月1日，冬天过去了，春天正在逼近。朝廷准备着其一年一度的春季狩猎，这种狩猎的规模与丰裕是如此令人吃惊，以至于它很容易让人忘记其潜在的目的。在中国人的财富背后还潜藏着蒙古人的根源，即分裂的部落在一位领袖的领导下统一起来的旧观念。在这个仪式中，那位宣称在内心依旧是一个简单的游牧人之孙的忽必烈自己也在扮演着一个游牧民。宫殿与北京大多都被搬空，装载到了成百的车辆与上千的马匹上。对于忽必烈本人来说，有四头被挽具套在一起的大象，载着一个巨大的象舆，一个用木头造的房子，里面装饰着金叶，外面则包裹着狮子皮。12名高级随从骑马走在旁边以备随时听候调遣。还有2000名牵狗人与10000名每人手里都持有猎鹰的放鹰人，马可·波罗如是说，但我们不应该将此当做准确的数字，因为还有10000顶蒙古包，这只是一个给人印象深刻的庞大数字。为了不使通路与道路被堵塞，他们遗弃了100个包裹。

马可·波罗说他们向南方进发。但是如果这样的话，这支庞大的队伍不久就会偏向东方，跨过平原与流淌在北京与大海之间的河流。皇帝乘坐他的象舆威严地向前挺进，据说每天前进30公里，每晚都会到达一个已经变为毡帐城市的宿营地。沿途许多种鸟类都会散开，在它们新巢穴的上方翱翔。

> 而有时候当它们可以随同前行时，而待在其卧室里的皇帝和臣下进行着交谈，后者之一则会大声呼叫："陛下！有仙鹤！"然后皇帝便迅速把他卧室的屋顶打开，注意到鹤之后，他就会将他喜欢的一只大隼放飞出去；而猎物经常就是在他的视线之内遭到攻击……我不相信在这个世界上曾经存在过或者将会存在这样一个对这种运动乐而不疲的人物。

一些狩猎活动涉及到狗，这是一种体形庞大像獒一样的由牵狗人训练来进行狩猎的动物，而那些驯狗人则号称“狼人”（马可·波罗正确地翻译了这个蒙古语名词，但却认为它的词义是“獒饲养者”）。“当皇帝在平原上骑马驰骋时，你将会看到成群猎狗会将猎物撕得粉碎，一群猎狗在攻击一头熊，另一群则在追逐一只雄鹿，或者某种其他野兽。”

他们驰往长城由高原骤然下降到与太平洋相连接的地方。当然那里并没有城墙，也没有来自游牧民的危险，因为所有这片土地都归忽必烈所有。在前方，穿过山海之间的狭长通道便是满洲草原。一周后，忽必烈的大象就会载着他进入一个在接下来的3个月时间内将会成为朝廷总部的营地。这是一个传统的地点，由于其地域开阔与猎物众多而被选中。放鹰人让他们有钩状嘴的鸟落在他们的腕部，打着唿哨做好准备，然后便在方圆数公里的范围内沿着崎岖不平的地面四下散开。皇帝的三个大帐也已准备就绪——大的可容纳朝廷的整整1000人；然后是就寝的毡帐，和一个比较小的议事房。马可·波罗没有告诉我们这些毡帐的形状，但每一个都有三根柱子，它们很可能支撑在圆形毡帐的中央，时刻提醒忽必烈其草原根源的传统。

给马可·波罗以深刻印象的是这些移动宫殿的装饰。它们都以虎皮来隔热御寒——当时西伯利亚虎尚不属濒危动物——并且以西伯利亚地区价格最为昂贵的貂与紫貂皮毛相连接。可以想见，一座能够容纳1000人的毡帐应该有约125米的周长。而覆盖它的墙壁将会需要16000张兽皮，每张兽皮今日的价格都在50～100美元之间。仅此一项就相当于100万美元，而且还仅仅是主殿的衬里——并未把隔热御寒的虎皮计算在内。四下里散落的还有皇帝家族成员的毡帐——忽必烈的长妻察必、三个妃子、诸位王子、被带来充作后宫的弘吉剌惕部（这是一个传统上给成吉思汗家族提供配偶的蒙古部落）的女子——以及朝廷重臣、仆役、放鹰人、马夫、厨师、驯狗人、家庭佣人、秘书人员的毡帐，所有这些人都带着自己的家眷，当然所有这些人都得到了成队士兵的保护。这是一个由毡帐组成的居民达数千人的城市，完全以狩猎事业为支撑。每天，鹰和隼都会杀死一些鹤、天鹅、鸭子、鹅、野兔和鹿，而不贪嘴的猎狗则会确定这些猎物的位置并将它们衔取回来。野兔、雄鹿、公羊、獐子——这些动物都被确定为皇家猎物，普通人在这个时刻是禁止狩猎的，以便于保证在中国东北部平原上的这片皇家猎场有充足的猎物供给。

与此同时，朝政也在随着会议、拜谒、信使往来以及接见外国使者而继续着。这个庞大的阵势的中心就是皇帝：虽然身体肥胖、患有痛风，但仍然热衷于通过在平原上驰骋来重新建立与其根源的联系。宫廷画家刘贯道为他画的一幅肖像画显示，他身裹白貂皮大衣重重地骑在鞍鞯上，他的皇后察必就在他的身旁，他只带着两个仆役。这是一个精心策划的假的休闲情景，就像一张卡蒂埃-布莱森（法国著名摄影家——译者）的快照，因为所有这4个人的注意力都被镜头外的某个东西所吸引——也许是有人在大声叫喊道："陛下！鹤群！在那边！"但是在皇帝的腕部却并没有鹰，而且一只小猎犬还在等待着命令。

狩猎活动就这样持续两个半月，一直到5月中旬，然后庞大的队伍便转回，把皇帝及其随从带回首都，而在这里，当夏季的炎热即将袭来之际，又开始准备着北向上都的行程。

第二章 拥抱佛教与西藏

KUBLAI KHAN

在公元7世纪，西藏雄踞西北的高原与沙漠，势力范围从乌兹别克斯坦边界延伸到中国中部，从新疆中部直达孟加拉湾。自西而东达2250公里，由北到南1750公里：是一块面积比中国中心区还要大的土地。实际上，公元763年一支西藏军队曾短暂占领了中国的首都长安(今西安)。起初佛教在对抗西藏原始的萨满教信仰方面并没有什么进展，这种信仰被称为苯。而当一位9世纪的国王成了佛教的狂热的拥护者时，紧张的态势有所加剧。佛僧们从他们新近建造的寺院里夺取财富与权力，对传统的统治者提出了挑战。苯教的贵族们则发动了叛乱。公元838年他们杀掉了国王，把他的头颅从他的身体上拧了下来，并且拥立了他的弟弟，5年后他也被暗杀。佛教僧侣遭到处决，寺院被毁，帝国崩溃，陷入各个封王与封建领主间的争斗不断的混乱状态。就政治而言，西藏堕入历史上的黑洞，没有中央的统治，随着寺院被毁，这一时期鲜有记录。

佛教的几个派别是在这种乱局中重新出现的；居统治地位的是被称为大乘佛教的流派，它有着对佛与超现实人物或者菩提萨垂的众多表象的复杂而神秘的信仰。所有这些教派都信奉密宗佛教及其符咒、神秘的谶语和图符，并将其当做最高和最好的实践形式，并且都呈现出采用了苯教的圣歌、仪式与神灵的独特的西藏表象形式。

复兴的种子在东部的成长归因于三位佛教学者的活动，即后来著名的康巴三人，他们逃脱了迫害，带着书籍逃到了安多，即今日位于黄河源头的中国的青海省。他们住在那里的山洞里，致力于修道院生活的重建。从大约公元950年后，一位来自安多的名叫鲁马（Klumes或者kLu-mes，其译名有多种转写形式）的僧人努力从事佛教的复兴，带着佛教向西回到了西藏的中心地区。在以“佛教的二次引进”而称著的过程中，旧的寺院得到了修复，新的寺院被建造了起来。

在遥远的西部也发生了一种相类似的复兴，在西藏混乱之际，一位皇族的成员逃到了这里。此人及其后裔在苏特莱杰河上游靠近今日印度的边界地区建立了三个小王国。尤其是其中的古格王朝变成了喜马拉雅山西部的佛教复兴的中心，那时这里居住的都是西藏人。而古格王也变成了“皇家僧侣”，意西沃。他派遣了21个年轻的西藏人赴印度学习，其中的19人死在了那里。幸存者之一在17年后返回，并进而成为西藏中世纪最著名的学者，仁钦桑布（958～1055年），“大翻译家”，在托林建造了一座复合型的寺院，该寺院一直在使用，直到1967年在“文化大革命”中被部分地损毁。

10世纪与11世纪可以看到密集的寺院建设与恢复计划以及梵文经书的翻译，包括一种确定西藏的以60年为一轮回以12生肖与5种要素为循环的历法。这一系统最伟大的专家是一位印度教师兼大师阿提沙。意西沃向阿提沙发出了邀请，后者则在1042年年届六十之际抵达古格——这是一个重要的日期，因为它担当着西藏月历的起点。阿提沙在托林的寺院里停留了3年，然后云游西藏各地，直到其1054年逝世。在此期间他建立了佛教完全羽翼丰满的复兴的基础，这一状况又在1076年由一次在古格举行的连接东西方的佛僧的大会得到了确认，佛教文献的藏语翻译加快了。对于一种在伊斯兰教的压力之下在印度陷于衰落的宗教来说，这也将证明是非常关键的工作。阿提沙的影响、翻译、寺院纪律的回复：所有这一切都确保了西藏将变成印度佛教的主要继承者。

唆鲁禾帖尼于1215年在张掖生下了忽必烈。

1239年，窝阔台的次子阔端在四川的一次战役后得到了位于西藏边界的一块封地，其中心在今武威。第二年他进行了一次短暂的入侵，毁坏了一座寺院。窝阔台之死迟滞了任何进一步的行动，但是在1244年，一个来自阔端的对萨迦寺一位62岁喇嘛十分迫切的邀请到来了，萨迦寺在拉萨的另一端，距尼泊尔边界不太遥远。他的话表明他已经把佛教等同于政治统治的关键。“我需要有一位大师来告知，我应该选择哪一条道路。我已经决定邀请你，请完全不要顾及路途的艰险前来。如果你以年事已高为借口……你就不怕我以派遣一支军队的方式对这件事情作出回答吗？”在没有什么选择余地的情况下，这位喇嘛在两位年仅9岁和7岁的侄儿的陪伴下开始了从西藏高原的长途跋涉，而这两个侄儿中的一个将会在忽必烈的故事中具有特别的意义。要记住这些事件发生在极其遥远的距离间：从萨迦到武威有1700公里，其间还要穿越地球上的一些最为艰苦的地表。这位喇嘛于1246年抵达阔端的基地，但却发现这位蒙古人由于去参加选举贵由为新皇帝的聚会而缺席。在阔端回来后，两人一致同意这位喇嘛做蒙古人在西藏的代理人。这位喇嘛给西藏的众多领导人写信，建议他们采取联合行动：“只有一条路可行，这就是臣服蒙古人。”为了确认这一约定，这位喇嘛7岁的侄儿与阔端的女儿成婚。正如皮特克所说，通过这个协议“阔端建立了蒙古人在西藏影响的基础”。

不久3次死亡事件很快接踵而至：新皇帝贵由、阔端和那位年长的喇嘛。而热衷于宣示其在这一地区的权威的新皇帝派遣军队进入了西藏，并随之带来了破坏。他和几位诸王都夺取了大量的西藏各教派的受庇护者。忽必烈就是这些诸王中的一位，因而他也发现自己处在与其兄弟蒙哥、旭烈兀及阿里不哥竞争在西藏影响的境况之中。

此刻忽必烈做出了一个很小的但却具有重大意义的姿态。他仍然只是个诸王，仍然受制于他的兄长蒙哥，但却有着在中国北方扩大影响的野心。忽必烈已经意识到了他需要用一个强有力的佛教谋士来平衡他的儒教与道教谋士，而非常凑巧的是，那位已故的萨迦寺喇嘛的两个侄儿之一就待在阔端的总部无所事事。他的名字在西方人看来简直是无法读出来的（罗古罗思坚藏），但他不久就会得到一个称号：八思巴（圣者），这也是他在历史上因以著称的名字。忽必烈邀请这位16岁的八思巴来到宫廷。这对于他们两人来说可谓各得其所——那个已经是半个蒙古人的男孩儿很感谢会在这样一个混乱的世界上找到一个靠山，而且也很乐意在忽必烈正在扩张的帝国中做出任何可以做出的贡献；忽必烈也非常清楚这位年轻的教士可能会是整个国家的一位关键人物，他是西藏最为强大教派的年长喇嘛的继承人，而他还十分年轻以至于还不会让蒙哥心生疑虑。

在1251～1252年，忽必烈往返于中国北部的西部地区——鄂尔多斯、或张掖、或武威——准备着对云南的入侵。他有一个问题：他需要一个比他从其祖父与父亲那里继承下来的更为合理的征服理由。成吉思汗与他的直接继承者们对于有关帝国的一切已经有过一种强大的但也颇为有限的概念。他们深信——不，应该说他们带着真正的信徒所拥有的绝对而又毫不动摇的确定性深知——长生天已经将世界交到了他们手上。的确，成吉思汗已经超越了残酷，而迈向了着手管理他的新领域。但如事实所示，征服的理由却依然仿佛长生天的要求。当然，统治者们总是在宣称有神灵的垂青，每一个中国的王朝都确定无疑地这样做过，宣称王朝的成功更迭这一事实就意味着新的帝王已经得到了神授天命，只有他和他的后裔才有资格正确地施加良好的政治统治，这就是年代久远的孔子的伦理与官僚政治体系。但是，正如福赫伯在有关这一主题的权威性的分析中所指出的那样，蒙古人是不同的。无论有什么东西可能或者不可能已经从其邻居那里过滤到成吉思汗的心目中，他对任何中国式的天命神授的废话及其伪善的儒学外表毫无兴趣。就他及其继承者来说，底线是长生天已经把世界交给了他们。蒙古人的任务就是统治，而所有其他人必须做的事情就是臣服。这在《秘史》里有着清楚的表述："天和地商量着，铁木真（成吉思汗最初的名字）将要做地面上的主人……整个地面都是为你准备着……"它也存在于最初与蒙古人建立联系的欧洲人的众多著述中。约翰·普拉诺·卡尔平尼在1247年报告道，蒙古人意欲征服整个世界，只有到了那个时候才会有和平，成吉思汗被看做为"上天的可爱而又值得尊敬的儿子"，被看做地上唯一的主人，就像天上的上帝一样。威廉·鲁布鲁克也得出了同样的结论："在地面上将只有一个主人，成吉思汗。"如果注意到现在和未来的一些观念，你会注意到成吉思汗在某种意义上依然活着，在精神上；实际上的确如此，正如每个去参观了成吉思汗在内蒙古的所谓陵墓，或者见证了2006年为他的加冕800周年纪念所举行的祭拜典礼的人所看到的那样。

甚至在他活着的时候这已经被证明是一种过于简单的描述，征服与管理并不可同日而语。成吉思汗本人已经超越了征服，引进了文字、成文法律、官僚机构以及一些管理规则；而他忙于制服反叛活动的继承者们在绝大多数情况下也在沿着同一方向漂流。正如事实发生的那样，蒙古人对腾格里的基本信仰证明是可以修改的。伊斯兰教和基督教也都承认天堂。因此才会有成吉思汗的宗教容忍，以及波斯与中亚的蒙古统治者相对容易的皈依伊斯兰教。正如福赫伯指出的那样，不难想象，如果蒙古人在1242年后留在了匈牙利，他们也会适时变为基督徒。

对于忽必烈来说事情也是如此，他在中国领域内的管理需要他接受儒教的外衣了。但这还不够，他的目光还看到了云南，看到了西藏。他必须要使他的统治在蒙古人的心目中合法化，任何其他的文化都必须如长生天所要求的那样形成蒙古世界帝国的一部分。他在佛教中找到了他所需要的东西。你也许会认为佛教是一种和平的宗教，因而并不适合于一个致力于世界征服的帝国，但情况并非如此。在藏传佛教中，统治着大地的四个方向的四大天王中的一个就是毗沙门，一个装备着用以击败异教徒的长矛或棍棒的武士。如果愿意的话，你可以将他称为佛教的战神。在藏传佛教中没有任何东西与蒙古的帝国主义互不相容。

正是年轻的八思巴向忽必烈展示了佛教可以很好地为他的需要服务。因为佛教提供了一些中国人的或者伊斯兰的或者基督教的历史观中并不存在的东西：它不但宣称是一种宇宙真理的宗教，而且还包含有一个“宇宙皇帝”范例——斫迦罗代棘底曷罗阇(转轮王——译者)，他统治着多种语言的人民，“转动着法轮”。先前的一些统治者已经用这个观念做过了试验，使他们自己等同于佛，并且让人们称其为菩萨，一位启迪蒙昧的人物——菩萨皇帝或者观世音菩萨。简言之，对忽必烈来说，佛教是一条最好的使自己依附于一种宗教的道路，它不但远远超越了中国人而且还提供了一种证明其征服与统治世界的合理性的意识形态。忽必烈将会既变为恺撒又是教皇，既是教会的领袖又是国家的统治者，成为世俗利益与精神救赎的共同源泉。

这一过程大约开始于1253年——这个日期略显含糊，因为此刻忽必烈在参与对云南的征服——也就是在这个时候他得到了来自18岁的八思巴的献祭仪式，这是一种正在被传授的喇嘛教的最高神灵杰巴多杰(亦称喜金刚，是佛教无上瑜伽母续部的一位本尊——译者)的祭祀仪式，对他的崇拜主要集中在八思巴曾被抚养的萨迦寺。

随着云南的被征服，忽必烈带着八思巴返回了上都，此举对他的意识形态的进化和对西藏来说都是关键之举。八思巴中止了他的学习，成为了一个完全的僧人，在1258年23岁时成了忽必烈的佛教导师；而对于不久就将宣布自己为皇帝的忽必烈来说，需要正式建立其作为宇宙统治者的权力证明。

就在这同一年，当八思巴参加了由忽必烈发起的第三次也是决定性的一次佛道辩论时，他的地位得到了确认。忽必烈1260年的自立为汗，又使他处于一种强有力的地位。在接下来与阿里不哥的内战中，西藏的对立教派因被怀疑支持阿里不哥而受到了压制(正如结果证明的那样，这只是暂时的)。1261年，忽必烈封八思巴国师称号，并使其成为中国领域内的佛教界的最高首领。3年后，忽必烈给了他的被保护人所谓的珍珠文件，通过这个文件，佛教僧侣被免除了税负并被授予各种各样的特权。不久他送八思巴回家，与其兄弟一同做了萨迦寺的住持。当忽必烈派出零星的军队去“平定”此时还处在蒙古人势力范围之外的西藏遥远的角落时，八思巴及其兄弟则应该在整个国家建立忽必烈的精神上的影响。

这并非易事。当地人起而反对，显然并没有将八思巴当做一个优秀的年轻人来看待，而是一位已经接受了蒙古人的衣钵与行事方式的叛徒。当他的兄弟于1267年29岁死去时，整个计划都陷于失败；所以有一支军队从青海进入，平定了反叛并且建立了一个行使直接管理权的宣慰使司。八思巴在政治上被边缘化了，把接下来的几年时间花费在了致力于一个我们不久还将涉及到的任务上。一个名叫答失蛮的蒙古人被授予了建立有27个中转站的驿站系统以及宣示忽必烈的君主权的工作。到1269年，西藏完全成了忽必烈帝国的一部分，并在接下来的80年中始终如此，直到蒙古帝国的崩溃。

在此期间，忽必烈已经有了一个令人惊异的文化的见识。他已经锁定了一个从蒙古人的成就以及他的野心中产生的问题，而且他想要八思巴提供解决方案。

忽必烈成长在两个世界中，蒙古人与汉人。他讲蒙古语，但却和汉人争斗。现在上都已经在他的周围拔地而起，他被汉谋臣所包围，他的臣民中绝大多数也是汉人。不久，如果一切进展顺利，还会再多加几百万。

他的问题是：如何建立一个实际上是横跨两个世界的行政管理呢？当然，蒙古人的法令可以用蒙古语来书写，汉人则用中文，但这两个系统却是彼此互不相容的。

蒙古语有一种非常完美的垂直的书写体，是根据成吉思汗的命令从他的新仆从现今为中国西部的畏兀儿那里引进的。它是一种字母书写系统，这也意味着它可以非常好地展现几乎任何一种语言的大多数声音（例如就像拉丁字母在拉丁化的中文版本拼音中所做的那样）。然而，由于这种竖写体字母是为畏兀儿语而不是为蒙古语设计的，因而它有大量的不足之处，其中之一就是不能音写某些中文的音。此外，它的大多数字母都有三种版本——词头、词中、词尾——这就使它的字符多达80个（如果你将大小写字母分开计算的话，我们的字母表有52个符号）。但它仍然做得足够的好以至于生存了下来。它在内蒙古的日常生活中仍在运用，而在蒙古本土也非常普通，但只是在学术圈内而且是作为一种对标准的、并非那么异国情调的西里尔字母的设计时髦的逃脱。

拥有成千上万字符的中文无疑是更为复杂的，每一个字符都代表一个音节，并由每个字都必须以一个辅音音素开始而且以一个元音音素或者“n”为结束这一规则所左右。对于中国人来说，它物得其所；和其他任何一种文字一样富有表现力，它造型美丽，本身就是一种艺术的形式；而且它还蕴涵着深厚的文化要素，正是在这种要素中它已经存在了4000多年——一些汉字甚至可以追溯到公元前2500年它们起源的商代——而且中国人并不打算改变它（毛泽东曾经有过进行尝试的打算，但还是放弃了）。因而忽必烈根本不可能把蒙古文字强加过来；而使用汉字来书写蒙古语也同样是不可能的。于是任何一个文件都先用蒙古语书写然后再翻译成汉语的系统便由此而产生。但忽必烈还是对让汉人的秘书过分有权力这一点心存疑虑，所以他们不被允许学习蒙古语，因而不得不依赖非汉人的通译人员。这是一件令人厌烦而又棘手的事情。

更为糟糕的是，成吉思汗已经征服了由讲唐兀惕语的人居住的西夏。唐兀惕人有自己的文字，它是在11世纪在这个国家的创建者李元昊的命令下被发明的。作为一种模型他选择了在这一地区占统治地位的中国文化的文字。但是他也想要使它成为唐兀惕人独特的文字，一种与中文毫无关系的藏语。所以他命令他的学者野利仁荣设计出某种全新的文字。唐兀惕文字，其中约有6000余个被记录了下来，看上去很像是汉字，但却与其语言本身一样完全不是汉字。由于成吉思汗实际上毁灭了唐兀惕文化，这种语言最终从历史上消失了。结果它只是在非常近的时代才得到解读，而且唐兀惕语仍然处在被从成吉思汗抛进的深渊中不断挖掘的进程中。忽必烈有成千上万的唐兀惕臣民，而他们也需要阅读他的法令。

那时还有一种契丹文字，契丹是满洲人，他们先于蒙古人在中国北部建立了王朝。还有一种梵文，即他的新臣民西藏人看做为其宗教的源头与渊源的语言。而藏语本身也存在了约600年之久。还不能忘记高丽，蒙古人已经在1216年对它发动了一次进攻，而忽必烈不久还将转向它。那些在忽必烈的兄弟旭烈兀控制下的主要是波斯人的语言又怎么办呢？

忽必烈大约于1261年直接卷入的就是这样的一些语言问题。如果事情进展得如他所期望的那样，如果所有中国的南部地区都陷于蒙古人之手，他们将与缅甸、越南、日本以及其他一些无人知道的文化建立联系，一个官僚政治方面的噩梦也会随之而出现。如果事情果真如此，所有的行政管理都会因翻译工作而受到阻碍。

一旦他看到了这个问题，忽必烈也看到了一种现成的解决方案。中国人已经以一种将各种不同方言熔铸成同一种文字的方式统一了中国，而忽必烈想要一种统一世界的文字。上都已经做好了准备，阿里不哥的叛乱已被荡平，忽必烈已经在考虑在现今的北京建造一个新首都的事宜，并且在计划着被长期推迟的对南方的入侵。他需要巩固，需要尽可能最为有效的管理来做其扩张的基础。而他的身边就有合适的人选：刚刚从其失败的西藏之行返回来的年轻的八思巴。1276年，忽必烈令其创编一种新文字，一种可以用来书写长生天之下任何语言的文字。

精通藏语、蒙古语和汉语，而且很可能畏兀儿语与梵语也造诣颇深的八思巴分析了它们的语音特点，将藏语加以修改形成了一种约有60个符号的国际音标，大多数符号都代表独个的元音和辅音，但也包括了一些常用的音节。藏语的行文是由左而右，但是鉴于成吉思汗引进的畏兀儿语系统，八思巴将其文字设计为垂直式的阅读。这些字母大多数都是由直线与直角组成，因而在蒙古语中它们的名称为：方块字母。为表现蒙古语和其他语言，与汉语相比它自然有了较大的进步："Gengjis"汉语的转写为成吉思；而在八思巴字中为"jing gis"。

两年后，这项工作完成了。八思巴将他的新文字呈交给了他的主人。忽必烈非常高兴，并授予八思巴国师称号和与之相应的俸禄。他下令所有的官方文书都用这种新的文字来记录——如其所称"国字"——并建立学校来教授它。它被用于印玺以及金属与木制的关防上——即所谓牌札——以给政府高官要求平民提供物资与服务的特权。"在长生天的气力里，在（成吉思汗的）大护佑下"，其中之一这样写道，"无论何人不尊重它都将是犯罪并会被处死"。

这是八思巴国际影响的顶点。此后不久，他返回西藏做了萨迦寺及其教派的首领，而该教派对其他教派则发挥着某种不稳定的影响。1280年，他突然去世，年仅45岁，有关他的死因有很强的被毒杀的疑虑。西藏的民政官受到了怀疑，虽然没有证据，审判进行得颇为粗糙，但忽必烈是皇帝，无论如何，他还是下令处死了那个人。

今天，你仍可以在石刻中看到忽必烈的问题及其解决方案。如果你观光中国首要的旅游胜地、北京城外的八达岭长城，你就可以在城墙后面看到一座古代的拱门——云台，它作为一个通关的通道而建于1342年。铺着石板的地面由于无尽的车流而留下了斑驳的平行的车辙印记，这使得它看上去就像一条被放弃了的铁路隧道。如果你站在里面抬头向上，你就会看到自己被五个平面所包围，而每个平面上都刻有浅浮雕的相互缠绕着的战争之王、佛、大象、龙、蛇与植物，而且都用六种文字形成一个佛教文献：梵文、藏文、蒙古文、唐兀惕文、汉文——以及忽必烈对这种混乱现象的答案，八思巴的"国字"。

实际上，该遗迹给这种新文字赋予了一种它在实践中所缺乏的意义。它在印玺、石刻、钱币甚至瓷器上看上去都非常美观。时至今日，在蒙古的纸币以及特别的雕像上都可以看到它，但这只是为了展示。在日常的记录中它却从来没有被真正确定下来。在它首次发布后的15年中，忽必烈又先后4次重申他的命令，并以创建一个学习与教授这种文字的学院为支撑。正如官僚们总是以一种使生活变得更加艰难的方式来对待命令一样,忽必烈的官僚也这样来应付他的要求——他们口头上说谨遵圣命,但行动上却无所事事。而那些特殊的学校也缺乏教师,因为没有人想学这种文字,此外官员们也拒绝把他们的孩子们送到那里。

八思巴字所遭遇到的困扰与其质量毫无关系,问题在于人类的天性。学习一种无论多么简单的文字都是一件劳心费神的事情。书写从无到有的发展在历史只出现过4次:在美索不达米亚、埃及、中国和中美洲。每种文字都经过了几个世纪之久的进化。一旦它们达到了成熟的程度,它们就会向其他文化扩展,因为它们对错综复杂的社会来说是十分关键的。它们令人难以置信地顽强,在文化上改变一种文字就如同一个人多生出一条肢体。也曾经有过用强力命令来改变文字的先例:凯末尔·阿塔图克于20世纪20年代迫使土耳其由阿拉伯字母转向拉丁字母;蒙古的苏联式的统治者则在1941年用西里尔字母取代了成吉思汗的竖写体字母。但是在这两种情况下,政府都对很小的官僚机构和并不那么复杂的社会施加了巨大的压力。忽必烈可以雇用他的官员来控制税收、军队和书写记录,但他不能控制他们的思想。试图克服他的官僚机构的文化惰性就如同试图用桨划动一座冰山。这种事情是不会发生的。

第三章 征服的关键

KUBLAI KHAN

对于忽必烈来说，有一些事情是不可商量的，征服宋朝就是其中之一。他曾经做过入侵的尝试并且尝到了败绩，与其祖父一样，忽必烈是不会被失败所阻碍的，如果有必要，他会尝试去做任何事情。所以当他的军队在北方与阿里不哥僵持不下时，他在南方则求助于温和的谈判与宽宏大量，希望通过魅力来赢得靠武力还无法得到的东西。但是当1260年他派遣一位使节赴杭州建议缔结一项条约时，这位特使甚至没有能够穿越宋朝的边界。他被扣押了起来，并被软禁了令人惊异的16年，直到被忽必烈入侵的军队解救为止。

那么宋朝为什么要做这样的事情呢？学界已经将这次逮捕归咎于一次纯粹的原因不明事件，因为它给了忽必烈一个宣战的理由。但更为可能的是这一事件可以使我们洞察隐秘的间谍与反间谍世界①。特使郝经是北方的一位将军的被保护人，这位将军在1234年金朝被征服后便转投蒙古。作为一个变节者，他将会成为一个非常有效的秘密情报人员。负责边界地区的宋朝将军也遭其密

①该段落的描述以詹妮弗W. 杰伊，《王朝的变化：13世纪中国的忠诚》为基础。

探打探消息，并且了解到了郝经致忽必烈的备忘录的内容，在其中他向忽必烈建议应该采取什么样的政策。“夫取天下者，”他说道，“有可以力并，有可以术图。并之以力则不可久，久则顿弊而不振；图之以术则不可急，急则侥幸而难成。”武力既然没有起作用，因此战略变成了可取之策，而这需要有极大的耐心。“殿下宜遣人禀命于行在所，大军压境，遣使喻宋，示以大信，令降名进币，割地纳质。彼必受命，姑为之和，偃兵息民，以全吾力，而图后举——”然后他又草拟了一份进攻计划，那也就是忽必烈实际上最终采纳的计划。所以他前来提出的条约实际上只是一个拖延战术，因为忽必烈无意长久保持和平，他当然也不会这样做，他的目标是征服，就像成吉思汗与长生天命定的那样。郝经只是进行了一次虚假的出使，那也就是他被捕的原因。而一旦被捕，他就不可能被释放，因为他将会告知忽必烈宋朝现在已对他的长期战略了如指掌。

忽必烈下定了决心——考虑到他几乎所有的军队都在与阿里不哥鏖战，他没有什么选择余地——继续求和。他不加审问便释放了172名因穿梭于蒙-宋边界进行非法贸易而遭逮捕的商人。他给宋朝的叛变者以土地、衣服和耕牛，而这类人群又有很多。但正如双方此刻都知道的那样，这并非真正的和平，一旦时机成熟，忽必烈还会再次转向南方。

以前的战役已经显示蒙古人还不能胜任这项任务。宋朝城市密布、河网纵横，完全是蒙古与大多数中国北方难得一见的情况。城市是战利品，因为那是富人与豪强们居住与进行统治的地方——而且没有诸如欧洲贵族们所拥有的城堡，也没有可被掠夺的庄园领地。结果，装备有很好的爆炸物的城市变成了难以对付的障碍。为了更好地进行贸易与供养自己，许多城市都被建在河边。在开阔的平地上，蒙古牧人可以快速运动，但是正如攻击钓鱼山与武昌所显示出的那样，牧人进攻建在河边或山上的城市时无法保证能够取得胜利。蒙古人需要以宋朝人自己的条件来打击宋朝，需要拥有更好的攻城手段和船只。尽管他们自从成吉思汗时代开始已经了解到了第一点——攻城战的原则——但他们仍然需要攻城器具规模的大幅度的增加。可是船呢？他们所了解到的唯一船只是为了渡河的渡船。为了建造携带军队与武器往来于河湖水路的战船，他们将不得不从零开始。

关键自然是令人生畏的长江，而宋朝的首都就坐落于其下游的平原上。长江的流向是自西向东，而忽必烈的军队则将由北向南入侵。然而就在宋－蒙边界地区却有一条巨大的转向南方的支流汉江，形成了一条直趋长江下游的武昌——还有杭州的水上通道。

现在只有一个问题。汉江有着它自己的关键之所，亦即坐落于汉江与另外两条河流交汇之处的冲要之镇襄阳①。今天，襄阳与其江对岸的姊妹城市樊城构成了一个大都市襄樊，成了一个铁路与公路的交通枢纽；该城因为工业与通往西面的武当山的旅游业而呈现出一派繁荣的景象，武当山则因72尖峰、道观及其拳手而称著于世，这些拳手们一直将他们类似太极的拳技追溯到宋代。在忽必烈时代，襄阳是一个筑有壕沟的堡垒城市和一个主要有20万人口的贸易中心，它靠一座由停泊在两侧的码头并被钉入河床的船组成的浮桥与樊城相连接。在夏季，当雨水使其猛涨时，宽阔而又缓慢的汉江便会在荆山与大洪山之间奔流而下，然后蜿蜒于武昌周围湖波荡漾的低地上。对于任何一支沿水路南进的军队来说，襄阳都是必克之地。

这对于双方来说都是个常识问题，因为该城自古便为兵家必争之地——1206～1207年金朝曾对此发动攻势，而1235～1241年又遭遇窝阔台的袭击。这两次攻击都未使其陷落，但却于1236年向蒙古人投降，后者在北返之前曾短暂占领过它。所以襄阳对遭受攻击已经习以为常。此外，部分原因是由于发现了郝经的备忘录，它一直在忙于重建它的防御体系。襄阳有6公里长的坚固的石头城墙，为6～7米高，建在一个约1公里见方的地面上。6个城门中有3个直接面对着河流，而河流则形成了一条在丰水期宽达半公里的交通与补给的高速通道，而且它还因为过深而无法涉过；到冬季低

①襄阳有过许多不同的拼写版本——马可·波罗书中作Saianfu，拉施特书中为Sayan-fu，较近的时代为Hsiang-yang，但这些都是前拼音时代的拼写法。

水位时，它就变成了一个堑壕与沙洲的迷宫，而灌满河水的护城河则有90米宽。所有这一切都意味着攻击者不可能靠得足够近，或者用云梯与塔楼来攻击城墙，或者在其下挖隧道来破坏它们。

本章主要是关于这个问题的解答——也是几个问题中的第一个，它们的解决方案最终引导忽必烈成就了他的最伟大业绩：重塑统一的中国。反过来看，问题就会是这样的：整个中国的关键在于南方的宋王朝；而南方的关键在于长江及其庞大的人口、众多的城市以及农业的财富；如果由北向南进攻，长江的关键在于汉江；汉江的关键又在于襄阳；而使襄阳对蒙古人大门洞开的关键又在于——笔者并不想现在就泄露这个故事，我们只能说它不可能是旧式的蒙古骑兵。

笔者不得不承认，证据是不完整的：包括讲述整个战役进程的史料、攻城的困难与意义、对解决了这个问题的工程人员的提及，以及具有重大影响的后果。但是笔者的推理是以缜密的逻辑为基础的并因此而导致一个笔者非常愿意相信是真实的结论：这就是，实际上，现代中国把它的存在归咎于一个打破了襄阳攻城战的装置，一个中国或许是世界此前都从未见过的装置。

当忽必烈在处理完阿里不哥事件后重建其军队时，他几乎没有考虑到这件事。而到他的将军们告诉他已经做好准备时，4年的时间已经过去，也就是说距忽必烈被迫放弃他对宋朝的首次进攻已时隔9年。你也许会以为9年的时间已经足够长来做好准备了，但忽必烈却无从得知襄阳将会是怎样的一种挑战，因而也当然无法预知如何来应付它。

它开始于蒙古人在1268年初在年轻（32岁）并声名显赫的阿术的统领下对该城的逼近——阿术的显赫是来自于这个家族在军事上的辉煌战绩，他是15年前为忽必烈赢得云南的兀良合台的儿子，也是传奇人物速不台的孙子，后者曾指挥了成吉思汗与蒙哥的西征战役。几乎在他刚一开始行动，阿术就发现了他需要帮助。“所领者蒙古军（亦即骑兵），”他在给皇帝的信中写道，“若遇山水寨栅，非汉军不可。”忽必烈答应道：步兵将会到达，船只正在被夺取与制造，而阿术会拥有他认为他需要的两栖作战的部队。

阿术与其军队沿途并没有发现有多少物资可供其掠夺来支撑他们自己，因为在为攻城做准备时，统治者按惯例要实行焦土政策，清除周围乡村的任何可能帮助敌人的东西：高大的建筑物、树木、石头、金属、瓦片、蔬菜、稻草、牲畜、谷物，这类东西中的大多数都被搬到城墙内储存起来。一部军事手册《武备辑要》①开列出了必须要加以储存的物品清单：灯、油、斧头、木炭、硫磺、石灰、椽子、钉子、针、席子、麻、铁锨、碾槌、捣碾纺织品的石头、盛放人粪尿的夜壶、刷子、墨汁、砚台、书桌等等。平民将被训练为民兵，妇女组成烹饪团体，儿童则被培训来递送食物与物资。而对那些来自愤愤不平的穷人的先发制人的麻烦——间谍、破坏则要予以特别的关照，要避免残酷的处理方式：“穷人是我们会拿起武器站起身来用尽全力与敌人作战的孩子，”《辑要》说，然后又引用了一位圣人许东（音译）的话：“‘如果一座城市遭到围攻，人们必须首先顾及内部的和平，只有这时才可考虑外部的敌人。’”城市里的人们必须团结在一起。店主必须为其房客作保，住持也必须担保他的僧人。云游乐者、杂耍者与算命先生都被当做潜在的间谍而被驱逐。家庭都被编组为甲，每个人都要为其他人担保。只有长期的雇工才被留下来，新雇工悉数被解雇。宵禁被实施。每个地区都有自己的消防队，配备有巨大的水罐、梯子以及钩子与滑车来应付破坏。专家们则准备好了他们的双弓或三弓床弩，这些装备可以把长达2米的箭矢射出约200米的距离；与此同时，工匠们也在检查他们的抛石机。

现在是介绍一下抛石机的时候了，这个主题将会短暂而极大地吸引我们的注意力。

中国攻城技术的核心就是“牵引抛石机”，这种器具已在复制中被复原。一部典型的抛石机由一个高约4米的框架组成，在其上

---

①大约在1830年，但它引述的实践则是古代的。

给一根长11～12米的杆子提供一个支撑点。这根杆子是在一个轴上，偏离中心，一端比另一端长。较长一端的尽头有一个投石器，而较短一端的尽头则是绳索，通常系在一个T形的横木上。投石器是一个关键：它增加了杆子的力量并且在不增加重量的情况下加大了它的威力。它的一端被钉在了杆子的尽头，另一端则被系在一个简单的钩子上。在发射时，它的动作就像一条鞭子，犹如钓线尽头沉重的鱼钩一样被甩了出去。离心力带着它进行了一个半圆形的飞行。而在它达到其最高点时，重力使得被绑住的一端松开，从而将石块发射出去。每台抛石机都有5～15人的团队，具体人数由其具体的尺寸来决定。一个重量不超过几公斤的石块或是某种燃烧装置被放在投石器上，团队就会在另一端拉绳子——“牵引”这一概念因此而得名——杠杆上升，投石器像鞭子一样扬起，滑脱钩子，将石块发射出去。整个操作只花不超过15秒钟的时间（现代的复制品显示一个好的团队可以每分钟发射5～6个轮次）。它依然十分原始，但近距离却十分有效：可以飞越城墙和任何高达100米的物体。在13世纪，这完全是一种标准的攻城技术。牵引式抛石机可以在现场制作，或者用马和大车搭载其组件。任何一支可以称得上是军队的队伍都会集结几十台有时候是上百台抛石机。

在战役中，抛石机形成了一个完整的攻坚战役的分支，就像现代战争中炮兵所起的作用一样。首先，操纵一台抛石机是非常费力的，非常像划动一条8人赛艇。团队需要休息。而它自己也需要运输——几匹马、一头牛和一辆大车——一台抛石机必须有几个团队进行协力操作。这些专业化的士兵需要他们自己的食物、甲胄和马匹。所以尽管简单，每台抛石机却有相当一批随从人员——大型的需要200余人——以及惊人的军需人员对涉及前进、扎营、攻城以及退却等问题进行计划。它们常常是在现场制作，而且也经常需要修理，所以也可以想象还有一些木匠分队。绳索既有麻绳也有皮革绳索，两者交替使用，因为它们的质量会由于天气而有所变化（在湿润的气候条件下，皮革会收缩，而麻则会膨胀）。

与在进攻中一样，抛石机当然也是一种标准化的防御武器。在

1206～1207年对襄阳的防御战中就有114台抛石机投入战斗。投石机分队会在城墙内相对安全的地方设置阵地，并且在其上方有个炮兵的弹着点观察员来指挥他们。攻城之前，守卫者就从周围地区收集来大量的石块，既是为自己使用也是为了夺取敌对方的弹药。

无论是在进攻还是防御中，抛石机投掷的都不仅仅是石块，因为所有的中国军队都雇用了爆炸装置与化学战的专家。这些以约700年的炼金术士的实验为基础的技术已经从公元10世纪初火药的首次用于战争获得了长足的发展——一种火焰投射器。很快，一个完整系列的以火药为基础的武器已经出现：爆炸箭矢、地雷，以及由投石器发射的炸弹。其中的一种由包裹在竹子里的火药以及四周塞满的破瓷片组成：也是现知的榴霰弹的首次使用。到13世纪初期，大约是在蒙古人的首次入侵时期，它已经进化成为一种更加致命的武器"震天雷"，从内部引爆一个厚达5厘米的金属或陶瓷外壳。蒙古人在1232～1234年攻占金朝首都开封时曾遭遇过这种炸弹：

> 其守城之具有火炮名"震天雷"者，铁罐盛药，以火点之，炮起火发，其声如雷，闻百里外，所爇围半亩之上，火点着甲铁皆透。

为了自我防卫，蒙古人挖地道接近城墙，并在上面覆盖牛皮；但金人却用铁链捆绑好炸弹，"顺城而下，至掘处火发，人与牛皮皆碎迸无迹"。

这类炸弹被大量生产，据一位宋朝官员在1257年称，"月一二千有余"。但他还在抱怨产量过低。"他们过去一次常送往襄阳与营州一万到两万枚，"他说，但是现在却供给不足，"朝廷应该想到为设防的城市做好准备……然而这就是他们给我们的一切！多么令人心寒的冷漠！"

作为化学与细菌战的第一步，可爆炸的毒药装置也值得我们离题一会儿。这类装置有许多种。最令人厌恶的无疑是原始的肮脏武器，粪便炸弹[1]。笔者倾向于根据其最为独特的配方称其为“粪虫炸弹”。

其配方如下：

7公斤人类粪便粉末。首先收集70公斤人粪。使其干燥，研成细粉用筛子过滤。这将成为有毒云雾的主体，灼伤肺部并使开放的伤口感染。里面还要添加：

400克乌头根，一种有着人头形状花朵的草药，其根能够生产出某种最为致命的毒药。吸收到皮肤里，它会引起麻木。一旦吸入或吞食，它会导致恶心、呼吸困难、痉挛和心脏停跳。

200克巴豆油。巴豆树生长在印度与印度尼西亚。它的种子油可以使皮肤生泡，一旦吞食，会使胃部发炎并立即引起腹泻。

400克砒霜（As_2O_3）及其化合物硫化砷。这些东西在爆炸时会形成像杀虫剂一样的喷雾，如果吸入足够剂量就会导致长期腹泻、胃痛、血液与肾脏的损害，乃至死亡。

100克斑蝥类昆虫。这在这种极为奇特的混合物中当属最为奇特的一个因素。当笔者第一次看到它时，想象力进入了一种飞速旋转的状态。这些甲虫是活的吗？它们能够在爆炸及其毒药中幸存下来吗？在战争中，一阵有毒的甲虫的云雾究竟会有什么用处？自然博物馆的昆虫学家李·罗杰斯揭开了谜底。斑蝥长久以来就被运用在中国传统的药物中，因为它们所产生的少量的化学物品斑蝥酸可以刺激某些器官，包括性器官。的确，它在一种以“西班牙芫菁”而著名的春药中是非常积极的成分。对谷歌的快速点击便可显示出，目前在中国对这种化学品有着浓厚的兴趣，因为它可能有抗癌的作用。但是使用较大剂量，如

---

①转引自罗伯特·坦普尔，《中国的天才》（伦敦：普莱昂，1999年），这是对李约瑟的巨著《中国的科学与文明》精华部分的提取。

果它沾在皮肤上，这种化学品就是一种可以产生水泡的毒素。因此这种生物的普通名称也叫“芫菁”(英文原意有发泡虫之意——译者)。一旦你收集到了100克斑蝥(仅有几打)，你就可以碾碎它们，将它们干燥，研成粉末，然后把这种粉末添加到你的毒药袋中。

这些成分被包在火药中，从里面引出一根引线。然后这所有的一切都被包在厚纸中，用线捆扎好覆盖上一层像蜡一样的树脂，让引线伸出来。这颗重10～15公斤的粪虫炸弹将被放在抛石机的抛石器上，然后点燃引线发射出去。这是一种专业化的武器，需要一台大型的抛石机和也许12个人的团队，他们必须把他们的致命的包裹投到100米开外，否则就要冒被自己的毒药伤害到的危险。

在势均力敌的情况下，双方所有的努力最终都可能会归于毁灭。首先，抛石机有一个巨大的缺点，尤其是对防御者来说。如果他们使用造价最为低廉的石块弹药，他们只是把弹药提供给了另一方。相同的石块在城墙的两侧抛来抛去，砸碎头颅、砸断臂膀、毁坏屋顶，偶尔这些大量飞行的石块也会在空中相撞。无论是防守还是进攻，可以想见攻击一座城市所需要的石块数量：每个装置每分钟发射两次，如果是100个装置——那就是每小时1200块石头，然后是一小时接一小时，日复一日。所有这些石头都来自何方？需要有多少人力与马匹去寻找、开采并且运输呢？因此开发更为有效的投射弹的动机便由此而生——这就是可以散射毒物、化学品与榴霰弹片的可爆炸装置。但即使是这些杀伤性的装置，也只能在近距离炮兵互射中有用，很少能够达到超过100米的距离。

也正是拥有了这样的武器，襄阳的攻城战于1268年初开始了，而阿术的进展也受阻于此。攻城战将变成一个为期5年的史诗，某种中国版的特洛伊战争，也有着它的进攻与突围尝试和英雄主义的行为。攻城战甚至有着一个与特洛伊相类似的戏剧性的结局，只是行动不是由于奸计，而是由于一种摧枯拉朽的力量。不幸的是，我们只是在历史中而不是在史前，没有云游四海的诗人来歌颂襄阳的英雄，也没有当地的荷马来讲述史诗的篇章，所以，在攻城战的前三年，由于我们没有英雄主义的童话来讲述，只能作一个简单的描述。

一种特有的障碍就是需要船只，在忽必烈的一位水军将领刘成的监督之下，500艘战船正在被建造，刘是一位叛变的原宋朝的高级将领，而战船的建造需要花费数月时间。整个夏天，蒙古人在汉江下游两岸构筑堡垒来攻击宋朝运送给养的战船。当冬季来临时，阿术越过汉江将攻城范围扩展至将樊城包括在内。宋人的一次突围企图以灾难性的后果而告结束：数百人被俘并被斩首。在此之后，随着足够的给养运送给他们使他们可以幸存下来，宋人固守城池。1269年春，忽必烈又派遣20000人马驰援攻城部队。8月，在历经18个月的行动与按兵不动后，3000艘宋朝战船沿汉江逆流而上对蒙古人的新堡垒发动攻击，但在损失了2000人与50艘战船后被击退。现在蒙古人以某种方式将下游两岸的堡垒连接了起来，很可能是用浮桥上的一条索链。它很可能效果并不明显，因为指挥官们又要求另派70000人的部队与5000艘战船。甚至是在军事统计数字的正常夸大变得习以为常的情况下，这也是一个巨大的增加。毫无疑问，就像在西部前线或者在越南一样，他们宣称可以看到隧道另一端的光明了，再有一次冲击一切都将成为过去。得到秘密情报人员走私进来的命令宽慰的宋朝守城部队，也同样是坚定不屈的：决不投降！而金钱与信件都被封在蜡丸里带过战线。被围困者又进行了几次突围的尝试。有一次是在1270年3月，一支人数达10000人的马步军协同作战部队与100艘战船发动了一次两栖作战，试图击破下游的堡垒，在遭受了惨重的损失后，他们又退回到了城墙的后面。这种无用的冲击的方式还在继续，1270年10月宋朝又损失了1000人，1271年8月，2000人，接下来的一个月又损失了一支3000多人的部队中的大多数。

有什么可以打破这种僵持的局面呢？正如一位蒙古将军，一位名叫阿里海牙的畏吾儿人告诉忽必烈的那样，蒙古人需要的是一种合适的炮兵。蒙古人现在已经有了许多种类炮兵——投石机、抛石机、弩炮——而且在忽必烈出生那年攻击北京时获得了技术与专业化的部队。问题是襄阳的石头城墙与护城河。蒙古的宋人组成的炮兵还没有经验或能力来应付这些防御工事，而在蒙古人或宋人中还没有一个人具有建造更大、更有力的攻城器具的专门知识。

听到这个问题的忽必烈也看到了解决方案。他需要这个帝国的最好的攻城器具的设计者，而这些人碰巧在6000公里之外，越过帝国三分之二路程的波斯。这一点他是非常清楚的，因为他曾经在1258年接到过其兄弟旭烈兀有关攻陷巴格达城的报告。难道旭烈兀没有攻破城墙的石弩吗？拉施特的话肯定反映了忽必烈档案中的这份报告："他们在阿扎米塔的对面架起了石弩，并且毁掉了它。"普通的旧式牵引抛石机并不能摧毁城墙，这些却是些不同种类的机器。

但是即使是这些新的秘密武器也不能够保证成功。和往常一样，襄阳依然未被占领，对宋朝的胜利依然悬而未决。而失败则是完全不可想象的。忽必烈怎样才能实现长生天的意志呢？八思巴向他建议了该做的事情。他应该寻求一种来自精神世界的帮助，精神的帮助者需要以正确的方式来接近，要在一个地方举行恰当的仪式，这个地方必须给人以足够深刻的印象，既可以作为相关诸神的圣殿，也可以用来申明皇帝作为精神领袖的权威。忽必烈下令修建了一座以前没有一个人见过的庙宇：白塔寺，它现在依然矗立在北京的中心故宫以西（它与北海公园里的另一个白塔毫无关系）。笔者在2005年曾参观过此地，模糊地希望它会在某种意义上让忽必烈复活。它做到了，主要是因为有一个我未曾想到过的问题：忽必烈将向谁或者什么祈祷呢？笔者现在就面对着这个答案，而且不用泄露太多就可以告诉你它是——准确地说不是恐惧而确实是一个惊奇。

白塔所矗立的地方是一个魔力之所。人们都躲避着它，因为坊间传言说从其地下的土壤中时有火球冒出（也许这些火焰是由沼气引起的)。忽必烈下令进行挖掘以便看看地下究竟是什么——非常幸运的是，有人发现了遗迹、钱币和雕刻着龙图形的石碑。这正是忽必烈所需要的吉兆。显然，这里曾经有过一座龙宫，这也使得它成了一座皇家寺庙的理想场所。

接下来要做的是确定庙宇的边界，对于这一点，他使用了蒙古人古老的确定新地址的方法。他——或许是他的一位官员——对着罗盘所指引的四个方向各放一支箭，每边约200米的射程表明了墙的距离，因而最初的庙宇是一个在400米×400米的场地内的复合型的建筑。后来的王朝与流逝的时光毁掉了外部的建筑与院墙，把这个复合建筑减小到了其原先规模的很小一部分，但是白塔本身，形状像一个倒置的圆锥形冰激凌蛋塔，仍然鹤立于其周围拥挤的展览厅、办公室之上，在很多方面都保留着忽必烈时代的风貌。

大批旅游者前来这里观佛，所有这一切都是中国官方使每个人都成为这个大家庭的一员的努力的象征。万佛展号称是世界上收藏佛像最多的地方之一，这里的来自各个佛教国家的微型佛像仿佛珠宝一样熠熠闪光。七佛殿中现在只剩下了3尊佛像，其余4尊在“文化大革命”期间消失了。在大雄宝殿中，乾隆皇帝17世纪的书法提醒着旅游者“意珠心镜”。

这个地方的心脏就是白塔本身。为了修建它和围绕在它四周的复合建筑，忽必烈自然而然地选择了一位佛教徒：一位27岁的名叫阿尼哥的尼泊尔建筑师兼画家。阿尼哥还是青少年时便已在西藏声名大噪，此后作为八思巴的受庇护人来到中国，1265年，年仅21岁时就因为重新铸造了显示针灸穴位的青铜塑像而深得忽必烈的赏识。他在中国各地建造了许多其他的庙宇与塑像，几乎进行到1306年他62岁死亡时为止。毫不令人奇怪，考虑到这座13世纪的建在374米高处的塔是北京的最高建筑，每个人都为阿尼哥而感到骄傲。他的一尊塑像——瘦削、年轻、容貌清秀——站立在塔基下面，由尼泊尔的阿尼哥学会安置在这里，2003年尼泊尔的政府要人出席了揭幕典礼。

笔者想看看里面。在一位自称叫白银的导游的陪伴下，笔者爬上了阿尼哥旁边的台阶，并找到了被一堵皱巴巴的铁皮墙挡住了的通道。为了维修，白塔被关闭了，但是墙上还有一扇门开着。我们溜了进去，令我吃惊的是，我看到了两位身着红色袈裟的僧人正在布置祈祷旗，一个健壮得像一位摔跤手，另一个则很瘦。显然这里还在举行法事。僧人们似乎很害羞，而我也不想用问题去搅扰他们。于是我漫步来到白塔的另一侧，抬头凝视着这巨大的白色灰泥曲线在秋日明亮阳光的映衬下傲然挺立，而且对没有窗户和门而感到十分惊奇，就在这时我听到了一阵低沉的诵经声。那两个僧人正在举行某种仪式，到我急匆匆地返回到这个建筑的正面时，他们正在关闭一个看上去像橱柜一样的东西的门，并且开始焚烧香火和大米。这一次我们的目光相遇了，并且微笑着点了点头。受到鼓舞的我请求白银为我作一下介绍。这两位僧人是西藏人，大个子是图丹（音），瘦的叫贡嘎（音）。我说这样的一个地方仍然在使用实在是太令人惊奇了。他们的回答是，它总是受到了保护，永远是一个加强汉人、蒙古人与西藏人之间的联系的地方……

……就在这时，一位有着柔和圆润面孔的北京的职业人员加入到了我们中间，他立刻就展示出了他熟练的英语。本杰明·李是一位英语专业的毕业生，也是一位商人。他来到这里是因为他是这座寺院的仰慕者，也因为他是两位僧人的朋友。而令我吃惊的是，他也是某种形式的布施者，因为他指出他们完全靠布施生存。一笔小小的捐款和提供购买午餐产生了微笑，同时也打开了进行谈话的通道。

本杰明很喜欢这座寺院，“对我来说，这是一个非常、非常好的地方，是北京或许也是全中国最为重要的地方。”他对我惊奇的表情点点头说，“真是一个好地方，甚至达赖喇嘛也曾来这里礼拜过。”

对于它的最初目的我想了解得更多。

“为了击败宋朝和统一全国。你知道它并不是唯一的一座白塔，在河北省的涿州还有另外一座，也是阿尼哥建造的”——位于北京西南75公里——“被称为保国寺”。

这里仍然有一些我没有搞懂的问题。什么使得这座寺庙及其河北的姊妹寺在当时和现在如此特别？忽必烈实际上又是在崇拜什么或者是谁呢？

“这座塔是为忽必烈而建造的，是他个人及家庭的礼拜场所。”本杰明停顿了一下。我不认为这里有什么有意隐瞒我的企图，但是突然，有关于这个地方的真相一下子冒了出来。“你知道，这座寺庙是为了崇拜一个名叫摩诃迦罗的护法神。”

“摩诃迦罗？摩诃迦罗又究竟是谁？”

“摩诃迦罗像是一位……战神。”

所以这是一位忽必烈希望召唤来帮助他与宋朝作战的神灵。笔者从未听说过他，但是从印度到日本的亚洲有成百上千万人尊奉他为“大黑天”。印度人认为他是毁灭者湿婆神的化身。在西藏，他会毁灭那些没有对佛教显示出应有的尊重的人。我还不知道他的造像，但他显然不会是那种你希望在深夜里看到的神。

幸运的是，几天后我在乌兰巴托与一位蒙古学者、蒙古学界的领军人物沙科达林·比拉在一起，他曾经对这一主题进行过研究。摩诃迦罗是一个在某些方面与喜金刚相关联的护法神——喜金刚则是八思巴的萨迦寺的一个受到特别崇拜的神灵，也就是那个八思巴在1253年使忽必烈崇拜的神。此刻，18年以后，帝国的权力已经使忽必烈有资格要求拥有他自己的神保护。或者就像比拉在他的一篇正在准备发表的论文里指出的那样：“在已经与他的保护神，最强大的宗教守护者摩诃迦罗取得直接的精神联系后，这位大汗就可以装作在统治其帝国的过程中，他已经获得了所有的神秘力量。因此蒙古的可汗就不但享有腾格里的青睐而且还有强大的密宗神的支持。”

而且并不仅仅是忽必烈，正如本杰明所解释的那样：“对于忽必烈汗和八思巴，以及此后的所有大师，一直到今日的第十世班禅，护法神始终都是摩诃迦罗。”

“现在仍是？”

“依然是。他就在那儿，看看你的后面。”

图丹打开了那扇我早先看到他关上了的门，显示出了一个小小的圣坛，上面摆放着摩诃迦罗奇特而又栩栩如生的造像：黑脸、三只瞪圆的眼睛、凶猛的咆哮、尖牙，黄色的头发上戴着镶有骷髅头的头饰。那也就是我在白塔周围游荡时僧人们正在做的事情：祭祀摩诃迦罗。

在神龛前的架子上有一个银色的小碟，里面有一些透明的液体。“是酒。”本杰明说，“对于其他的菩萨，人们应该敬献鲜花、水果，但不许有酒。但是对于护法神，尤其是像摩诃迦罗这样的法力强大的护法神，应该敬献酒。加上正确的祈祷，譬如像，像”——他把一个单词输入了电子汉英词典，就是学生和导游们通常随身携带的那种——“琼浆玉液。还有食物，如线香、大米，它们都会发出气味来供养神灵。我们可以靠食物来满足，但是神灵——他们怎样满足呢？靠气味！然后摩诃迦罗就会变成你的守护神，他给你带来好运。”

“他看上去并不像好运。他看上去像噩梦。”

本杰明把我的话翻译了过去，其他三人都笑了。

“如果他站在你的一边，那就是好事。他吓跑了所有其他的神灵。”

我停顿了一下，希望得到更多的见解。“我们可以看看塔的内部吗？”

“不可以，它需要几个月的时间才能修好。但你可以再一次绕着它走几圈，走右边，顺时针方向。”

“里面有什么？”

“摩诃迦罗！真正的摩诃迦罗！”

当我们围绕着这个巨大的圆形建筑转圈时，我向自己保证，总有一天我要回来面对面地看看他。他也许只是一尊雕像，但我绝不会去冒险。到时候会有来自图丹或贡嘎之类的祈祷，还会有酒。我将确保他会站在我的一边——就像他在1271年必须站在忽必烈的一边一样，不管随之而来的事情是什么。

为了了解由襄阳城墙所造成的问题，笔者将介绍一下反重力抛石机的奇特世界。这些机器是它们那个时代的重型火炮，与之相较，人力牵引抛石机则显得相形见绌了。在反重力抛石机中，人力被一个装满压舱物（石头、泥土或者铅块）的箱子所取代，优点是重量可以是极大的、投掷臂可以被加长、投掷物更加沉重、投掷器可以延伸（无需增加重量），射程增加，而且——反重力与投掷物在两次发射之间没有变化——准确性得到了改善。

大小比例需要专门的知识，而它的获得又需要时间。所以反重力抛石机之用于实战非常晚，12世纪时出现在伊斯兰世界，而在十字军队伍约于1200年遭遇到它后不久传到了欧洲。实际上，没有一个人确知它是经由哪种渠道传播的。中国人称这种新机械为“穆斯林弹弓”。穆斯林作家拉施特则称它们为“法兰克”。无论这个主意起源于何处，信息不久就向两个方向传开，这种机械在欧洲与伊斯兰世界都发展成为了一种专业化的不但可以毁坏城墙而且还可以激发想象力、影响战略并使其工程师成为明星的机器（这些明星因而也有了一个很好的从不记载他们的秘密的理由）。

到15世纪末，它们消失了，被火药炸飞了。毕竟它们只是木制的，而且占据了很大的空间。一旦变得多余，它们就成了垃圾，至多只能做或房梁或铺板或柴火。没有一架反重力抛石机幸存到20世纪。19世纪90年代在当时的东普鲁士（今日波兰的一部分）的一座教堂里发现了一架，但是到一家博物馆听说此事后，当地人已经烧掉了它。也没有准确的设计图被发现（很可能是由于其精英设计师们的保守秘密的需要），而所有的插图都千篇一律，启动装置与枢轴的关键细节都被不懂技术的画家省略掉了。

多年以来，只有为数甚少的军事史专家对这种机器动了不少脑筋。为了理解它们，人们必须复制它们。现在，有一群国际亚文化“抛石”热心人正在做这件事情。在理论科学、历史与实践相结合的前提下，他们都热衷于，许多人痴迷于，甚至有一些人执著于不使用任何爆炸物而将重物抛到尽可能远的事业。这项工作的大部分是严肃的复原考古学，但它也产生了极其古怪的行为，因为所涉及的重量很大而结果又很难预料，这就使得每台机器都是独一无二的，并常常有自己的名字：奶酪投掷者、奶酪投掷者之子、投掷者。1991年英国的一位地主、发明家兼军事史学家受到了莱昂纳多·达·芬奇描绘的一部似乎能够抛掷死马的机器的启发。他设计并建造了一架吨位为30的抛石机，并用它抛掷了6辆小轿车、60架钢琴和许多死猪，从而为自己赢得了很多恶名。出于某种原因，钢琴对投掷者来说是非常受欢迎的弹药，也许是因为钢琴的琴弦会在半空中发出奇怪的嚎叫声，而在落地时琴键会像爆炸似的飞溅之故吧。喜欢力量、戏剧效果与疯狂举动相结合的电视频道也显示了极大的兴趣。美国电视节目“北方曝光”拍摄了一个由约翰·韦恩·塞拉建造的抛石机一架接一架地抛掷了9架重达200公斤的立式钢琴。节目在1992年10月播出，这些钢琴和着《蓝色多瑙河》的乐曲在空中画出了100米的弧线。一位名叫罗恩·汤姆斯的得克萨斯人（在这项事业上有很多得克萨斯人，他们喜欢力量与规模）孩提时代就迷上了抛石机，他建造了一架抛石机，并且以自己做弹药，被抛入空中30英尺后落到了一条河里。他和他的朋友们以把自己抛入水中的方式度过了一个愉快的下午，直到他增加反重力以便把自己抛得更远，而就像他所说的那样，“这台机器在抛掷过程中自己毁掉了”。汤姆斯又为电视节目“以科学的名义”建造了一架巨无霸。他称他的钢铁怪物为T.雷克斯（一种食肉恐龙的名称——译者）：它的同名者吞掉过梁龙，而这家伙却吐出汽车。网站上谈到过一个雷神计划，这是一个有100英尺长的投臂，和一个25吨重的反重力装置的庞然大物，它将很可能像战神投掷闪电一样投掷别克牌轿车。然而在笔者写作此书时，雷神依然是一个梦想。

此刻笔者自己也因参观南威尔士的卡尔菲力城堡而变成了一位抛石机迷。该城堡有4架复制的可以操作的抛石机，其中之一是反重力抛石机。在2005年那个多云阴冷的复活节，笔者观看了一群身着中世纪服装的壮汉准备让这台机器在一大群观光客前把一些石块抛入护城壕，他们是在工程师保罗·丹尼的专家级别的监督下进行的。保罗和他的妻子朱利亚从事着严肃的以考古学为目的的抛石机研究。这并不是一台很大的机器，重约10吨，有2吨重的反重力装置。尽管如此，填装它仍是一件繁重的操作。它需要有两个人来摇动绞盘，其他六个人则拉紧绳索来锁定机器。随着所有的重量与所有的力量被慢慢储备好，现场出现了一种一只巨手正在被控制的感觉。一个钩子挂住了击发环。有人在往它的投掷器上摆放弹丸。它通常是一个2公斤重的水泥球。在这次预展测试中，保罗使用了一块5公斤重的岩石。

"你想要拉动扳机了吗，约翰？"

"开火？当然。"

"不是'开火'。我们不那样说。这里不涉及到火。火只与热兵器时代的炮兵有关。我们说'松开'或者'发射'。"

所以我说发射。

当那种被关闭的能量被释放出来时，在所发生的事件中有一种美感，因为它只涉及自然因素——木头、铁、石头、绳索、重力——而这一切都经过了仔细的安排。扳机上的一次猛拉解放了投臂。反重力装置落了下来，投臂升起，然后是投掷器与其弹丸。只有响声是柔和的，像一声巨大的呼气：这是来自涂着油的轴上的低吟以及投掷器的嗖嗖声。我还曾经希望会有一个甩鞭子一样的动作，然而它所有的动作都非常慢，十分优雅。弹丸飞了出去。然后这个怪兽带着一丝满意的声音重新静了下来。这是来自来回摆动的反重力装置的叹息声，沉重的石头在里面重新排列时所发出的沉闷的声音，还有空投掷器撞击到摇摆的横杆的声音。岩石懒洋洋地高高地飞了出去，用7秒钟的时间（笔者为它计时）画了一个又高又大的圆弧，溅落在80米以外的护城河里。

现场一片长时间的可怕的沉默。我受到了诱惑，想要知道得更多。倒不是说我渴望投掷钢琴与别克轿车。那需要钢铁，应该算作是欺骗。我想要的是回答一个历史问题：中世纪的木制反重力抛石机有多大，其功能又有多强？这又把我带回到了正在从事的工作，忽必烈对宋朝的征服。

爱德华一世国王，亦即快腿爱德华几乎解决了我的问题，因为他对很可能是欧洲最大的抛石机负责。在1304年他进攻了斯特林城堡，这是苏格兰人的抵抗的一个关键因素。他的军队对厚重的城墙与防备良好的居民并未留下什么印象。爱德华的回答是命令他名叫雷金纳德的工程师建造他所能建造出的最大的反重力抛石机。5位木匠和5位助手工作了3个月，制造出了那台被称为战狼的机器。虽然细节并不清楚，但它肯定拥有摧毁斯特林堡城墙的潜力。有一个故事说，就在看到这台机器的那一刻，这座城堡投降了——而爱德华却拒绝了他们的投降，直到他尝试了这台巨型机器并证明了其有效性为止。

一台接近这个尺码的由法国设计师莱纳多·比菲特设计的木制抛石机肯定已经被建造了出来。它的设计是真实的，其基础是唯一已知的抛石机图纸，一份由法国画家维拉尔德·德·霍内科特所制作的草图，而关于此人除了他的素描纸夹外，我们实际上是一无所知。比菲特的抛石机是一个巨兽，它有10吨重的反重力装置，可以将100公斤的重物抛到220米开外。

所以我们知道忽必烈在寻求什么，我们知道这也是可能的。我们知道中国没有这种专门知识，它应该来自波斯。没有什么能够显示出比由一个家族来统治一个帝国更大的优势了，而这个帝国又由一个跨大洲的交通网络紧紧地连结在一起。他的信件经由驿站快速发了出去，5个星期后这位信使便出现在6000公里外波斯北部的大不里士，即忽必烈的侄儿伊利汗（次汗）阿布哈自1265年其父旭烈兀去世后的总部。阿布哈身边就有几位建造过在巴格达、阿勒颇与大马士革攻城战中使用过的抛石机的设计师。他可以提供其中的两位，亦思马因及其助手阿拉丁①。1271年晚些时候，他们二人与其家眷一起到达了上都，并得到一套官员的住宅过冬。第二年春天，在建造了一台向皇帝证明其原理的抛石机后，这两个人——显然还要加上亦思马因正在培养以便子承父业的儿子——发现他们自

①拉施特给出了完全不同的名字：塔勒伯和三个儿子，这听上去完全是另一个家庭。对于这点，笔者还没有解决方案，谨遵中国《元史》中的出处。

己已经进入了战区，观察襄阳城坚固的城墙、护城壕沟、宽阔的河流以及位于河对岸襄阳城的姊妹城樊城。

现在就让我们处在亦思马因的地位。我们的任务是将100公斤重的石块抛到襄阳的城墙上，同时护城濠沟又迫使我们待在至少100米的距离之外。所以我们现在已经在和一台太大以至于无法移动的机器打交道了。这就意味着我们必须把我们自己以及我们的团队安置在更远的距离，在箭与从城墙上抛下来的有毒炸弹的射程之外。所以我们必须处在一个约200米的距离。比菲特的巨兽刚好非常适合。亦思马因的机器必须重达40吨并且几乎要有20米高。①

这里还有各种各样的变数要考虑，譬如反重力装置的准确重量，如果它碰巧被弄湿的话；而随着刚砍下来的杠杆臂的慢慢变干燥其性能会有什么变化；投掷器又应该在什么时刻解开（太早弹道就会偏高，反之就偏低）对用来减轻木制轴承与木制轴承之间摩擦的油脂的影响（除非我们的穆斯林工程师决定套上青铜与金属轴承，而这种轴承有着如此润滑的防摩特性，以至于它实际上是自我润滑的）。了解这一切并接近但又不超越可能发生的事件的界限就需要亦思马因的技巧。然而仍然有许多事情在他到来之前是无法知道的，譬如用什么样的圆木来做投臂，因为所有的树种在重量与力量上都有所不同，而在它们干燥后这两点又都会再一次发生变化。

现在再来考虑一下弹药。精确的形状是非常关键的。凿开旧有的石头做成大约100公斤的重量是毫无用处的，因为重量与形状上的微小变化都会在击中与错过目标方面造成不同。一块翻滚的不规则石头的飞动是无序的，其弹道也无法预测。如果我们想连续不断地击中一个城垛、一座塔楼或一段特殊的城墙，我们就需要有相同重量和相同规则形状的弹丸，亦即球形。所以我们需要一个石匠分队、一个当地的采石场和良好的运输。

---

①你可以通过查阅一个澳大利亚组织的网站戈雷公司来了解需要些什么。在那里你将会发现一个"抛石机的计算美"的链接，在这里通过对一些棘手的数学的计算机化的应用，就会使你实际上成为一个抛石机工程师。

速度至关重要。那年6月，100艘宋朝战船带着3000名士兵顺流而下，在经过沿河50～60公里的连续作战后进入襄阳城。显然唯一的损失是宋朝的将领，几天后他的尸体被发现，仍然紧握他的弓，在横跨河流的浮桥边上随波起伏。亦思马因与阿拉丁让他们的团队开始了工作，他们在附近的森林里砍伐合适的树木并开采岩石。如果说爱德华一世的战狼抛石机还有什么地方可以与之相提并论的话，那就是这件工作持续了整整3个月时间：树木被伐倒并被修整，圆木被做成了框架，岩石雕成了球形，10吨重的压载物被收集起来用作反重力装置，整架机器正在被设计以便于它可以被滑轮起重设备拆开并被搬走。

哪里是最好的攻击点呢？蒙古将军阿里海牙决定通过攻击樊城而采取一种间接的方式。用其传记中的话说就是，“阿里海牙以为襄阳之有樊城，犹齿之有唇也”，并且请求忽必烈准许把攻击的重点转向这座次要的城市，忽必烈同意了。所要做的第一件事就是通过摧毁浮桥以阻止增援进入的方式而将樊城孤立起来。阿里海牙的传记总结了这个故事：“会有西域人亦思马因献新炮法，因以其人来军中。十年正月（1273年的1～2月，尽管《元史》将进攻日期记载为1272年12月）为炮攻樊，破之。”

现在，如果这是亦思马因第一次使用他的机器，他就将会像一个炮手一样对它进行校正，试着发射几枚调试弹丸，然后再调整投掷器的长度或者投掷器上的释放钩以便把另一枚弹丸清晰地抛过城墙。用炮兵术语来说，他是在进行夹叉射击。在经过最后的调试后——或许去掉一个树节使投臂的摆动减少几厘米——第三次射击对于目标来说则是致命的。樊城的守卫者们肯定看到了石球画出一道弧线懒洋洋地向他们飞来，然后撞击到城垛上，随着石头的爆裂在城墙的顶部留下一个巨大的洞。正如阿里海牙的传记中所说的那样，亦思马因的回回炮（穆斯林抛石机）“破城……先是，宋兵为浮桥以通襄阳之援，阿里海牙发水军焚其桥，襄援不至，城乃拔”。

这里有一个有趣的情况。樊城一直抵抗到了最后，而且每个人都知道那些决不投降的城市会发生什么：居民会被大批屠杀，主要是为了恐吓其他城市以促使其迅速屈服。忽必烈并未采取这种战略，但是襄阳的问题依然得不到解决。从蒙古人的观点来看，阿里海牙与阿术都认为没有其他的选择，这座城市必须毁灭，而且还要大张旗鼓地去做。在穆斯林国家的战役中，工匠、妇女和儿童常常被赦免，因为他们可以沦为奴隶。但却没有任何理由让这些人活下去，年轻人与老人、平民与士兵、男人、女人、孩子都不加任何区别。约有3000名士兵和约7000名其他人被像牲畜一样割断了喉咙，尸体被堆放在一块高地上，以便确保大屠杀在襄阳能够被看到。正如理查德·戴维斯所说的那样，"没有任何东西能够像这样一种奇特的情景及其如此强烈传达的恐怖信息而使襄阳的守军士气低落的了"。

然后亦思马因被告知把他的攻城器具移往襄阳。这肯定是一项艰巨的工作：拆卸它、拉着它、漂浮它并带着它越过河流，在距襄阳的有效射程范围之内把它重新组装"置城之东南"，《元史》如是说。亦思马因，该项艺术的大师，此刻已经准确地知道了他的机器的能力。通过三角测量，我想他已经确定了它的位置，以便它距襄阳的一座塔楼的距离与其在樊城时完全一样。而它的弹丸，我们被告知是150斤，肯定不足100公斤，结果却是令人震惊的。据阿里海牙传记的记载："一炮中其谯楼，声如雷霆，震城中。城中汹汹。"

有关是否要接着发动一次进攻将军们之间发生了争论，而进攻无疑会是以另一堆尸体而告结束，但战略意义却大打折扣而且还会引起下游蒙古人潜在的臣民可以理解的强烈愤慨。阿里海牙有他自己的主意，他亲自来到城墙脚下呼唤该城守将吕文焕。

"君以孤军守城者数年。"他大声喊道（很可能是通过一位翻译），"今飞鸟路绝，主上深嘉汝忠。若降，则尊官厚禄可必得，决不杀汝也。"

"狐疑"的吕犹豫不决。阿里海牙不得不折断一支箭，并4次重复了违心愿死的承诺。最后，吕相信了他，并于1273年3月17

日开城投降。阿里海牙信守其诺言。而吕文焕则立即使自己在宋朝人的眼里成了叛徒，并且接受了忽必烈一方的高官职位。在未来的战役中他也证明了自己是一个非常有价值的人。

很难夸大这次胜利的意义。如果说宋朝是一个堡垒，那么襄阳就是它的吊桥。它不但就军事意义而言打开了通往宋朝心脏地区的通道，而且也破坏了政府的运作。在杭州，丞相贾似道——忽必烈在武昌攻城战时的老对手、那个喜欢蟋蟀及其好斗行为的富有的政客——深陷麻烦之中。这部分是因为他自己的错误，因为他对宋朝的皇帝隐瞒了实情——或者就如人们所相信的那样，这对士气是一种伤害。

事情的经过是这样的：

在1270年，皇帝曾经问过贾，是否攻城战已经真的进行了3年。

“北军已经撤退。”贾回答道，“但是陛下这是谁告诉你的呢？”

“朕的一位妃子。”皇帝回答道。

根据宋朝的正史，贾在宫廷的数百位妃子中查出了此人是谁，对她进行了一些未被记载下来的指控——也许是叛国罪——并迫使她自尽。显然皇帝并没有发现这位可怜的姑娘的失踪，但是廷臣们却记下了贾的专横跋扈，而且市民们也开始街谈巷议一些笑话，并编了一些嘲讽他的歌谣。在那之后，“没有一个人胆敢谈论前线的战事了。”编年史如是说。这也就意味着襄阳陷落的消息就像一颗回回炮的炮弹一样震撼了皇帝及其朝廷。

心存感激的忽必烈奖赏亦思马因250两白银——325盎司或者仅仅9公斤，这在今日只及2000美元，但在那时却相当于一个工匠10年的收入，如果他有时间这样做的话足够他购置一份地产。但他并没有这样做，首先是因为他被任命为当地的回回炮兵的首领，第二是因为他次年患病并死去了。尽管如此，他的工作却在继续。他的职位与专门知识均由他的儿子阿卜－巴克继承了下来，从而开始了一个几乎延续到元朝结束的代代相传的职业。从那时开始，他的伟大的创造不但以回回炮而著称于世，而且也以“襄阳炮”而闻名。

这是中国历史上最著名的攻城战之一：以至于马可·波罗在听到这个故事后便十分乐于讲述它。但麻烦是到他开始叙述他的冒险时，他显然已经把这个故事讲述了如此多遍，以至于他把自己、他的父亲和叔叔写成了故事的主角。它有关“赛安府”的攻城战，如果你希望宽容一点的话，都是胡编乱造。对于许多学者来说，它听上去像是一种臭名远扬的自我提升。还是让我们坦率一点吧：这是谎言。

这就是马可·波罗的捉刀人，冒险故事作者拉斯蒂切罗以其假亲历的方式记载下来的马可·波罗的叙述，那是在事情发生25年后他们在热那亚的监狱里相遇（引文来自玉儿–考迪尔1903年版本及其迷人的古文风格）：

> 现在你必须知道这座城市在蛮子的其他地区已经投降，后与大汗对抗了三年（这并不真实：蛮子——亦即宋朝——于1279年灭亡，是在这次攻城战结束六年后）。大汗的军队不断尝试着夺取它，但他们没有成功。因为围绕着它的是巨大而又很深的水面，所以他们只能从一侧接近它，这就是北面（北面是汉江。很难看出怎样才能从这个方向接近）。我告诉他们除了我将要讲述的一种方式外，他们将绝无可能夺取它。
>
> 你必须知道，当大汗的军队在这座城市前驻扎了三年而没有能够占领它时，他们因此而非常愤怒。然后梅赛·尼克罗·波罗和梅赛·玛菲奥还有梅赛·马可说：“我们可以为你们找到一条迫使这座城市立即投降的途径。”于是这些军队回答道，他们将非常高兴地知道那会是什么。所有这一切都发生在大汗在场的情况下……然后两兄弟与梅赛·马可大声说：“大王，在我们的随员中有一些能够制造投石机的人，他们制造的投石机能够把巨大的石头抛进城，只要这些投石机开始射击，守军根本无法抵抗，只能立刻投降。”

大汗真心实意地嘱咐他们尽可能快地造出这种投石机。现在梅赛·尼克罗与其兄弟和儿子立即让人拿来尽可能多的圆木，并开始了手边的工作。他们的随员中有两个人，一个德国人和一个聂思脱里教徒，他们都是制造这种投石机的大师，他们指挥这些人制造出了两到三部可以抛起300磅重的石头的投石机。于是他们制造了三部非常出色的投石机，每部都可以将300磅或更重的石头投到很远。当它们被完成并准备投入使用时，皇帝和其他一些人都非常高兴地看到它们，并且让人在现场试射几块石头；他们非常惊奇并且极大地赞扬了他们的工作。大汗命令道，他的机器应该被带到其正在围攻赛安府的军队那里。

当这些机器被带到营地时，立刻被鞑靼人羡慕地安装了起来。我该向你说什么呢？当这些机器被安装好投入工作时，每台机器都把一块石头射到了城内。这些石头对建筑物造成了很大的影响，带着巨大的响声与震动碰碎与击穿它们所遇到的任何东西。当城里的居民见证到这个新的与奇特的天罚时，他们是如此震惊与沮丧，以至于他们都不知道做什么或者说什么了。他们聚在一起商量对策，但却没有一项对策可被提出来逃脱这种机器。他们宣布道，如果他们不屈服，他们就都会死去，所以他们决定投降……

……所有这一切都是通过梅赛·尼克罗、梅赛·玛菲奥和梅赛·马可的努力才发生的，而且这绝不是小事。

这是一个非常不错的故事，但是却有很深的瑕疵。时年21岁的马可直到1275年才来到忽必烈的宫殿，而那时这场伟大的攻城战已经过去两年了。他或他的父亲与叔叔绝对不会有任何可能与投石机的设计相关联，而对于马可来说，真的是没有任何借口把波罗一家写入故事而把亦思马因与阿拉丁撇在一边。整个事件都散发着自私自利的幻想——没有有关投石机的细节，也没有说出那些再也没有出现的"随从"的名字,没有提到樊城,而对襄阳也只有一个模糊的概括。

当然他(或其捉刀人)喜欢戏剧化——来看一下这段有关扬州的厚颜无耻的陈述吧:"这本书里说到的梅赛·马可·波罗自己,根据大汗的命令统治这座城市整整3年。"其实并非如此,所有的长官史料中都开列了出来,他并不在其中。人们所能说的一切就是这并不是第一次或者最后一次,真实情况(在波罗的书中占据统治地位)被热衷于宣传的捉刀人抛在了一边:哦,来吧,马可!不会有人知道的。

对马可·波罗有利的几句话也需要说出。首先,许多指责他歪曲事实的作者似乎认为:他宣称他自己参加了攻城战。其实并非如此。投石机的主意与建造都发生在忽必烈的潜邸上都,也就是在这里,我想,他首次听到了这个故事并使它成了自己的。第二,宣称做了扬州长官一事只出现在其著作的5个主要版本中的两个,而所有这一切都是遗失的原著的残本。所以,马可·波罗的意识可能一直在沿着同一条通道运行。

在杭州,当襄阳陷落的消息传到时,这里沉浸在一片恐慌中。突然,高层人士对于他们舒适与文明的生活方式、他们优美的论说、他们在西湖边上的野餐、他们历史悠久的仪式、他们辉煌的艺术作品所遭受到的威胁变得警醒起来。这是不可想象的事:在中国的历史上,以前从来没有野蛮民族对南方的心脏地区造成过威胁。朝廷立刻就取消了一次国家的重要庆典,并且说节省下来的钱将被用于强化长江的防卫。为了鼓舞士气,那些对失败负有责任的人并未被处决,而只是被贬职。甚至是吕文焕的亲属也被告知他们的忠诚是无可置疑的。吕即那位率襄阳守军投降并加入蒙古的人。这当然是一个更为虚弱的政府的征兆。

然而祸不单行:年仅34岁的皇帝度宗在没有任何征兆的情况下去世。接下来,位于杭州西部约一天路程的美丽的火山山脉天目山发生了震动并且形成了毁灭性的山体滑坡与洪水。在汉语中,山体滑坡与帝王的去世是有着不同意义的同一个汉字：崩。就领导者而言，宋朝还有度宗年仅4岁的继承者、他的疾病缠身的祖母寡妇皇后、还有受到怀疑的大臣贾似道。灾难一个接着一个，就像旧丝绸上撕裂的口子，没有一个人能够缝补好宋朝这块褴褛的破布。上天正在收回它的统治的天命。一个时代正在接近它的终结。

第四章 世界的主宰

KUBLAI KHAN

忽必烈不想为他的下一次重大的关键性战役留下任何错误的余地。他留用了阿术，但却把他置于其精力充沛并且经验丰富的政治家将军伯颜的统辖之下。

这里需要介绍一下伯颜。任命他，忽必烈打了两张忠诚牌，帝国与家庭，因为伯颜的祖先曾在《秘史》更为戏剧化的传说之一中扮演过重要的角色。它发生在成吉思汗成为可汗前5年，那时仍然带着铁木真的名字，他正在为统一蒙古各部而战斗。年纪尚幼时，铁木真/成吉思汗曾被一个敌对部落的首领抓获，此人即是那位体重超重的被称为塔儿忽台（胖子）的乞邻勒秃黑。他设法逃脱了，并在后来发动了一次复仇性的突袭。被击败并隐藏起来的胖子乞邻勒秃黑被他的一些臣民俘获——一个男人和他的两个儿子——并被扔到一辆车上，因为他太胖而不能骑马。当他的儿子们急驰过来救他时，他的3位俘获者正在把他交给成吉思汗的路上。父亲失儿古额秃跃到那位肥胖的俘虏身上，掏出尖刀对准其喉咙并且大叫道：退后！然后对乞邻勒秃黑（引自《秘史》）说：如果他们进攻，"在我死去的那一刻，我会带着你作为我的死亡伴侣的。"胖子大声叫喊道，好的，照他说的去做，铁木真会饶恕我的，毕竟，当我有机会的时候，我并没有杀死他。他的儿子们退却了。俘获者们开始沉思了起来，铁木真难道不是崇尚忠诚吗？现在我们是在背叛旧主。铁木真当然更加可能会因为不忠诚杀掉我们，而不是奖赏我们，所以他们放走了乞邻勒秃黑。当他们到达铁木真那里时，他们被证明是正确的："你们不能背弃正主的想法是正确的。"他这样表示了赞同。那就是一个家族名誉与财富的准入证。失儿古额秃老人成了传奇故事中的不朽的人物，在1206年成为大汗时，成吉思汗让老人的两个儿子纳牙阿与阿剌可做了千户长；此外，纳牙阿还成了他的三个最高将领中的一个。

现在回到正题：那个用刀指向乞邻勒秃黑的人失儿古额秃就是伯颜的曾祖父，纳牙阿是他的叔祖，阿剌可是其祖父，阿氏在1219～1220年继续指挥针对波斯的战役，并且成了那里的一座城市的长官。伯颜的父亲在1256年跟随旭烈兀作战，并在伯颜20岁时死于一次战役。伯颜自己则继续跟随旭烈兀征战约10年时间，然后回到中国作为高级民政长官之一而辅佐忽必烈。5年之内他就赢得了在压力之下沉着冷静并且思维清晰的声望(同时也十分卓越，他已经设法学会了汉语)。忽必烈那时已经挑选他在其名义上的主管忽必烈的长子之下实际掌管枢密院。此刻，在年仅34岁的情况下，伯颜发现自己朝着承担完成上天赋予的使命迈出了一大步，而他的家族已经有四代人与这一使命密切相关了。

这将会是一次规模宏大的行动，胜利都归于蒙古骑兵的旧时代已经一去不复返了，骑兵现在只是三军中的一翼。伯颜与阿术1274年夏在襄阳集结起来的军队约有20万名步兵，其中超过一半的士兵是北方的中国人，这支军队得到了拥有800艘新建造的战舰与5000艘用于运输的较小船只的舰队的支持，共计有70000名水兵，平均每只船上有14名水手。这是一支灵活的、两栖的、多民族的军队。它理应如此，因为宋朝仍然有70万大军可供调遣，而且还有1000艘战舰游弋于长江之上。

是的，胜利当然会到来，但那将会是一种有着长期目的的胜利，就像忽必烈在云南战役时最初接受的那样。一位谋士曾经建议节制，而他也听从了：“汝昨夕言曹彬不杀者，吾能为之，吾能为之。”现在他从经验中得知，军事上的胜利必须与另一种类型的胜利相辅相成，即赢得普通百姓的民心。如果对宋朝的征服要持续下去，就需要有良好的政府管理，这就意味着使平民的痛苦减少到最小程度。于是他告诫伯颜：“为吾曹彬可也！”

伯颜在1274年秋天的第一项任务就是让他的军队顺汉江而下进入长江，这是一段大约250公里的距离。但是汉江被两座约有10万人驻扎的城堡阻断，而两座城堡之间又有横江铁锁相连接。为了避免另一次攻城战，伯颜命令他的军队绕过这一段江面。两支各约1万人的较小的军队担任先头部队，他们相距约十数公里沿江平行前进，主力部队则用竹杠抬船在陆地上行进，并在途中击退了一次进攻。这无疑是一次艰苦的跋涉，每天只能行进20公里。到1275年春，伯颜与阿术已经带领他们的军队走出汉江峡谷，进入了长江平原。

忽必烈可能也会带着极大的兴趣遵循这一战略，这并不仅仅是因为战争的结果有赖于持续不断的成功。他自己也曾在15年前于同一地点越过了长江，只是由于蒙哥的死亡与阿里不哥的叛乱迫使他的前进转为后退。他非常了解构成今日武汉的三座城市的布局、下游阳逻的巨大城堡、浅湖与港汊的迷宫以及他在夺取武昌的毫无结果的尝试中曾经越过的宽阔而又湍急的长江。

伯颜无论如何都必须攻破那座固若金汤的阳逻堡，该堡有一支比他自己的舰队大很多的舰队防守。他唯一取得优势的机会在于越过防守严密的长江，在南岸建立一个基地。一次正面的进攻可能会失败，所以他采取了一条计策。他分兵两路，一路去攻击城堡，迫使中国守将从上游调遣增援部队。然后，在一个风雪交加的1月的夜晚，他派遣阿术率领另一半部队随身携带一些船只，逆流而上20公里。他们涉过了冰冷的河水并且占领了一些沙洲。黎明时分，他们建立了一座浮桥，击垮了来自一支精疲力竭的敌军的攻击，在南岸建立了桥头堡。然后又顺流而下，直趋宋朝水军，而且不知如何——我们并不知道详情——取得了胜利。守将潜逃，被击溃的宋朝水军顺流而去，城堡投降了。

接下来一个月的顺江而下颇为顺利，这主要是得益于襄阳前守将吕文焕的帮助，他也曾是许多下游驻防部队的首领。他的一句话就让许多军官不战而降，从而也使蒙古军队得以顺利前进。

杭州陷入了一片绝望。伯颜的声望随着每一次胜利而与日俱增。他们称其为“baiyan”，在汉语中就是“百眼”的意思。相形之下，贾的地位却随着朝廷官员与普通百姓对其热衷奢侈、聚敛财富及任用无能之辈的痛恨而每况愈下。为了重新获得权威，他决定亲自指挥军队。那年2月，他带领一支10万多人的军队开出城，这支庞大的绵延40公里的队伍向西挺进去拦截伯颜沿长江而下的军队。突然之间，首都变得缺兵少丁了，因而需要更多的士兵。

就在这时，皇帝的寡妇那位令人生畏的谢太后变成了其人民的鼓舞者。她的长相并不漂亮，有着看上去很怪的黑色皮肤，一只眼睛还患有白内障。但她多年以来却始终是一种稳定的力量，慷慨、节制，从来没有将其权力扩展至皇宫外的野心。现在她开始仗义执言，努力号召普通人加入战争：“尽管我年事已高而且衰老，我无意负责国家的事务。”（据英文译出，查对不到原文——译者）她的懿旨说道，“我国家三百年，待士大夫不薄。吾与嗣君遭家多难，尔小大臣不能出一策以救时艰，内则畔官离次，外则委印弃城，避难偷生，尚何人为？亦何以见先帝于地下乎？天命未改，国法尚存。”她的话起了作用，到1275年3月，整个国家的男人都蜂拥入伍参军，总数达20万。

在经过一个月的时间与250公里的行程之后，贾进入今日之安徽省境内，将其军队部署在铜陵附近，意在阻断长江通道。但是说来容易做来难：正如铜陵新建（1995年）的横跨复杂的长江河道的大桥所显示的那样，这里的河道宽约2.6公里，而长江蜿蜒于其间的两侧的小山则低缓而又地处遥远。但在铜陵仍然有一处微微突起的地方使得河道形成了一个巨大的转弯，而河流中央的小岛则可以做一个支撑点。贾在这里集结了2500艘战船等候着伯颜的到来，这些战船中有许多是从阳逻堡的惨败中逃到这里的。

此刻伯颜正因为其先前的胜利而士气高昂，他的水军有各种精锐的武装部队相伴随——蒙古骑兵（仍在两侧与前方巡游）、中国的步兵、叛变的宋军将领有关下游防御的十分有用的信息，以及用包括亦思马因的"襄阳炮"在内的设备装备起来的优秀的炮兵队伍，而襄阳炮的巨大投臂甚至都无需搬动，只需把它们装入驳船便可顺流而下了。

我能告诉你们什么呢（就像马可·波罗可能说过的那样）？我恐怕不会有很多，因为没有人记录下来细节。炮手们架起巨型抛石机，它们可能会有更加远的射程——数百米——如果抛出的重量略轻一点的话。石头像雨点般地落向战船，骑兵在岸上进攻，步兵则在小岛上登陆，贾的士气低落的军队四散奔逃，2000艘战船落入蒙古人之手。

被击败的、羞辱的、命运已定的贾逃了回来。朝廷的政敌请求处决他，但是历经半个世纪而变得十分强硬的谢太后并不会对这种压力屈服。"似道勤劳三朝，"她回答道，"岂宜以一旦罪而失遇大臣礼？"相反，她撤去了他的职位，流放到南方800公里沿海处的漳州。一路上，一个名叫郑虎臣的押解官员命令解差用他们在杭州听到的有关他的侮辱性的歌谣来折磨这位犯人，然后，当接近目的地时，郑杀掉了他。到死，只有他的错误被记了下来，而且他也被贬称为宋朝的"一代奸臣"。

与此同时，伯颜则继续着他沿江而下的胜利进程。无为、和县和当地的首府南京都先后投降，这也致使其他6个文官率其城镇投入蒙古阵营，其中有两人自杀（正如我们将要看到的那样，这是许多案例中的头一例）。在南京，伯颜想到了忽必烈的长期的征服计划：占领并且永久管理。他在这里停留了4个月，为他所征服的30座城市与200万新臣民建立地方政府，这个政府也得到了长江两岸的防御的安全保证。他从这里开始了与杭州的谈判，一个交换条件受到了普通人与官僚阶层的反蒙古抵抗的阻碍。这将证明是一个不断增加的问题，因为在军队与政府高层之外，人民对他们的土地与文化都令人吃惊地忠诚。已经有一些游击战开始进行，并且为宋朝短暂地夺回了一些城镇。4月，伯颜的两位特使在进入杭州之前就被当地人谋杀，他的下一位特使也遭遇了同样的命运。

此刻已是炎炎夏日，蒙古人与北方中国人都因暑热而萎靡不振。伯颜还在一路进攻，但却被迫推迟，因为忽必烈正面临着本土的另一次叛乱——并且想要得益于伯颜的建议。这次延宕使得阿术击退了来自宋朝的新的挑战并荡平了其他一些城市，尤其是扬州及其附近的港口城市镇江。在这里的另外一次重大的战斗中，宋朝用笨重的链拴在一起的海上战船阻塞了长江，而当蒙古人的小战船放起火时，其作用就成了摧毁一切的巨大引信：另一次巨大的军事灾难就此而酿成，10000人阵亡，另有10000人被俘（还应该有通常的谨慎，所有的数字都是估计数）。现在蒙古军队距长江口的距离不足225公里，而杭州就坐落在上海半岛的转弯处。在陆地上它也是225公里，最后一击便可以毕其功于一役。

9月份回到战场后，伯颜计划着他的最后一役，这是一次海陆两栖的三面进攻，他将率领这个三叉戟的中路沿大运河前进。水陆两路主力都取得了快速的进展，但伯颜的军团却遭遇到了一个问题，这就是来自一个古老而又繁荣的城市常州的始料未及并且顽强的抵抗。常州因其学者而声名远扬——也地处大运河南段的冲要，现在又新近得到了5000名宋军士兵的驰援。伯颜给了他们一个投降的机会，把一封信绑在箭上射了过去："勿以已降复叛为疑，勿以拒敌我师为惧。"他们并没有重新考虑，也没有活得足够长去后悔，因为蒙古人在此役中第二次进行了屠城。伯颜对这座城市发动了进攻，两天之内便占领了它并且对幸存下来的士兵、平民、所有的一切进行了屠杀，也许总计有10000人。正如在樊城一样，在城市的东门，一个占地半英亩的巨大的尸体堆被堆了起来。它后来被用泥土覆盖，并一直存在了超过600年，一直进入到20世纪，不时还会有骸骨出现。

这次距首都距离如此近的大屠杀，是为了有意促使快速的投降。它的第一个后果就是散布恐怖与妄想。士兵哗变、开小差者逃跑、一位高级军官被贾的继任者杖毙。皇太后则带着激情与自贬请求大众的支持来竭力推迟已不可避免的事情的到来。“帝国已经完全处于危险的边缘，我很遗憾，由于我们的道德美德的脆弱。”人们应该回想一下超过300年的德政，并且来到首都“勤王与敌作战”。这第二次的对大众的请求在某种意义上也同样起了作用。有万余之众来自附近的山区与平原，但是，没有方向的忠诚毫无意义。这些新来者只是小规模的民兵混杂体，他们只能增加混乱与恐慌。

整整6个星期的时间，谢太后派出一个接一个特使寻求某种解决方案。尽管遭到贾的继任者的激烈反对，她仍然提出纳贡、同意割让国土、同意尊称忽必烈为宋朝新皇帝的叔叔。驻扎在杭州周围的伯颜拒绝去讨论这些条件，要么彻底投降，要么继续战争。但不会有报复行为。他保证投降会为百姓带来和平，为皇室带来安全，他甚至送来了忽必烈有关这一结果的一份诏书。朝廷里的一些人建议战斗到最后一个人，其他人则想要彻底放弃首都，但谢太后还是作出了投降决定。的确，没有其他的选择。伯颜的水陆两军会师，首都几乎被包围，士气日益低落的士兵与平民纷纷南逃。

结局，至少是这一章的，很快就到来了。新任大臣陈宜中急匆匆地逃往安全之所。1276年1月26日，谢太后遣使致书于伯颜在城北20公里处的总部，承认忽必烈的君主权位：“宋国主臣谨百拜奉表言。”一周后，这座城市的长官代表朝廷递交了宋朝的传国玉玺以及皇帝愿意将他的称号及其所有国土呈交忽必烈的备忘录。伯颜带领他的将军们与军队举行了一个胜利入城仪式。数百位美貌的官妓因想到会有什么事情发生而瑟瑟发抖，其中的100个将要与太监和乐师一同被捆绑起来长途跋涉去往北方的官妓投河自尽。最后，当年仅4岁的赵㬎带着其文武百官进入伯颜的住所，并且向忽必烈居住的北方顶礼膜拜时，最后的正式投降仪式到来了。

伯颜信守他以及忽必烈的诺言。当蒙古人在1215年夺取金朝的首都北京时，他们曾纵兵杀掠。但这座城市的夺取则完全不同：

一次和平的交接，未经授权的军队严禁入城，皇家的安全得到了保证，皇家陵园受到保护，同时也没有任何扰乱流通甚至是改变服装样式的企图。蒙汉官员们在把国库财富运往北方之前，对军队、平民、现金以及食物的供给进行了登记造册。民兵被解散，正规军被编入了伯颜的军队。官员们理所当然地被蒙古人、北方中国人以及一些宋朝的投降者所取代；但是在其他方面，正如伯颜骄傲地向忽必烈报告的那样："九衢之市肆不移，一代之繁华如故。"

一则来自忽必烈的诏书告诉每个人像往常一样继续他们的生活。官员们将不会受到惩罚，名胜古迹将会受到保护，寡妇、孤儿和穷人将得到公共基金的帮助。

2月26日两大批随从人员中的第一批离开杭州赴北京——300名官员、3000辆大车的战利品、传国玉玺以及投降者本身。一个月以后，完成其任务的伯颜离开杭州——的确，整个中国南方都在其下属的控制之下——并与第二批随从向北进发，还有宋皇室：依然是孩子的前皇帝、他的母亲、公主们、嫔妃们、亲属们，只有年弱多病的谢太后被留了下来，直到她康复到可以旅行为止。

3个月后，也就是在6月，这一庞大的人群到达了首都，并受到了兴奋到不知用什么言词来赞颂伯颜的忽必烈的欢迎，他赐给伯颜20袭"银鼠青鼠只孙衣"——只得到一袭就已经是一个很高的荣誉了——并重新任命他为同知枢密院事。"百眼"成了帝国的英雄、天才、救星：是速不台的再生。

宋太皇太后与其孙儿此后便被安置在了北京，并在这里得到了一份免税的财产。忽必烈的妻子察必亲自过问他们的健康起居。而那位老妇人以官方的一小份津贴和一些随从安度晚年，6年后辞世。所以，准确地说，宋朝并不是以一种轰然倒塌而是以一种平和与让人怜悯的方式而宣告结束的。

然而还有另外一种结束，一种完全超乎你的想象的结束：一种杂乱无章的结束，一种绝望的、痛苦的和令人心碎的结束。正如理查德·戴维斯在其有关宋朝被征服的颇具影响力的研究中所说的那

忽必烈的新守护神，恐怖的摩诃迦罗：忽必烈在佛教中找到了他所需要的政治上与精神上的东西。它是一种可以平衡儒教与道教影响的现成的宗教。它支持他的信念，即蒙古人的天神腾格里已经赋予蒙古人统治世界的责任。而它的万神殿中的众神就包括令人恐惧的摩诃迦罗，而该神如果得到恰当的崇拜，就会吓退其他神灵。正在北京白塔寺神龛中向外凝视的摩诃迦罗，显示出了它令人胆战心惊的特征：黑脸、獠牙、骷髅头饰还有三只眼睛。

انکه قوبیلا قاآن از جرجیک بازگشت و اوریانکقدای با بهادر نویان پسر جیلاودن گویانگ پیشرو گویانگ را پنج تومان لشکر آنجا که اشت در آب
کنگ موران بکشتی بولی بت و از طرف تنکیاس لشکری بی قیاس در پسیمه جرجیک مغول خواهپت تا از پل بگذرند منتعه بود و خلقی
بسیار ایشان در آب افتادند تا بردست لشکر بکیاتس تلف شدند بعضی از ان لایت باماند و درین آخرها که بنکیاس مسخر شد انچه زنده بودند باز آمدند قوبیلا قاآن
از انجا بیامد و در حدود شهر جونکد و بابورد و بپسید و از انجا نزول کرد و درین مدت منگو قاآن بمحاصره قلعه مذکور مشغول بود حکایت رنجور شدن منگو قاآن
و وفات یافتن و رسانیدن صندوق او را بابوردو و تعزیت داشتن منگو قاآن چون محاصره قلعه مذکور میداد بوقت انکه تابستان درآمد و گرما
قوت گرفت آب و هوا انجا اسهال دموی پدید کرد و با در میان لشکر مغول افتاد تا بسیاری از ایشان بمردند پادشاه جهان دفع وبا را شراب میخورد و بران مداومت می نمود

征服宋朝的战争关键在于襄阳城的占领。为了攻破其巨大的城墙，忽必烈召唤来了拥有制造反重力抛石机专业知识的穆斯林弹弓的制造者，就像1285年攻击巴格达时所使用的那种（左图）；现代的投石机，有一个由反重力装置提供动力的投掷臂与投掷器（上图）；襄阳城于1273年的陷落使沿长江通往宋朝首都杭州城（下图）的道路洞开，马可·波罗认为该城“无疑是世界上最为富丽堂皇和最好的城市”。

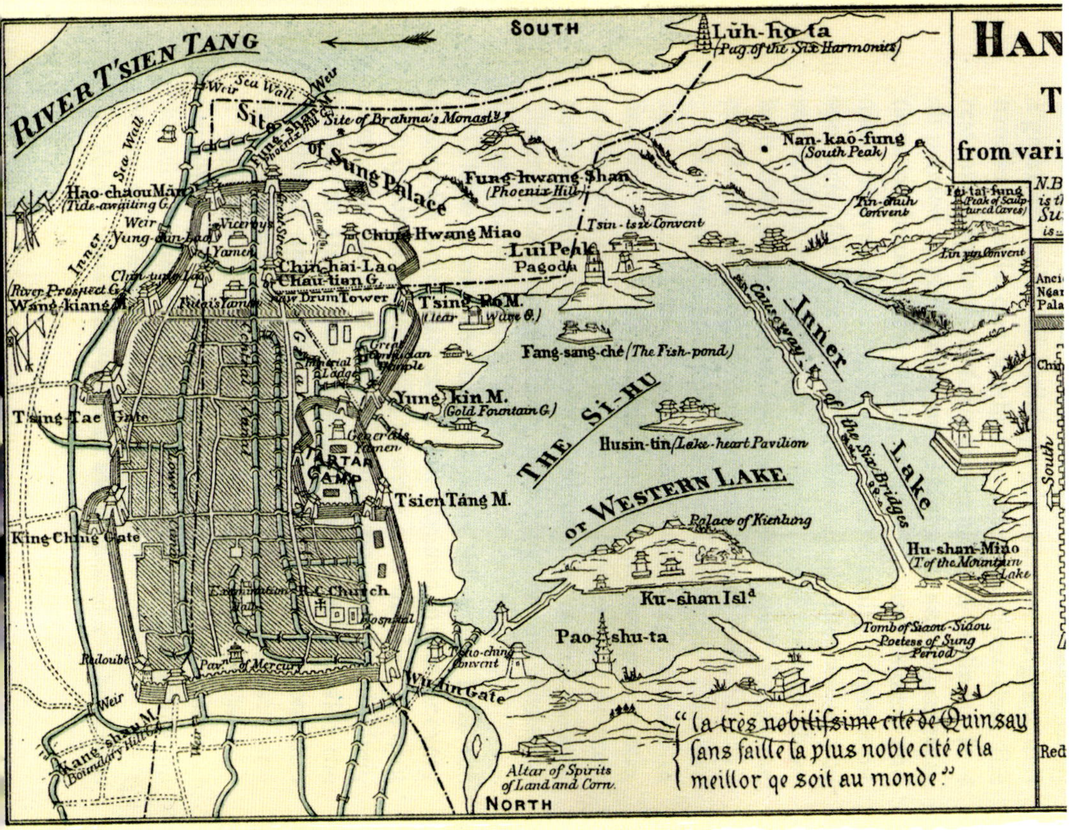

余嘗畫馬未嘗畫羊因
仲信求畫余故戲為寫生雖
能逼近古人頗於氣韻有

在忽必烈新的统治下，在戏剧、绘画、书法和其他艺术中，旧的传统得到了延续：至今仍然存在的露天表演（右下图），仍在重复着古老的童话，比如《西厢记》（上图）；陶器变成了精美的瓷器（左上嵌图）；艺术家们创作了很多精美的画作，在《绵羊山羊图》中（左下图），赵孟頫可能——也仅仅是可能——把一只肥硕而自满的前蒙古“合作者”和一个骨瘦如柴的但却坚定的反蒙古“抵抗主义者”进行了对比；中世纪中国优伶陶俑（右下嵌图）。

为了统治他的帝国，忽必烈在北海旁边建立了他的首都：大都。在这座城市的地理上仍然可以看到——比如北海岛（下图）及其弯曲的大理石桥；而在细节方面则比如驮碑石龟（左上图）；波斯人心目中的忽必烈及其官员（右图）；宋朝成贯的青铜钱币（左上右图），被元朝的纸钞（右嵌图）所超越。

大明通行寶鈔
壹貫

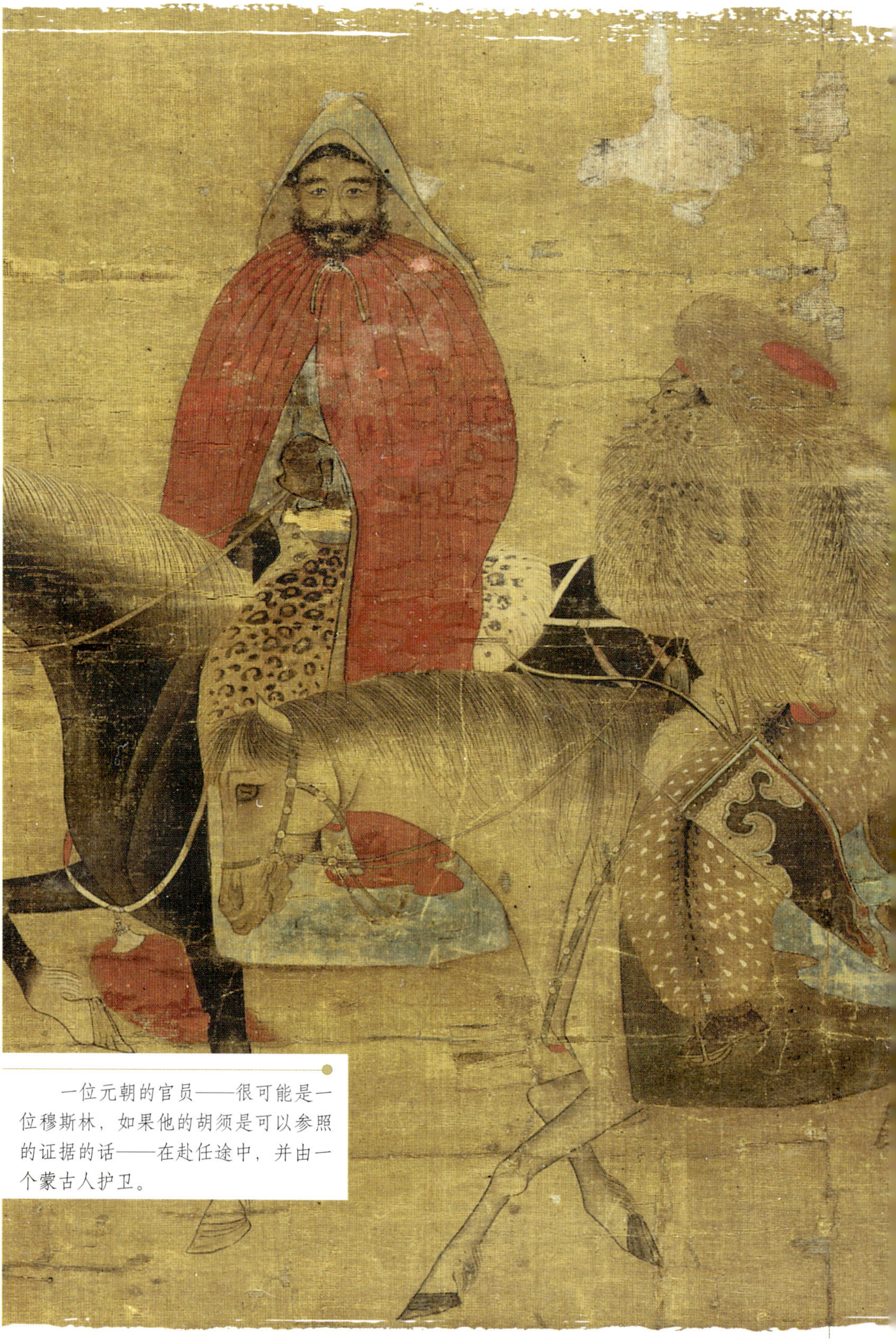

一位元朝的官员——很可能是一位穆斯林，如果他的胡须是可以参照的证据的话——在赴任途中，并由一个蒙古人护卫。

样，它成了一幕“难以想象的紧张的戏剧”[①]。其序幕就开始于最后的投降之前，亦即宋朝廷把剩下来的两位王子——不久即将踏上北上之路的赵㬎的兄弟赵昰与赵昺——送往遥远的南方的安全之所之时。与他们一同离开的还有一种非常不同于成为投降仪式标志的精神：一种悲壮而又毫不妥协的对外族统治的抵抗精神。这里有一种英雄主义，一种使人想起贺雷休斯（古罗马传说中的一位英雄，曾独自守卫台伯河上的一座桥梁，不让伊特鲁里亚的军队通过——译者）在麦考利（英国著名政治家与历史学家，著有《英国史》、《古罗马之歌》等——译者）的《古罗马之歌》里的名句：

为了父辈的骨灰
及其诸神的神庙，
有什么能比面对这个机会
死得更好

但是也有悲剧在上演，就像一种伟大的文化，当改变不再可能时，堵上了它的耳朵闭上了它的眼睛并且选择了死亡。

当王子逃跑而蒙古人前进时，死亡的气息弥漫在空气中：这并不仅仅是一种强加的死亡，而且还是一种自我选择的死亡，无论是在作战中还是自杀。理查德·戴维斯在再现这一可怕的时代时，列出了110位著名人物令人瞩目的自杀，尽管并非最高层。有成百上千的人处于政府的低级职位，还有成千上万的来自各阶层的普通男女。举一个极端的例子：在1276年1月，阿里海牙遭遇到了来自内陆湖南省750公里的潭州（今长沙）的顽强抵抗。当然抵抗被征服了。该城守将李芾小心地安排了其家人与亲人的大规模自杀。他们所有的人都喝得酩酊大醉，所有的人都被李芾的助手用剑刺死，然后此人在杀死他的妻子后割断了自己的喉咙。一位当地的学者则焚烧了他的房子、他自己、他的兄弟、两个儿子和约40名仆人。正

①理查德·戴维斯：《山雨欲来：13世纪中国的政治与文化的危机》。

如《宋史》所载，在整座城市里，人们“毁掉了他们的整个家庭。没有一口水井里无死尸。吊死的人们的尸首仍然悬挂在树丛中”（据英文译出，未查对原文——译者）。湘江也因为死尸而变得浑浊起来。这是夸张吗？这些死者中的很多人是死于攻城吗？也许是，但是当这座城市陷落时，阿里海牙却发现已没有必要进行进一步的惩罚了，因为整座城市实际上已经自杀了。

而在此期间，那两位小王子及其随从们又怎样了呢？他们已经被带到了南方，并沿路为他们的事业征募新兵——这并不会成为问题，因为其随从携带着大量的现金。他们随后上了船，沿海岸线从一个港口跳跃到另一个港口，向越南驶去。这并非一小群忠义之士，而是一支由有1000艘舰船组成的水军运输的20万人的军队。他们遇到了可怕的风暴，两位小王子中年纪稍长一点的赵昰几乎因此而丧命，但后来还是死于离越南不远的一个小岛上。到此刻，蒙古人已经从陆路赶上了他们，这支舰队带着幸存下来的王子赵昺沿海岸线慢慢回驶到香港西侧珠江口变得开阔的港湾，这里密集的小岛提供了保护。

所以并非一切均已失去。他们发现了一个非常好的岛屿基地，并从这里策划反攻。它的北部是一片似乎排除了敌舰进攻的可能性的浅滩。而南端的山峦则几乎陡直地插入大海，这座岛屿也就由此而得名：崖山。1278年夏季，那位6岁的王子与其忠实的追随者们——他的继母太后杨淑妃、地位较低的嫔妃生母、重臣陆秀夫，正是在这里设法立足，他们的许多追随者住在舰船之上，也有许多人生活在岸上，他们匆匆拼凑起了一些简陋的房屋与防御工事。

蒙古军队尚在上游80公里处的城市，也就是今日的广州。1279年2月，这支宋朝的1000艘战船的水军备好了充足的食物与淡水准备战斗。他们给一位目击者留下了深刻的印象，他们的战船船舷都覆盖着以泥巴做外壳的垫子以便对抗冒着火焰的箭镞与燃烧弹，同时还有桶板的保护以便挡开火船。根据一项记载，年轻的王子就在旗舰上的这支舰队用铁链连在一起，为即将到来的猛烈攻击做好了准备。

只有约300艘舰船的蒙古舰队沿海岸线从下游渐渐逼近。由于数量上的劣势，他们并不急于进攻。他们的长官发出一封书信给宋一个投降的机会，但遭到了拒绝。现在蒙古人发现与其连在一起并且抛锚的敌人相比，他们拥有灵活性的优势。他们在宋舰队与海岸之间建立了一道屏障，切断了他们的淡水供应，然后静静等待着进攻的时机。整整两个星期，他们按兵不动，只是偶尔尝试一下突袭，但却耐心地观察着潮汐与天气，而宋却用光了他们的淡水。

然后，在3月9日的一个多雨的早晨，蒙古舰队的一半乘退潮之机进入了士气低落与虚弱的宋军两翼，6小时以后，另一半舰队随着涨潮从另一方向发起了攻击。

对宋来说结果是一个灾难。史料说海水都被鲜血染成了红色，并有10万人死于非命。有些学者以为这是极大的夸张，但即使是真实的数字也足以令人震惊——也许是在3万～4万人之间。唯一记下细节的是忠臣文天祥，他是一艘蒙古舰只上的人质。他后来用诗句记下了他所见到的恐怖情景：

辛苦遭逢起一经，
干戈寥落四周星。
山河破碎风飘絮，
身世浮沉雨打萍。
……

此刻他们看到了所发生的事情，许多人——数百人，也许是数千人——身缚重物投海自尽。其中之一就是少年皇帝的大臣陆秀夫。而在他跳海之时，他身上就背着那位6岁的皇帝，宋朝第十三代统治者中的最后一位，也是其世系中的最后一位，他仍然身着帝王的皇袍，帝国的黄金印信仍然挂在他的腰间。

宋朝最终就这样结束了。对于文天祥来说，没有什么会比记录这种失败的绝望或者象征宋文化中最好的东西更佳的选择了——这就是包含有最后牺牲的忠诚，这样的崇高的理想无疑是不朽的。

惶恐滩头说惶恐，
零丁洋里叹零丁。
人生自古谁无死？
留取丹心照汗青。

文天祥还有一种超越作为现场见证人目睹宋朝灭亡的意义，他还是那些绝对拒绝接受新政权的忠义之士的典范。从对事件的简单总结中，你可能会认为，忽必烈一旦取得了胜利，就会有一个非常平稳的时代。事实并非如此，宋人的各个层面上的抵抗依然存在，并表现在众多的方面：通过退隐、通过游击战、通过暗杀以及——最令人震惊的——自杀。

首先来看看文天祥的崇高理想——或者是僵化，这取决于你的观点——在实际上究竟意味着什么。作为一个富人、一位卓越的学者、一个才华横溢的诗人和声名遐迩的美男子，他始终任职朝廷高官，甚至参与了与伯颜的谈判。但他却太过僵硬以至于无法成为一个伟大的政治家——充满激情、褊狭、傲慢，与其一起工作无疑会是一种痛苦。甚至在最后决战之前，当他们举家南迁逃离蒙古人时，他的毫不动摇的忠诚导致了他的母亲和三个孩子的丧命。他的妻子、两位侍妾和另外三个孩子被俘。他的妻子将会在监狱里待上30年，一个孩子丧命，两个被永久流放，用他们的父亲的话来说就是——“无巢幼燕在秋寒中瑟瑟发抖”。

战后文天祥在囚禁状态下度过了4年，忽必烈亲自承诺释放他，如果他加入蒙古一方。他拒绝了，尽管遭受到了家破人亡的巨大痛苦——他的女儿们死去了，他却无法收殓她们的骸骨；他的母亲去世了，他却不能出席葬仪，成了孔子孝道理念的叛徒。然而他仍然不屈服——“忠臣不事二主”，他说——一种实际上证明是要自杀的态度。与整个历史过程中的烈士们一样，他在寻求死亡来完美他的理念。1283年1月，一辆囚车载着他来到了北京的木柴市场，他在大庭广众之下被处决。

文天祥成了忠臣的化身、宋朝的烈士以及忠义之士应该如何行事的典范：从不考虑家庭的联系；忠诚于一个主人、一种事业被置于一切之上。“当生命交付给一种事业时，”他写道，“这就不是空活一场。”（据英文译出，未查对原文——译者）对于那些有着更为善于适应新环境的性格的人来说，这种自我的否定相当于自虐。而对于真正的信仰者来说，这却是一种光荣。

还有其他许多——成千上万人选择了宁死不屈，许多人是自杀。这也是忽必烈统治早期的最为令人震惊的事件之一。在那些被荣誉束缚的军人们中间，自杀是一种对失败的现成的回答，但是在平民以及武装人员中，从来没有任何事情可以与蒙古对宋胜利后所发生之事相提并论。没有任何东西可以更加炽热地阐明宋文化的力量与深度。在300年的时间里，社会各个阶层都生活在相对稳定与不断增长的繁荣之中，接受这样一些官员的统治，他们尽管有各种缺点，但还是在致力于服务理念和高尚行为规范的框架内进行工作。300年！对于这样一种稳定性、文化的统一、日益增长的财富与复杂的知识体系，西方人只能回首罗马帝国时代。它对普通人思想的影响比以杭州的浮华奢侈为标志的宋朝政府的日益积弱更为长久。虽然那一切都只是另一次即将到来的灾难的标志，主要的一个便是战争，在前45年时间里，战争已经在北方夺去了数百万人的生命，又使数百万人背井离乡，而战争现在又在毁灭南方。令人感兴趣的是，在战争最为残酷的北方却没有多少自杀行为，或许是因为忍受野蛮民族的蹂躏对于金朝的居民来说已成为家常便饭，或许是因为他们总还可以逃往南方。然而在南方，在宋朝，许多失去亲人的居民是由于文化而被剥夺生活的意义的。对于那些成千上万的人来说，已经是无路可逃了，只有一条路能够维护他们的自由意志：即选择他们认为是尊严的死，而不是一种没有尊严与意义的苟活。

宋朝的皇族还剩下了一名成员：太皇太后的孙子赵㬎，作为一个5岁的孩童他已经正式投降了忽必烈。随着其步入成年，他已经日益使忽必烈感到为难。史料里除了说他最后被送往西藏做了僧人并于1323年去世以外通常并没有更多的记载。

笔者在甘肃省张掖市的巨佛寺却听到了有关其命运的一个更为有趣的记载，张掖也是传统的进入西藏的门户。吴处长给我讲述了这个故事：

一天忽必烈汗做了一个梦，一条龙从皇宫中的某个地方腾空而起。第二天赵㬎便来觐见他。不幸的是，忽必烈发现这个少年就站在那个龙腾空而起的地点。这使得忽必烈意识到赵是国家的危险，可能会在某一天试图推翻元朝。正是出于这个原因他命人把赵送走做了僧人，就在巨佛寺，忽必烈之母的埋葬地。他在这里生活了很多年，一直到53岁自杀为止。

如果这是真实的，它就是一个宋朝结束的奇特的注脚：最后一位皇帝被囚闭在一个遥远的寺庙里，已被外部世界遗忘了数十年，远远比那个将他发配到这里的人活得长，直到像他的许多臣民一样，以选择死亡的方式去逃避绝望。

KUBLAI KHAN

忽必烈汗

第三部

秋

第一章 东征日本

KUBLAI KHAN

此时的忽必烈正处在完成实际上或者名义上的对欧亚大陆大部分地区统治的边缘，他已经看到其将领正沿长江行驶战船，并已经做好准备沿1500公里的海岸线追逐宋朝的残余抵抗力量，因而他已能够将目光投向大海深处的日本了。

确切地说，自从中国于公元9世纪中叶迫害佛教徒以来，日本已经在400余年的时间内显而易见地与中国没有什么联系了。双方没有什么正在进行中的争端，没有战争的理由；的确如此，相反的是，他们有长期建立起来的私下的贸易联系。在日本，中国的时尚在统治阶层中非常流行。黄金、漆器、剑和木材从日本流入，用来交换丝绸、瓷器、香料和铜钱。作为对禅宗急剧上升的反应而纷纷来到日本的僧人们随身带来了茶叶，1200年前后，一位卓越的僧人荣西创立了禅宗研究的一个非常流行的派别。这一切并非任何官方政策的反映，但却是在宋朝统治时期发生的，而且宋朝也即将成为忽必烈的进攻目标。对于在忽必烈潜邸的战略家们来说，预见到日本可能会给宋朝提供某种援助并不需要太多的想象力。最好还是快一点除掉他们。

与其他时代的其他帝国主义者一样，忽必烈看到了这样做的最为重要的原因：因为它似乎有可能。一位已经变成其宫廷译员的高丽和尚告诉忽必烈，日本将会是一个很容易击败的对手：它由一个傀儡皇帝和彼此竞争的军阀与武士统治，而这些人更加感兴趣的是他们自己的武士风范，而不是破旧不堪的海防线，它既没有强大的陆军，也没有任何堪与蒙古人相提并论的经验丰富的将领。忽必烈不但拥有训练有素的军队与具有无可匹敌的经验的将领——他有一支新的水军，而且还拥有高丽这样一块跳板，其南端海岸距日本仅仅200公里之遥。

蒙古人自从1231年首次入侵以来就已经有了与高丽相关的经验。在那时，高丽就已经被证明是一块难啃的硬骨头，它处在一个军事派系的控制之下，而该派系在60年前为了击退来自满洲的野蛮人的进攻就已经从其国王的手中夺取了政权。虽然其国王仍然做了30年的傀儡领袖，但其将领们在与蒙古人作战时却颇得益于海军技术，这使得他们能够在远离岸边的海岛上躲藏起来，并经由海路补充食物，这实际上就是对蒙古骑兵的一种嘲弄。作为报复，蒙古人转而纵火、屠杀与偷窃，所有这一切都是大规模进行的。在1254年的入侵中，他们掠走20万名战俘，并且击破了这个国家的大部分地区。1258年，国王及其心腹发动了一次反政变，暗杀了军事首领并向蒙古求和，皇太子亲自前往中国表示臣服——恰巧是直接向忽必烈，因为蒙哥此时正在遥远的西部征战。所有的一切都进展得十分顺利：高丽的国王与蒙哥都先后去世，留下了忽必烈和他的新仆从，前太子与现在的国王元宗。1271年，一支高丽与蒙古的联合军队在旧首都开城重新拥立元宗，并且消除了残余的军事抵抗。所以忽必烈得到了普通高丽人这个劲敌和元宗这个并不情愿的仆从。他把自己的一位女儿嫁给元宗的儿子为妻，以便其孙儿能够最终继承王位。他们彼此交换了礼物，忽必烈送给元宗一条玉带和一些药品，元宗则回以每年的朝贡使团——用于皇家猎场的鹰隼以及专门用于为忽必烈患有痛风病的脚制作软鞋的鱼皮。高丽变成了一块殖民地，有得到蒙汉军队保护以及讲蒙古语的译员团队提供服务的常住专员。忽必烈并不会受到爱戴，但他却是王位背后的权威。他需要船，船就从高丽的船坞上滚滚而来，先是用于对宋朝的征服，然后便是将蒙汉军队跨海运往日本。

13世纪70年代初忽必烈就已经策划了一个战争的合理性。在1266年——随着阿里不哥叛乱的被平定，以及对宋朝的战争仍在计划之中——他就已经派出了他的第一批使臣带着要这个“倭国”国王立即臣服的要求前往日本。这条消息从其由日本南部九州的博多（今福冈）进入的那一刻起就被急速传递出去，抵达东北800公里处的镰仓，日本军事首领、将军的总部（或者幕府），然后又半路返回到将军名义上的主人、京都的皇帝那里。它引起了极大的震动、愤怒——的确是“倭国”——并夹杂着恐惧。皇帝起草了一封要求谈判的信件，但这个主意立即被将军否决。6个月后，这位将军命令忽必烈的使臣启程回国，但未作任何回答。这是一种为争取时间而作的拖延，并希望能够成功。而实际上在各个方面都毫无用处的朝廷只能求助于祈祷了。

沉默似乎起了作用，因为在接下来的数年时间内再也没有听到来自忽必烈的任何消息。忽必烈的军队正在忙于其他事情，进行对征服整个南方具有关键意义的襄阳攻城战。直到1271年9月忽必烈的另一位高丽使者才又来到日本，从官方角度出发，他带来了要日本臣服的要求，但私下里却告诫日本人要为进攻做好准备。这一次仍然没有官方的答复，但是仆从们却被命令立即回到他们的封地，治安官员与管家立即被派出去加强30处老旧的海防城堡。在皇宫里，祈祷甚至变得更加炽热了。所以在1272年，当一位蒙古大使登陆，要求立即把他的信件转呈皇帝时，日本人的尚武精神已经恢复。统治者、北条家族的最后一位将军是一位名叫北条时宗的脾气暴躁的年轻人，他赶走了这位大使——对于忽必烈来说这简直就是侮辱，绝不亚于一份战书。

忽必烈很快就做好了准备。1273年襄阳陷落，使得各地都得以为征日行动做好准备；高丽最终也得以平息；而在高丽与宋朝的港口里有足够的船只来发动进攻。1274年10月末或者11月（史料又一次记载不同），约300艘战舰、400～500艘较小的船只，外加15000名水手和一支多达40000人的作战部队（史料又有所不同）离开高丽南部海岸的马山，跨海50公里抵达对马诸岛，这是史前与历史上的由大陆到日本的跳板。

在岸上，当地人进行了一次壮烈但又毫无希望的已经变为传奇故事素材的抵抗，充满了日本人的武士精神与蒙古人的野蛮，孤立无援的日本武士发出庄严的挑战，蒙古的毒箭像春天的雨滴一样四处乱飞，大海被鲜血染成了深红色，长官有尊严地自杀等。故事说到有6000人战死，蒙古人把1000首级带回到他们的船上，驶向50公里以外的另一个跳板，壹岐岛。

听到蒙古人进军的消息后，壹岐岛的守将立即派人赴本土求援，面对压倒优势的进攻，勇敢但却无用的抵抗行为使他们自己融入了民间的记忆——守将之女被骗到船上逃生，但却在海上死于蒙古人的箭雨，高傲的守将及其家人在他们燃烧的房屋内接受了死亡；而被俘者则被用钉子穿过手掌钉在蒙古战舰的船首。

对于入侵者来说，九州的海岸是个问题。它有着令人愉快的诱人的沙滩海滨，但内陆却是森林茂密的陡峭山峦，这也阻止了快速的行进。这里只有一个良港，博多湾，由一些构成自然防浪堤和两块向西延伸突入水中的陆地与岛屿形成保护，这些岛屿仿佛是在欢迎亚洲大陆的所有船只到它们水浅、坡缓的沙滩海岸和低洼的腹地。日本军阀们从当地的行政中心、位于山上的距今日福冈东南10公里的大宰府赶了过来，并在距海岸更近的地方建立了一个基地。蒙古人首先在博多的西端做了一次试探性的登陆，很可能是想溯一条河流的源头，然后他们改变了主意，让他们的军队就在海湾的正中央登陆。在这里，他们很容易就击溃了一些没有组织的日本人。正如一则日本史料记载的那样，日本将军的孙子发射了鸣镝作为开始行动的信号，“但是蒙古人都笑了。连续不断地敲击着他们的鼓与铜锣，这使得日本的战马惊恐得乱窜。他们的坐骑无法控制，没有人还会想到去面对蒙古人”。

蒙古人快速向内陆挺进1公里，占领了一座有战略意义的四周陡峭的砂岩小山包，这给了他们非常好的视野。这座祖原山现在是一个公园，崎岖的小路一直通往其浅黄色的山坡，其顶峰的景色被新的建筑物遮挡住了。但是在那个夏日的下午，蒙古的巡逻兵们将会看到他们的战舰在港湾内抛锚，大宰府就在东南方向若隐若现，而东边5公里处则是日本人的营地，从这里疾驰的骑兵一两个小时内便可赶到。

那天在日本的防守者中有一位名叫竹崎季长的来自肥后的年轻人，他是一位御家人（将军的直属封臣），后来获得了足够的财产被委托制作了一系列绘画，这些画作被粘贴在一起形成了两幅描述这次战役以及后来1281年的入侵的卷轴画。这些卷轴画很可能是在1293年以后的某个时候创作的，因为在那时竹崎季长已经变成了一个地主和几座神龛与寺庙的保护人。蒙古人入侵之后，他曾经为了使他的英勇行为得到官方的承认而进行过一些斗争，所以似乎很可能是他为了记录他自己在战斗中的作用，与此同时也是为了向那个支持他得到官方奖励的人表示敬意，他后来的财富与影响就有赖于这种奖励。这些入侵画轴经过了许多不同人之手，而其幸存下来与其说是靠精心收藏不如说是靠运气——它们曾经被抛入海中，将画板粘到一起的胶水也因此而脱落，从而使得准确的次序成了一个疑问。18世纪末它们又被重新粘到一起，得到了妥善的保存与复制，而且还有几个分析透彻的附录。这些画轴作为有关入侵的唯一生动的描述已经变的弥足珍贵了——而且大多数学者都对这一点深表赞同：它们是真实的。它们有69份文件相伴随——信件、祈祷词、诏书、战场报告——最近，这一切已由缅因州布鲁克维尔的博多因大学的托马斯·孔兰进行了翻译与分析，该书是一本不同寻常的书，它的印刷是反向的，正文的页码由后及前，插图说明则由右向左，和画轴本身一样。阅读该书就像沉浸在一些由连环漫画和小说交织形成的事件中。

描绘1274年入侵的那部分画轴显示，年轻的竹崎季长（29岁）蓄着修剪整齐的小胡须与山羊胡子，带领5个随从越过松林向前挺进。他们携带着非同寻常的长弓（按蒙古人的标准），他们可以熟练地使用这些长弓，在疾驰中放箭。他们背上背着箭袋，从头到脚都用由相互重叠的金属片制作的网格铠甲保护起来。

竹崎季长是一个倔强的人物。在遇到一个也许是从祖原山下来的蒙古人时，他迫不及待地要投入战斗。以下是该段画面的文字表述：

> 我大叫一声向前冲去。就在我要发动进攻时，我的一位扈从说："我们更多的人正在赶来，等等增援部队，得到一个见证人，然后再进攻！"
>
> 我回答道："弓和箭的所为就是要做值得奖励的事情。冲锋！"……
>
> 我的旗手首先冲了上去。他的马被射中，他被掀了下来。我，竹崎季长和我的三个扈从都受了伤。就在我的马被射中，而我被掀于马下之后，通泰，一个来自肥前省的御家人带着一队强大的骑兵发起攻击，蒙古人撤退了……如果不是他，我可能已经死去了。尽管历经了极大的困难，通泰也幸存了下来，所以我们彼此同意做对方的见证人。

一幅图显示竹崎季长被从其血流如注的受伤的马上掀了下来，而一颗蒙古的炸弹就在附近爆炸，这颗炸弹也是一个争论的原因。尽管孔兰认为这个图像是一个18世纪的用以增加戏剧效果的附加物，而其他学者则认为这个内容是真实的。其中之一——或者，的确，两者——可能是事实。就像我们已经看到的那样，蒙古人很早就了解了爆炸物，并在1215年攻占北京之后得到了它们。画中所示在竹崎季长附近爆炸的那一个是"震天雷"，一种有可爆炸核心的陶瓷外壳炸弹。这些炸弹在1221年金朝围攻长江城市岐州时首见于记载，此时的中国北方只是部分被成吉思汗征服了。所以这完全有可能是日本第一次遭遇到爆炸武器的经历。

然而准确地说它是如何被投掷的呢？肯定不是用反重力抛石

机，它需要成吨的压载物和像桅杆一样长的投掷臂——并不属于那种可以放置在船上的东西。此外，蒙古人也没有计划来摧毁城堡的城墙。震天雷炸弹是一种杀伤性的装置，重量只有3～4公斤。他们可以用牵引式抛石机来投掷，而这种抛石机已经被使用了两个世纪之久。我们知道蒙古人已经拥有了震天雷炸弹，因为在一艘高丽-蒙古战舰的残骸中已经有数枚被发现（详情笔者将在以后涉及）。所以，无论这个特别的例子是否后来被加在了这个卷轴画上，它都与事实相符合。用牵引式抛石机，作为对开阔的海滩发动进攻的一部分，船头上的6个人就可以很轻松地将一枚震天雷抛出百米开外。

迄今为止，所有的人都表现得如此勇敢。即使从这个小小的事例中也可以清楚地显示出，与其他任何一位勇猛的武士一样，竹崎季长沉溺于个人的荣誉，全然不顾集中化指挥的缺乏。在某些条件下，这种战术会有一些结果，好的弓箭手会表现得如鱼得水。一位名叫山田的武士通过组织一些强弓手对被分隔开的蒙古人实施远距离的射击而为自己赢得了名声，他们杀死了3人，在日本人中间引起了一阵笑声和欢呼声。另一次射击则击中了一位蒙古将军的脸部，并且俘获了他的马匹。但是个人的勇敢是不够的。一些蒙古人在海滩与祖原山之间来回驰骋，设法焚毁了当地的小镇博多。

夜晚降临时，日本人避开海滨退入了大宰府。它背靠一座小山，有一座时至今日仍能看到的土制城墙和壕沟。但它很难阻挡已经成为攻城战专家的蒙古军队，但蒙古人此前却从未进行过两栖登陆。他们也需要食物与补给，尤其是更多的箭矢。他们并未随身携带重型投石机。攻城需要花费时间。加之，一场暴风雨正在酝酿之中。这对所有的人来说都将是一个痛苦的夜晚，对蒙古人与高丽人来说事情则更糟，如果他们的船被困在浅滩，而军队又困在海滨无法撤退的话。船长们敦促军队回到船上，以便驶离海上的坏天气，躲开滔天的巨浪。第二天将还会有另一次登陆、另一次突破以及胜利。

然而事情并没有那么容易。就在天气越来越糟之际，一支日本人的300艘敞舱船的小舰队缓缓驶离海岸直趋蒙古舰队，一些船上乘坐12名手持弓箭或战刀的士兵，一些船上则装载着干草来充作引火船。这些小船渗透到了他们庞大目标的行列之间，它们的行动极为迅捷，以至于投石机投掷的炸弹或由床弩发射的沉重的箭杆根本无法击中它们，很快它们就接近了那些向外弯曲的船壳之下。忽必烈的许多船只在风力加强以及日本的划桨手驶向他们熟悉的海湾与沙滩时已经燃起了大火，蒙古的大多数舰船只得听任暴风雨和火焰的摆布了。

黎明既恐怖（对于蒙古人）又令人兴奋（对于日本人）的情景显示了出来：被风掀翻的船只，被火烧得面目全非的船体，还有幸存者驶向高丽的安全之所时被抛下的一支七零八落的军队。高丽方面的记载称有13000人被淹死。

忽必烈并没有把这次失败放在心上。一切都归咎于天气，与日本人的锐气毫不相干。下一次，当然——的确将会有下一次——蒙古人的自然优势将会显示出来。这样显而易见的事情日本人怎么会看不出呢？他派出了另一位信使，又提出了要其臣服的要求。

此刻对于该做什么无论是北条时宗将军还是在东京的皇帝都没有任何疑虑了。一位日本大臣在他的日记里记载道，这种坏天气尽管不会比一次“逆风”更糟糕，“但却一定是作为神的保护的结果而生成的。太神奇了！我们应该不停地赞美神灵。这种伟大的护佑之所以发生，很可能由于众多的祈祷和对各种神龛的献祭……在王国的各地。”皇帝祈祷，同时还敦促所有的人都做相同的事，神道教与佛教也就此得到了很大的提升。

但是神灵只帮助那些自助的人。北条时宗命令九州沿岸各省修建一道城墙，并且派人防守，逃避兵役者将会被视作犯罪。无论这是北条时宗还是其一位臣下的想法，它都是卓越且具有首创意义的，因为日本此前并没有建设多少军事设施，因此当然也不会有很多迫使日本分裂的部族与各省彼此竞争的省长进行合作的事情。

抵抗精神得到了强化。当1275年5月忽必烈的另一批使者到来时，他们被带到了镰仓，4个月后被处决（在镰仓附近的藤泽的一座庙宇里仍可以看到他们倒霉的首领杜世宗的坟墓）。这位将军无疑等于给了忽必烈一记耳光。皇宫与行政官员都厉行节约，以便国家的财富能够更多地流入国防。甚至还有一种发动先发制人的打击的想法：新的船只被建造，船员得到了培训。最后，军事领导人选择了防御，将注意力集中于建造小的能够很容易围绕着强大的高丽战舰灵活运动的船只上。在整个博多海湾周围，各家族都集中起来修建城墙。因为没有忽必烈何时再次来袭的迹象，所以它们都是在匆忙之中建造的。但是由于既没有合作也没有大规模建造的传统来指导他们，这些城墙不得不在延伸的过程中被对接起来。博多湾的海岸线几乎都是沙子，背后又是沙丘与松树林，所以根本不适于大兴土木。而城墙则应该是石头的。

结果或者是其中的部分结果今天仍然可以看到，它们形成了一些旅游景点：元寇入侵防御墙。福冈沿岸现在已是港口密布，但是站在远离港口的沙滩上，仍然很容易想象到你就处在竹崎季长的位置上。相同的沙滩、两侧相同的小山、相似的沙丘与松林。当然，沙丘经过了许多世纪的堆积，石头也被取走修建房屋。但在一段50米长的城墙边，沙子已被挖走，其他的部分也得到了重修，所以你仍然可以看到没有经验的当地人是如何对这一挑战做出反应的。至少，如果像我一样，你可以通过一位考古学专家柳田纯孝的眼睛看到这一切，他是一位个头矮小而又消瘦的印地安纳·琼斯似的人物，有着随风飘动的白发和突出的下巴。从事城墙研究已经40年的他，已经将它提升到了日本人的独立与勇气的象征这一高度。

是的，就象征意义而言它是伟大的，但它并非长城。它的主要目的是阻挡沙滩上的马匹，所以它只需要不超过2米的高度。这里有一个技术问题，修建石头墙需要好瓦工、干石砌墙的专家以及（或者）黏合剂。而这三样恰巧是日本人所缺乏的东西，而且从来也没有在一个标准的修建蓝图上形成一致的意见。石头绰绰有余：花岗岩来自一端，而砂岩则来自另一端，一些石头是从山中采来的，另一些则是从沙滩两端的尽头收集而来的。每个家族都根据其富裕程度领受到一段城墙的建筑任务——这里3米，那里10米。似乎每个家族都自己收集石块，然后经打磨放置在适当的地方，每段城墙末端的石块都垂直地堆积，没有留下合适的砌砖相互咬合的形式。你几乎都可以听到一个家族的族长轻蔑地哼着鼻子说："当心别把墙修到他们那里！"这是那种只需要一发穆斯林抛石机的弹丸即可轰然倒塌的城墙。这个城墙在一个地点是双层城墙，因为在最初尝试的时候地基就垮掉了：而对这段城墙负责的家族非但没有重新开始，只是堆上了更多的石块。这段城墙由一个供防守者站立的平台支撑；在第二个点，它有一条得到第二道城墙保护的通道；而第三段城墙不是实心的而是中空的，墙的两面涂上了泥巴。想象一下这绵延20公里的不断重复的多样性，想象一下围绕着设计、技术以及材料的争吵——但也可以想见那种迫使相互竞争的对手咽下其争论的压倒一切的紧迫感，正是这种感觉让他们在6个月内建起了一道骑兵无法从正面攻取的城墙。

到1276年末，他们做好了准备，而正如实际发生的那样，仍有5年的时间。

第二章　来自心脏地区的挑战

KUBLAI KHAN

中国疆域的成因——本书的主要论题——是成吉思汗与忽必烈使然。但这又产生了另外一个问题：忽必烈的帝国远远超出了今日的边界。这也表明问题应该被反过来设问：中国为什么会变得如此小？它为什么没有更进一步深入中亚？

答案是忽必烈受到了限制——被他那些思想独立的亲属所掌控的军队数量的限制。一个原因就是他们使用了马匹，而马又使得他们像水银泻地一样难以被捕捉到。对于帝国更加遥远的部分——波斯、俄罗斯南部的金帐汗国——可谓无计可施，但中亚却并非如此，尽管它远离中国的中心地区，但却处在蒙古的家门口。从某种意义上说，整个哈萨克斯坦以及其南方诸“斯坦”的大多数地区都是成吉思汗遗产的一部分，因而也是忽必烈遗产的一部分，并因而也有可能全都留在中国的范围之内。但在这个方向，忽必烈却触到了他的极限。他已经从长城以外进入到了长城以内，而现在却受到了距离以及他自己，或毋宁说是他的军队的限制，他们在阻止其水银般的对手方面表现得无能为力。

这也将把我们带回到一汪历史的浊水之中——忽必烈与一位遥

远的亲属的敌对；但它也是重要的，因为其结果在很大程度上可以对中国今日的疆域作出解释。忽必烈在这一时刻遇到的反抗表明了他究竟可以走多远，而他只能到此为止、无法继续向前，这造成了一个中国西部边界的观念，这一边界后来在清朝时经历了一段时间的退却，那时蒙古人又一次控制了这些遥远的地方。而在18世纪当满洲人重新控制这片地区，又一次把边界延展至忽必烈所定义的界限时，它又以新疆——新的疆域——的名义而重新出现。

这片辽阔而又多变的地区——从乌兹别克斯坦的沙漠与哈萨克斯坦南部的草原一直延伸到天山高地与中国西部的荒原——未曾形成过历史的统一，却发挥了一种奇特的作用。这部分是由于它正日益伊斯兰化，甚至在忽必烈时代也是如此；部分是由于无论是伊斯兰世界抑或是中国都很难赢得对它的永久控制。且看一看忽必烈究竟如何未能解决这个问题。

正是在中亚存在着一种对忽必烈的现实的威胁——之所以是现实的是因为它来自他自己的家族，来自成吉思汗选中的接班人窝阔台的子孙，窝阔台的血脉已经被拖雷实力强大的妻子、忽必烈的母亲唆鲁禾帖尼为了自己的孩子们排斥到了一旁；之所以现实是因为它来自忽必烈最初的故乡，同时也因为这里的反叛会阻断物资由中国向西方的印度、伊斯兰世界与欧洲的流动。如果允许它的蔓延，忽必烈与加强其权力基础的财富之间的联系就会被切断；然后他就会和以往的任何一位皇帝一样容易受到来自横越戈壁的野蛮游牧民的攻击。或许有一天，蒙古的皇帝就会被蒙古的蛮族推翻，即某个与忽必烈相比有着同样的——不，应该是更好的——对皇位诉求理由的远方表亲。

这里正在谈论的这位表亲就是窝阔台的孙子海都。这里讲述的是他的故事，也是一个奇特的故事。它的发展超越了海都漫长的一生，也超越了忽必烈一生中的大部分时间。在大约40年的时间内，这两个并不对称的对手进行了某种长距离的拳击赛，轻量级的海都经常从西北边界出拳，偶尔也吸引了其重量级对手的注意，而后者却总有其他一些事情要分心。

海都实际上从未有过取胜的希望，但他的成功却突出了另一个对许多强权者来说是非常普通的主题：无论要经过多艰难的战斗，征服（如果它可以设法取得的话）是简单的，而管理则是复杂的。征服是在一个巨大的冒险活动中将下属团结了起来；而管理则要允许性格、抱负的自由发挥甚至是竞争团体的形成。问题也往往由此而生，尤其是在边远地区，这里述及的情况则是一个距总部3000公里的地方。对于一个官员来说，到达海都处所要花费的时间与19世纪70年代一位英国官员抵达美国花费的时间一样漫长。而当他抵达时，谁能知道在此期间会发生什么事情呢？

*

海都大约出生在1235年，因而在1251年蒙哥发动针对窝阔台的支持者的清洗时，他还因为年龄太小而未受到殃及，但在次年当蒙哥与幸存者们修好时，他却并未因为太过年少而未能得到自己的份地。16岁时海都就已经是一片距哈喇和林2000公里的地域的主人，这是一块由天山绵延而下深入沙漠的土地，但却被肥沃的伊犁河谷分隔开来，而伊犁河谷则是联结中国与西方的主要通道之一。这个亚洲地理上的中心点就是他的基地，他在这里长大成人，并与忽必烈不断中国化的世界渐行渐远。在这里，他开始为自己建立帝国，这个待价而沽的初生牛犊就此而跻身政治纷争之中。

从现在开始，这个故事开始变得不那么容易了，因为它意味着要使一些模糊不清的事件变得有意义，并且梳理记载中一些有关微不足道争吵的奇特而又朦胧的含义。马可·波罗就曾面临过同样的问题，正如他经常做的那样，他通过任意践踏历史编造一些奇谈来对此加以解决。在这种情况下，这并非一个坏主意，因为他所听到的一些谣传中，包含着有关海都及其叛乱性质的实质性东西。

马可·波罗之所以记得海都是因其女儿库图伦，又一位将其印记铭刻在蒙古历史上的女人。库图伦并非由于政治技巧而是因为她的作战能力与独立精神而声名遐迩。“这个年轻女人非常漂亮，”马可·波罗就像开始一个神话故事一样开始说道，“同时也是如此强健与勇敢，以至于在其父的全部领域内没有一个男人会在力量与技艺方面超过她……她是如此高大与结实，如此粗壮而又身材匀称，以至于她几乎就像是一个女巨人。”海都对其刚勇好战的女儿疼爱有加，并有意将她嫁人，但她总是拒绝，并说她只会嫁给一个能在摔跤比赛中击败她的男人。她的规则是挑战者必须献上100匹马。在100次较量并赢了100次后，库图伦已经有了10000匹马。现在，与所有童话故事一样，一位高贵的王子出现了，据说他是一位富有而且实力强大的王公之子，但这对父子却令人生疑的名不见经传。他如此自信以至于赌上了1000匹马。热衷于女婿财富的海都请求她有意输掉搏斗。她回答道，绝不，他必须正大光明地战胜我。人们都聚集起来观看比赛，但这场声势不小的比赛却结束得虎头蛇尾。他们“扭住彼此的胳膊不断地摔来摔去”，谁都没有明显的优势，直到库图伦突然将其对手掀翻在地。羞愧难当的他回到了不知道在何处的家，将那1000匹马留了下来。她的父亲忍着失去一桩好婚配的愤怒依然骄傲地带着她走上战场。她证明了自己是一个伟大的勇士，有时候她会冲入敌阵俘获某个男人，“就像鹰隼敏捷地扑向小鸟，然后将他带回到父亲面前”。

我们该相信这些吗？至多只相信其中的一部分。是的，历史上确有其人，因为拉施特也提到了她；但只是顺便提及，还有一个偏见颇深的有关其婚姻失败的解释。他说拒绝来自其父，“人们怀疑在他与其女儿之间有着某种特殊的关系”。马可·波罗的故事也非常容易让人想起其他一些人——譬如亚马孙（希腊神话，相传是曾居住在黑海边的一族女战士——译者）或者《尼伯龙根之歌》中的布琳希德（此人为国王的妻子——译者）——以便让人信服。令人信服的是这个故事投射到海都身上的光环以及他所敬慕的美德：传统的游牧民族的骄傲、勇敢、力量、战斗精神、独立性。他并不为学者、艺术家或者官僚们所热爱。正如莫里斯·罗沙比所说的那样，一个拥有这种性情的人将会自然而然地与忽必烈发生冲突。

那么，在13世纪60年代初期，帝国是什么样的呢？

它已不再是一个统一的帝国，而是一个庞大的家族为争夺遗产而内讧不断的战场。在中亚，3个蒙古人的国家为了增加他们的份额而彼此厮杀：它们是今俄罗斯南部的金帐汗国、波斯的伊利汗国以及咸海与中国西部之间的察合台的后裔们（实际上是3个半国家：还有一个由金帐汗国的亲属们统治的、热衷于创建他们独立国家的白帐汗国）。海都此刻正在挤进这种乱局之中，在察合台汗国、金帐汗国与忽必烈的中国三方的交界处开辟出一块生存空间。当然所有参与竞争的人都承认他们是成吉思汗创立的同一家族的成员。但是谁最适合继承他们伟大先祖的衣钵呢？一切都处在非常紧张的状态之下，而这种紧张则是由一些连续不断的汗位觊觎者所召集起来但又无法控制的军队造成的。在西方，伊斯兰教吸引着蒙古统治者，一些人在抗拒，一些人则皈依，皈依者转而寻求一个宿敌埃及的支持。中间则是一些坚持其传统的游牧价值观的人，他们鄙视其收获有赖于斯的城市与文化。东方则由忽必烈进行统治，对于一些人来说，他是他们名义上的最高统治者，而对另一些人来说，他是一位叛徒，因为他选择了做中国人。

海都——正如拉施特所言，聪明、有能力并且奸佞——坚定地走向了反叛。他在20多岁时就支持阿里不哥对抗忽必烈，并于1260年拒绝了忽必烈要其参加加冕礼的召唤，而他非常虚弱的借口则是草稀马瘦。不久之后，中亚的3位蒙古统治者的相继去世——旭烈兀在波斯、阿鲁忽在察合台汗国、别儿哥在金帐汗国——给整个中亚地区留下了权力的真空。依赖金帐汗国的新统治者作为联盟的海都乘机占领了更多的土地，向西进入波斯，向东进入今日的中国。忽必烈试图通过派遣一位代理人八剌的方式给纷争不断的家族带来秩序，而八剌则把自己放在了号令察合台汗国的地位之上。八剌与海都在锡尔河岸边进行了一次大战，结果海都大获全胜，然后又以成吉思汗的名义提出了和平的建议。

1269年在位于哈萨克斯坦与吉尔吉斯斯坦边界的塔拉兹举行了一次和平会议，内亚现有的3个蒙古“国家”的新首领都参加了会议，海都则成了第四位。其中的3位——金帐汗国的领导人对这一地区的事务不感兴趣——对河中地区进行了划分，同时会议的重量级人物八剌与海都以某种方式达成了分享来自撒马尔干与不花剌贸易的协定。二人以结成安达——血亲兄弟的誓言确定了他们的条约，同时还进行了常言所谓的“饮金”，即互相交换金杯并为对方祝酒。

这里发生的事情值得注意。最初受忽必烈指派的八剌与新贵海都正在以独立的君主的身份进行活动。无人理睬其名义上的君主忽必烈，除了（根据《元史》中的一则未注明出处的引文）发出一则非常粗鲁的信息外：“我们王朝的旧俗并不是这些汉法。今天当你留在汉地，设立首都建设城市，学习阅读与书写的方法，并且使用汉法，对于旧俗将会发生什么事呢？”换言之，他们是在向忽必烈宣布独立，因为他已经背离了成吉思汗的道路。

这次和平会议很快就被证实形同虚设，彼此之间没有任何信任可言。每个人都在为进一步的战斗做着准备。金帐汗国的统治者忙哥帖木儿置身事外，任由其他三方在一轮残酷的攻击、联盟与欺骗中自相残杀。旭烈兀的继任者伊儿汗国的阿巴哈击败了八剌，海都派兵去“帮助”八剌，实则意在利用他的失败；八剌兵败身死，其将领们则率30000士兵投降了海都。作为这一系列事件的结果，海都于1271年夏末在塔拉兹自行加冕，成为一个包括今哈萨克斯坦南部、乌兹别克斯坦大部以及几乎全部吉尔吉斯斯坦的方圆2500公里的国家的汗。这块地方没有名称：马可·波罗则指称其为“大突厥”；其他人称其为突厥斯坦（不顾其蒙古的因素）或察合台汗国，而这个不断变化的实体从来也没有完全符合海都的疆域。粗略地说，它从西边的阿姆河一直延伸到东部的新疆，从北部的巴尔喀什湖直到南部的天山——总计125万平方公里，面积是法国、德国与意大利三国的总和。

这是一个非常了不起的成就。海都已经证明了自己足够聪明地利用对手的弱点以及忽必烈转向中国内地的机会。他也是一位继承了成吉思汗本人传统的军事将领：坚韧、简朴——他滴酒不沾，除自己的萨满教之外对其他宗教采取容忍态度，同时还小心翼翼地保护着自己的税收基地，譬如撒马尔干与不花剌这样的丝路之城。通过一位高效率的大臣，他引进了自己的货币（一种已经在许多城市中被发现的有很高含银量的钱币）。甚至安集延的建设也被归功于他，该城在13世纪80年代变成了富饶的费尔干纳河谷的贸易十字路口。他也许曾经是个传统主义者，但在需要一种管理技巧的意识方面也效仿了成吉思汗。他创建骑兵军团，使用由成吉思汗创建的十进制指挥结构来改造固有的以部落忠诚为基础的军队系统。他也能够用自己的方式去融合许多常常是敌对的蒙古与突厥部落。这些用弓与箭武装起来的牧人也使用刀剑与长矛。他们得到了步兵与“石脑油投掷者”团队的增援——这是些精于抛石机与其他攻城器具使用的团队。他的军队有多强大？史料称其数字有10万之众，与几乎所有这类估计数字一样，这很可能是一种夸张，尽管如此，与波斯、金帐汗国及忽必烈的中国等敌对势力相比仍然十分弱小。但是他们以质量弥补了数量上的不足。他们的袭击无与伦比：前进快速、打击凶猛、撤退迅捷。

但是经济的复苏并不能持续长久，而一个更为广阔的帝国的梦想不久就烟消云散。就在海都加冕的同一年，忽必烈采取了行动来迫使其就范。他派遣了以其第四子那木罕为首的有六位诸王组成的代表团前往海都境内的阿力麻里，目的在于说服他前往上都或者北京的朝廷，这无疑是一个迫使皇族表兄弟们共同工作的好方法。如果这样，其结果就会是灾难性的。海都对此不予理睬，使其军队远在受到攻击的范围之外，守卫在他的西部边界。那木罕没有足够的骑兵发动攻势——他的高级将领告诉他，追踪并俘获海都将需要11万匹马。

对于忽必烈来说这又涉及到了一个核心的问题。中国通常并不能够生产如此规模的马匹。元朝的记录显示窝阔台以来的帝国统治者持续不断地发布了一系列有关马匹应该如何征用的敕令①。“至于人民的马匹，有一个百分比系统。”其中之一说，“当数目达到100

①札奇斯钦与C.R.鲍登：《元代马政笺注》。

匹时，一匹即被征用。”另一道来自忽必烈1293年的敕令，也适用于那木罕在13世纪70年代中期的窘境：“由于诸叛王（即海都等人）尚未臣服，采取军事行动的时机已到。从各省征调10万匹马并作价补偿。”马群开始经由甘肃走廊源源不断地流入，但却没有真正的充足的机会。而且，那木罕无疑还要花上一段时间来训练其军队来使用这些马匹。与此同时，他自己也建立了一个朝廷，从而使自己成了另一个军阀。

这种僵持不下的局面持续了毫无意义的5年，这段时间足以使这对表兄弟的随从之间的愤恨进一步增加。焦点就是脱黑帖木儿，拖雷第九个儿子的儿子，此人以其勇敢以及作为强弓射手的技巧而声名遐迩。他生性鲁莽，骑着一匹灰马，因为他说，血——“男人的装饰品与勋章”。正如拉施特所说：“因为他非常勇敢，所以他的头脑中充满了反叛。”脱黑帖木儿说服另一个表亲、蒙哥之子昔里吉，与忽必烈相比，他更应该继承大统。一天晚上，他们俘虏了那木罕与其高级将领，把这个王子俘虏作为礼物送往金帐汗国，那位将领则被送往海都处，并带去口信称：“我们不该彼此心生怨恨，而是应该团结起来共同对敌。”但是正如性急者经常表现的那样，脱黑帖木儿与昔里吉自己破坏了他们寻求的团结。他们的军队转变成了打家劫舍的匪帮，而这两个人也因继承问题而争吵不休，以至于大打出手；在经历了一系列背叛之后，他们最终东向攻入蒙古，并占领了哈喇和林。忽必烈派兵将他们逐了出去，此后这次叛乱便逐渐烟消云散。但是将其意志强加给他无法控制的家人则是忽必烈不可能完成的任务。他全力投入了对宋朝的战争，一直延续到1279年，完全放弃了控制海都遥远的疆域的尝试。

（不幸的那木罕后来怎么样了呢？在作为战俘前往克里米亚的漫长旅行中他幸存了下来，同时他发现自己——理所当然地——身处众表亲的包围之中。很可能是认为他是一个有用的抵押品，他们把他扣押了10年。当他在1284年返回中国时，他得到了一份防守北部边疆的部门首领的职位，但却不再位列继承者之列。他死于次年。）

所有这一切对于海都来说是好消息。在重新占领阿力麻里之后，他便放手处理经常不断的来自波斯的越界袭扰，还有几次来自清醒的察合台家族成员的反叛。坐镇古老的丝绸之路，他主持了一种摇摆不定的复苏。银币加强了经济的稳定性。在接下来的几年中，一个战略逐渐变得清晰了起来。他将在整个帝国的边缘地区建立起一个支持网络，在向南伸入西藏的同时向东扩张到满洲。他将在阿力麻里建立起一个围绕忽必烈的中国帝国的仆从与联盟的圆弧形包围圈。以八剌的儿子笃哇为其得力助手，他将能够实现自己作为其祖父、成吉思汗指定的继承人窝阔台的真正继承者的诉求。

总有一天，这里将会有一次最后的决战，它的到来不会超过20年，不会是在忽必烈有生之年。但在他生命中的剩余时间，忽必烈对中亚的控制只是纯粹名义上的。

第三章 大汗的新统治

KUBLAI KHAN

忽必烈已经继承了令人惊异的管理技巧。他并不是一个聪明的天才，但他却拥有所有时代最伟大CEO的天赋：他是一个人品的超级鉴赏家，完全没有个人偏见，具有利用那些远比他聪明的人的技巧。与其祖父一样，他乐于使用任何一个天造之材，他的谋臣们就可以组成一个国际的团队。穆斯林商人是财政管理者的首选。他雇用了66个回鹘突厥人，其中的21人是常住行政长官或管理中国各地区的地方官员，而另外一些人则身任皇帝家族中诸王子的教师。他也与其祖父一样能够发现组织上存在的问题——完全是史无前例的由于新事物的演变而产生——然后，非常突然地提出实际上是行之有效的解决方案。成吉思汗曾经夺取部落，打破它们的结构并铸造了一个国家，然后又对不同的文化做相同的事情以便铸造一个帝国，忽必烈则把这个过程进行得更远。他的使命则是征服，然后进行管理，他的人民对此却是双重的准备不足，首先，他们在成吉思汗以前没有政府；第二，尽管以前的蛮夷曾经占领过中国北方，但却没有一个民族曾经占领过南北全境。你可以想象历史上有过一个先驱以如此少的人数占领如此大的地盘、并随后管理如此众多的人口吗？

忽必烈的主要错误，正如我们以后将要看到的那样，是他不可能得到满足。如果他要真正实现其祖父的使命，他怎么才能够越来越广阔地拓展帝国的边界，直到全世界都承认蒙古的霸主地位这一事实呢？

相比之下，在国内他就是靠山，那也是其使命的一个结果。他已经看到了帝国统治的关键所在，因而他需要社会的稳定与繁荣，因为那将是上天赋予他的统治世界的基础。

为了将自己作为中国的统治者而呈现在他的臣民面前，继续坚称其蒙古人的神圣权利将于事无补，即使做一个佛教徒也尚显不足。他还必须是，或者至少宣称是一位儒士。儒士们总是要敬仰他们的祖先，忽必烈在1277年通过授权修建祖先的大祠堂而做到了这一点，该祠堂将向其戈壁南北的臣民证明他既是一个好蒙古人，也是一个好中国人。这座祠堂矗立在其新大都的东南边缘，它的8个祭祀神祠是成吉思汗在蒙古的移动神祠——八白帐的当地版本，而后者则在经历数世纪之后抵达了它的最后停放地：内蒙古东胜南面的圣主禁地伊金霍洛；20世纪50年代，被一个新的神祠所取代，这座祠堂以成吉思汗陵而著称于世。忽必烈最初的八室太庙供奉着他的曾祖父母，成吉思汗本人，和成吉思汗的儿子们，包括忽必烈的各个前任。成吉思汗也得到了一个中国的谥号：太祖——相同的谥号也曾给予了其他几个王朝的创建者，均在他们去世之后：宋、辽、金与明。

世界的统治将以中国为基石。与这一令人震惊的野心相伴随的还有一些同样奇特的东西：不仅仅是严酷的独裁统治，同时还有在前一个世纪的混乱中从中国社会中消失的大多数东西的复活。在一个短暂的时间内，大约20年时间，整个中国都经历了某种形式的文艺复兴。虽然作为蒙古人的忽必烈从未被真正地接受，但他却是无可争议的主人，而他带来的变化改善了其新臣民的命运，这一点也是可以被证实的。当然，也有人愿意承认这种与和平相伴随的统一要好于与内战相伴的分裂。忽必烈的墓志铭可能会说：他尽力做得更好一些。

这一判断会与人们通常所持有的关于蒙古人统治的观点形成尖锐的对立，而蒙古人的统治通常只被看得除了下列种种弊端之外一无是处。

几乎所有的高级职位都由蒙古人掌控。他们作为新的地主、新的精英阶层与新的贵族在人民大众之上作威作福。新的阶级社会带来了新的羞辱：蒙古人处在顶层；接下来是来自穆斯林社会的人们——波斯人、阿拉伯人、回鹘人、突厥人——他们精于商业与生意；再其次是4000万北方汉人及其周边的其他少数民族，譬如鞑靼人、契丹人与高丽人；最后处在这一结构底层的是新的臣民，亦即7000万南方汉人，他们从世间最丰富文化的传人转瞬之间就变成了臣服者与仆人。许多人实际上已经被奴隶化了，而奴隶贸易也因此而兴盛了起来。如果一个蒙古人谋杀他人，他会被流放；而汉人谋杀者则会被处决。蒙古人可以不受处罚地殴打汉人，而汉人则不得还手。汉人被禁止携带武器、狩猎、从事军事训练、饲养马匹、聚众祈祷、举行集市。宵禁被强加，灯火被禁止。学者官员们得以获得官位的科举考试也不再进行。在蒙古人对其汉族臣民进行分类的十个等级中，儒学学者位列第九，低于娼妓，只比位列最后的乞丐稍高。

所有这一切都是真实的，但并不是全部实情。学者、贵族、官员只占中国社会很小一部分，大多数都是以农业生产、小规模的商业贸易以及从事无数低贱职业为生的农民与普通城市居民，而那些低贱职业在任何大而复杂的城市化社会中都颇为重要。有着数目如此庞大的人口、如此众多的城市、如此微不足道的蒙古人上层，没有任何变化可以从上层渗透到底层。对于普通人来说，日常生活的轨迹几乎没有任何变化……

……或者也可以说得到了改善。稳定并不只依赖于权力的滥用。忽必烈是其时代最有权威的人，也是有史以来最有权威的人物之一；然而，就像他的行为所表现的那样，忽必烈知道他的权威只是部分地依赖于权力的自上而下的运行，由他经过他的宫廷及其军队的官员而到达大众。它也依赖于自下向上流动的支持。普通大众必须要感觉到幸福与安全，否则不安定的因素就会在下层滋生并且传播。中国的北方依然是满目疮痍，正处在由成吉思汗于1211年发起的历时半个世纪的战争的恢复期；而南方则由于他自己的征服战争而骚动不安；所有这一切创伤都需要医治。

稳定的基础是所有人的食物都有赖于斯的农民大众。为了保护他们的利益，忽必烈设立了一个有8位官员和1个负责组织帮助的专家团队的新惠农司，建立了58座可以容纳9000吨谷物的粮仓，安排了税收的减免，并且禁止蒙古人在农田上牧放他们游荡的牲畜。大约负责50个家庭的乡里机构帮助生产、灌溉——甚至学校，这被证明是一个过于超前以至于不起作用的观念，但却至少显示了皇帝并不仅仅是一个野蛮的游牧民。税收现在不是直接流向地主，在北方这很可能是一个蒙古人，而是流向了政府，而后，政府则在自己与地主之间进行收益的分割。农民依然要交税，但至少忽必烈在竭力抑制税负过滥。他也坚持强征劳役与以前相比要有更少的强迫性，尽管这在大型的诸如运河与驿站系统等公共工程中依然十分重要。

让我们来看看他如何进行统治。在成吉思汗的谋臣、伟大的耶律楚材的保护下他已经有了一个良好的开端，而耶律氏则在根深蒂固的传统主义派系的反对之下成功地建立了一个很不错的办事官僚机构。但忽必烈却面临着一个更为广阔的问题：即怎样把草原与城镇及农田、游牧主义与定居文化、少数与多数结合起来。他无意于简单地放弃一个(他正是从中获得了他的核心价值观)而采纳另一个。此外，他还必须考虑他的穆斯林臣民，这也是帝国的一个重要的组成部分：他的兄弟旭烈兀统治着一大片伊斯兰世界，而穆斯林作为管理者、税收官员、财政顾问以及生意伙伴也都十分重要。他对这种多方面的挑战所做出的回应就是在前进的过程中予以解决，有时候是在以往王朝的实践中寻求解决方案，有时候则是设计他自己的方案。在超过30年的时间里他创建了一种主要是中国式的政府形式，但它也空前的复杂并具有国际性。

他有一个最重要的优点：不受前例的束缚。以往的皇帝都是通过几个执行机构来进行统治的。忽必烈却看到这可能成为灾难的源泉。他只有一个机构，中书省，而他本人就是最高首领，然后是中书丞相（通常为2到3人，偶尔会多达5人）、枢密官、助手、约200名官员和数百名办事人员，共有18个等级，每个等级的地位都根据高低、头衔、薪水与额外津贴而予以详细的界定。①

中书省控制着六个部：吏部、户部、礼部、兵部、刑部与工部，而每个部都有众多的分支部门。例如，工部有53个部门，包括管理佛像、蜡模铸造、青铜铸造、玛瑙和玉石工、泥瓦工、木工、油工、编织、染色、地毯、帐篷、窑工与皮匠等的部门。对所有这些部及其分支进行核查的是一个检查机构，某种形式的国家审计署，有3个全国性的总部。

与民事管理部门完全脱节的是枢密院，兵部只是它与民政机关的联系。这是忽必烈在1262年山东的李璮叛乱之后作为其权力的保障者而建立起来的机构。它是一个彻头彻尾的蒙古人的天下，是由蒙古人掌控的最高机密，所有的汉人都被排除在外，以便于阻止他们知道军队的力量、部署或者军备。它控制着所有的武装力量，包括军官的任命，中国以及中亚军事单位的训练，保留记录以及进行所有的审计程序。这可能是忽必烈管理天赋的最伟大的一笔。成吉思汗建立了一个只将忠诚赋予他自己的非部落的体系。忽必烈则意识到像这样庞大而持久的部门将会与只作为个人的他毫无干系。它的人员——大多数都是文书，而非将军——需要被塑造得对不同的实体尽忠：不是对走马灯一样的皇帝，而是对国家。

然后还有宫廷。专职的工作人员负责照料仪式、礼节、烹饪、粮仓、储物库、服装与特殊的食物。工匠团队提供黄金、白银、瓷器、宝石、纺织品。还有专门的负责狩猎设备与养马场的部门。这是一个本身就有仆人、管理者、娱乐专家、历史学者、翻译、通译、占星术士、医生、图书管理人员、神祠看护人员、乐师和建筑师的

①穆特，F.W.:《公元900～1800年的中国帝国》。

世界。

其他一些机构并不受上述诸方的直接控制。有三个学院致力于蒙古研究；一个穆斯林的星象局给穆斯林们自己研究设备；宣政院——八思巴的私人帝国——则起着某种遥远的西藏政府的作用，监督着西藏的宣慰使司以及中国各地日益增长的对佛教的兴趣：寺庙、僧院及其他财产。

处理由征服到常规的军事管理的转变诸事宜是枢密院的职责，这种变化的影响将会给未来的麻烦埋下伏笔。成吉思汗时期，蒙古人的体系曾经将每个家庭都纳入到它的军事机器中。因此家庭必须得到不只是军饷的支撑(这无论如何都不是一个在帝国早期存在的概念)。最初的奖赏是战利品，然后，随着疆域的扩大，是土地。这也就是“百户”与“千户”之长如何来供养他们的军队。因而它是一种将土地——封地——分封给诸王与将军的体系。但是随着帝国的控制，分封份地的体系便不再起作用了。没有多少蒙古人具有管理农场的抱负或天赋，大多数人都是远离土地的地主，将他们的土地交由仆人来看管，而后者的地位只比奴隶略胜一筹，根本就没有兴趣来做好工作。这一体系易于自我垮台，任由其土地荒芜，人民穷困。所以忽必烈停止了份地的分封。蒙古的地主们卖光了土地，并发现他们被抛在了一边，游离于军事体系之外，没有技术、没有受过教育、回到家乡也没有安身立命之所，但还仍然自信是精英阶层的一部分。他们简直就等同于帝国的美国南方的穷白人。后来，这成为吞噬了忽必烈继承者灵魂顽疾的一部分。

行省也是忽必烈的另一个创造。随着蒙古人征服浪潮的向外扩散，新近征服地区的管理便被交给了其缩微版的中书省，它们仍然是政府在11个行省的分支机构，而后来它们也拥有了所有其他的部门。它们并不是行省的政府——忽必烈想要其官员直接从中央进行管理，以避免地方的尾大不掉——但它们却构成了相继由清朝以及共产党在1949年后建立的行省管理体制的本质要素。云南、陕西、四川和甘肃的存在都要归功于忽必烈，这种管理体制一直深入到基层。行省又被分为府、州与县，而每个府、州、县又根据其大小被分为两级，每一级都设有不同等级的官员，从最大的府的正三品（管辖人口超过10万户）到最小的县的副七品（不到1万户）。

作为CEO的忽必烈担负着管理帝国这个公司的责任，而这个公司则高坐于商业发展的车轮之上。工匠们得到定量供给的食物、衣物与盐，并被免除了强制性的劳动。先前被看做为寄生虫的商人现在也得到了鼓励，主要是由于与穆斯林世界进行的贸易蓬勃发展。中国的纺织品、陶瓷制品与漆器通过各个港口输往世界各地，而药品、香料、调味品与地毯则被输入进来。

在某些方面，忽必烈也是一个理想的艺术赞助人。他本人并没有成为一个专家的意图，但他却深知艺术是十分重要的，而且由于他希望取悦于所有的臣民，所以不分种族与信仰对所有的艺术家一律采取鼓励的态度。因而他几乎是在不知不觉中成了一种改变的力量。还记得那位八思巴的朋友兼白塔的设计者、尼泊尔建筑师阿尼哥吗？他证明了自己是一个如此炙手可热的人物，以至于成了全国的所有工匠的首领，并最终得到了一处豪宅和一位由忽必烈的妻子察必为其挑选的富裕的妻子。结果，元朝的一些建筑拥有了西藏与尼泊尔的风格。

以中国颇负盛名的陶瓷为例，北方已经建成的主要瓷窑共计10座，而南方则有14座。连年的战争已经基本上毁掉了北方的陶瓷生产，而到忽必烈践祚时，他对餐具没有表现出任何兴趣，也许你会以为，这将对这类贸易的整体造成阻碍。事实却恰恰相反，南方瓷窑的产品源源不断地装满南下驶往南方大港泉州的大车，就是那个马可·波罗以其阿拉伯语名称叫做刺桐的地方。他说：

> 所有的印度（亦即亚洲）船只都来这里停泊，它们带来了那里的香料以及所有其他种类的贵重物品。它也是一个所有蛮子（亦即中国南方）商人都要停泊的港口，因为这里进口了最为令人吃惊的大量商品和宝石与珍珠，它们也正是从这里被输往蛮子各地。而且我敢说，每当有一艘装满胡椒驶往亚历山大或其他地方、其目的地是基督教世

界的船只时，这里就会驶来100艘这样的船只，是的，甚至更多。

在与这些进口物品进行交换时，陶瓷制品装入了驶往东南亚、印度以及伊斯兰世界的船只——伊斯兰世界的一半都是由蒙古人控制的，而蒙古人也很快地接受了其臣民精美的口味。的确，大多数商品都是由这里出口的，泉州（刺桐）处于波斯商人的控制之下。在忽必烈的支持下，南方的瓷窑可以把注意力集中在出口以及进行试验，以便给顾客提供他们想要的高质量的产品上。结果，正如一位专家玛格丽特·麦德利所说的那样："元朝标志着从石质器皿转变的开始，那是一种经高温烧制的器皿，通体颜色发生变化，变为美丽的白色的瓷器，其质地坚硬，经过了玻璃化，呈半透明状态，即那种我们现在会自然而然地与中国联系起来的瓷器。"这一革命还有更多的内容。在中东，一种极为稀有的金属元素钴长期以来被用来给小雕像与项链上的珠子增加一种淡蓝的色调。似乎是有人把它带给了中国的制瓷工匠，来看看他们能用它来做点什么。这些工匠们充分利用了它：钴蓝色瓷器变得非常有名，随着出口的大幅增加，税收——对瓷窑、工匠以及产品征收的——也滚滚流入忽必烈的金库。忽必烈自己的漠视导致了一种技术与产品——福建的白色瓷器、浙江的青灰色瓷器，亦即釉底色彩为蓝色的创新，倒称得上是一个小小的嘲讽，这不但加强了他的经济力量而且任何一位现代的收藏者都会为其中的任何一件样品不惜花费数千美元的重金。

为了经营他们的财富，结成团伙的商人们变成了银行家，以年息36%的利息放债。他们与忽必烈的政府成了合伙人的关系：法律迫使商人们在入境时把他们的金属钱币兑换成纸币，此举给政府提供了贵金属的储备，而这种储备又被用来支持以10%的年息贷款给商人组织，这样，商人组织实际上就变成了政府认可的放高利贷者。从商业贸易中每个人都获得了利益。甚至包括农民们吗？答案是肯定的。毫无疑问，身边有财政顾问的忽必烈肯定争论过把商人的财富转变为政府的财富，而这笔财富又可以用来资助公共工程，使穷人得到赋税的减免。自然，如果一个农民陷入高利贷者的债务，那就是他的错误。政府不可能对每个商人放贷者负责，虽然他们把那些未能按月还贷的人强送官府。大多数人都将获得利益。这是一种超越其时代的积极投资的经济。

忽必烈在经济上的巨大成功是纸币使用的推广。由于实用的原因，纸币是一个伟大的发明，中国人在几乎300年前宋朝统一全国的时候就已经发现并以蓬勃发展的经济使之发生了革命性的变化。正如我们在第三章里看到的那样，统一、富裕与稳定打开了一条通往以铜币为基础的单一货币的道路，通行的是笨重的串在线绳上的1000枚铜币。由于在全国范围内有生意的富裕商人并不愿意携带如此重量的现金，地方政府发行了可以在其他城市兑换的存款凭证——所谓“飞钱”。基本要素已经存在了数世纪之久，首要的是纸张（公元105年是传统上认定的发明时间），它是用捣碎的桑树内皮制作的，然后用雕版木刻进行印刷（来自8世纪的日本）。1023年，国家在没有考虑基本经济条件的情况下印制了最初的纸钞。关于纸币一个无法回避的真实情况就是，纸张不可能等同于印在其上的票面价值。这完全是一个以这些纸币背后的东西为基础的信用问题——作为整体的经济、或者黄金、或者在此情况下的铜币。到12世纪初期，7000万“贯”纸币开始流通，但这远远超过了可以用金属货币支持的一切，因而也导致了历史上的第一次通货膨胀。另一个问题就是伪造，如此精美的纸币只有专业化的机构才能印制——当然还有通过处决造假者等方法来加以抑制。

在正确的建议之下，忽必烈使得经济中的这两个问题处于良好的控制之下，此种状况即使现代的财政部长们也会引以为骄傲的。四个经济发展的支柱——国家的统一、内部的稳定、很高的信用、良好的增长——使得纸币体系远比宋朝时代有效。他尝试了三种体系，一种是以丝的储备为支持，另外两种的支持物则是白银，使马可·波罗吃惊与羡慕的是，后者变成了普遍的支持。这是一个最为奇特的观念——这个社会都将其价值置于一种用桑树内皮制造的凝固了的泥浆上——所以他涉及到了一些细节。他描述了纸张的生产，及其到钞票的变化，官方的朱红色印信的运用，以及它们的进入流通领域。“每个人都乐于接受它们，因为无论一个人走到大汗统治区域内的任何地方，他都会发现这些纸制作的货币，并且也愿意以它们为手段来销售与购买任何商品，仿佛它们就是纯金的货币。”忽必烈自然也用他自己的货币去购买外国商人的商品。“他每年都购买大量珍贵的物品，以至于他的财富不计其数，而与此同时，他所支付的所有的钱对他来说都一文不值……你也许会说他完全掌握了炼金术的秘密。”

马可·波罗不可能理解忽必烈是怎样用纸张创造财富的。在某种意义上，忽必烈只是通过避免不可为之事而只做可为之事的方式，偶然发现了约翰·梅纳德·凯恩斯的经济学理论。凯恩斯宣称，一个政府可以向自己借钱，然后再用自己的钱进行投资去创造盈余，从而使它偿还借款，以这种方式政府就可以刺激经济的发展。在13世纪的中国，事情并没有复杂到需要借贷的地步。皇帝只要保证稳定，维持对自己货币的信用足矣。他允许在需要时与白银的自由兑换，以及避免重蹈宋朝之覆辙——印制太多的钞票并因而引发通货膨胀。这是一个后来的王朝（以及许多现代的政府）都无法望其项背的巧妙的计谋。在元朝1368年倒台后不久，纸币在长达400年的时间内退出了流通领域。

忽必烈的革命中的另一个因素是新的法制体系①。从根本上而言，由于他来自外部世界，所有以前的法规加上可以回溯2000多年的法制传统，在被重申之前突然间就变成了一纸空文。成吉思汗的法律体系，一系列由他的养弟失吉记录下来的法令，不具备对中国这样一个庞大而复杂的社会所必需的严密性。他的谋臣们很快就重新开始将这两种体系的因素结合起来。他们如何做到了这一点并不完全为人所知，因为只有一些文献的残卷幸存了下来，但是正如一位专家在一份写于1266年的备忘录里所说的那样，总结所有正确的程序、法令与判例将要花费30年的时间。即使那样，也不会

①这一部分以保罗·衡兆·陈（音）：《蒙古统治下的中国法制传统》为基础。

有统一的平等适用于蒙古人、穆斯林和汉人的法令。法律条文的起草断断续续。与此同时，日常的判决一如超过700年的中国历史所进行的那样，以五刑为基础：绞杀或斩首的死刑；三种距离的终生流放——1000公里、1250公里、1500公里——根据罪行严重程度而定；可以长达3年的徒刑；从60～100下的杖刑；以及从10～50下的笞刑。在忽必烈的统治下，众多的改进被引进。大汗的官员们对于绞刑的使用充满疑虑，这种刑罚不涉及流血，在蒙古的传统上只适用于出身高贵的罪犯。对于最为严重的罪行——叛逆——他重新使用了很少被使用的先例：用慢刀割人致死，"凌迟处死"这一虐待狂似的概念就源于这种刑罚。实际上这种刑罚也不是割1000刀，最初只是割8刀——脸、手（两刀）、足（两刀）、胸、腹、头——然后随着进程而增加——24、36、120——取决于使受刑者遭受的痛苦。仅仅流放也不被看做是一种适当的刑罚，这主要是因为，对于一个居无定所的游牧民来说，被送到其他某个地方实在算不上什么刑罚。所以流刑被在盐矿或炼铁厂或某个遥远的军事基地的苦役所取代，同时还要加上杖刑，从1年加67下到3年加107下。这种杖殴分为用很轻的棍子行刑的6个等级的笞刑（打7、17、27、37、47与57下），和用很重的棍子行刑的5个等级的杖刑（打67～107下）。"许多人，"马可·波罗记录道，"都死于这种杖刑。"

这听上去非常严酷，但事实上元朝的法律却以其宽大而著称。宋朝刑律开列出的可处以死罪的罪行共计293项，元朝只有135项，这一点与蒙古人使用极端的酷刑对付所有罪犯的通行的观点相抵触。事实上，此后的明王朝又将这一数字重新推高，有一位官员就曾经抱怨过忽必烈的妇人之仁。此外，实际上的死刑执行数也相当低。在1260年与1307年之间，共有2743名罪犯被处决（尽管有9年的记录缺失）。在1亿人口中平均每年处决72人，只及美国在20世纪30年代拥有相同数量的人口时所执行死刑数量的一半，此后世界潮流发生了相当的变化，2002～2004年间，平均每年的死刑执行数量为60人，考虑到人口的规模，只是忽必烈时期的数字的一半，随着时间的推移事情发生了改进。

罪犯也被要求对其受害者支付赔偿，这一实践来源于蒙古人花钱消灾的传统。在蒙古的法律中，例如，有一条法规规定，在谋杀案件中，凶手可以通过“支付罚金——杀一个穆斯林，40金币；杀一个汉人，一头驴”——来免于死罪。在忽必烈统治下，一些人也可以只支付罚款来抵偿罪行：这类特定的人群为超过70岁的老人或15岁以下的少年（除了针对10岁或者以下的女孩子的性侵害犯罪）。但在大多数情况下，刑事处罚与民事赔偿是并行不悖的。例如，如果一个男人打死他的嫂子或弟媳，他将受到杖刑107下以及支付死去的妇女丧葬费用的惩罚。

传统上，官员犯罪处罚较轻。忽必烈治下却并非如此，“任何一个对其下属之妻实施强奸而未遂的官员，将杖107下永不叙用”。

在其他一些方面，忽必烈赞同宽大为怀。一些罪犯得到了类似于限制居住的惩罚。对于暴力抢劫初犯，犯罪者在受到惩罚之外还要在其右臂刺上“抢劫或偷窃一次”的字样，同时还要到本地的政府机关进行登记，然后在那里作为辅助警务人员服役5年：这种惩罚与社区服务、歧视与监督的结合，强化了社会的联系。

这个世界上最有权力的人，一个因其铁腕统治国家而著名的领导人，怎么会对其国家进行一种相对宽大的统治呢？因为他的人民只做那些要他们做的事情，而且忽必烈也深知正义就是正义，严刑苛法是会产生反作用的。1287年约有190人要被处死。忽必烈下令缓刑：“罪犯并非羊群。他们怎么可以被立即处死呢？让他们沦为奴隶并被分配去用筛子淘金倒很合适。”这充分表明他是一个知道如何从财产中获取最大利益的人。

所以，作为一个试图不断扩大其帝国而其军队又要为数百万中国人的死亡负责的征服者，忽必烈仍然可以被看做为一个意图与行动并不全都是非常坏的人物。甚至从汉人的视点出发，我们也必须赋予他一些美德。对于那些在这个问题上有任何选择自由而这种选择又不是非常多的汉人臣民来说，这的确是个问题，也是被征服民族的一个老问题：是永远反对入侵者直到死去，就像数百位知名的以及不计其数的无名的自杀者那样，还是拥抱背叛——这是一种把被指责者标记为罪恶之源的指责——接受、俯首称臣、通敌合作、生存下来然后昌盛呢？

当然对这个问题并没有现成的答案。时间的流逝可以作出回答。今天的毫不妥协似乎会是明天的愚蠢；今年的背叛也似乎会是明年的明智。但仍然不会有持久的答案。即使忽必烈宣布建立了一个新的王朝，尽管人们接受了而且还将继续接受这个现实，征服还是注入了一种苦涩的病毒，而这种病毒最终还是将感染并压垮忽必烈的那些不能胜任的继承者。

让我们来看看有一个人是如何在这种道德的迷宫中挣扎着寻求出路的。他并不非常典型，因为他是一个绘画大师，有人称其为天才。不过谁是典型？每个有自由的人何时必须作出他们的选择呢？

他的名字是赵孟頫。作为宋宗室远亲的赵孟頫在25岁刚刚开始作为一个低级别官员的官宦生涯时，其世界就已经被蒙古人的入侵所粉碎。与许多其他的学者官员相同，他受到了新王朝的粗野、其将南方人置于社会底层的直言不讳的阶级结构以及他们自己无助的惊吓。没有了给受过教育者提供职业机会的考试，他们也就失去了希望。他变成了一个宁愿隐姓埋名也不愿意通敌合作的先朝遗民、一个“残余”、一个抵制主义者，并且回到了他的家乡，当时的吴兴，今日的湖州，此地无论过去还是现在都因其秀丽的乡村景色而声名遐迩——北部是巨大的太湖，西部是天目山的竹林。在一处乡村的隐居地鸥波亭，他致力于古代经典的研究，并且显示了惊人的天赋。他并不是独自一人。吴兴的湖水与青山促成了大师们松散的联盟，他们成了著名的吴兴八杰。在接下来的7年时间里，他作为绘画、书法与诗歌三个艺术类别的大师而赢得了声誉（许多人认为，在所有这三个方面他都堪称那一时代的最佳）。1286年，一位宫廷官员抵达吴兴，以忽必烈的名义搜寻天赋之才。他听到了八杰的名声，找到了他们，并给他们提供了为帝国效忠的机会。

赵接受了。有一则记载称，正是他的母亲说服了他，希望他能够在尚年轻时出人头地。而一些拒绝接受者则与其反目成仇——宋朝开国皇帝的后裔居然服侍蒙古人！——而且从此以后一个背主骂名便笼罩在他的身上。这并非一个很容易作出的决定，而且其后果也是无法逃避的。赵不但在政府中——作为一个枢密院官员与行省高官——谋得了显赫的官位，而且作为学者与画家也声名卓著。但是他对于失去家园所感到的遗憾，却在折磨着他的余生。正如他在一首诗里写到的那样：

谁令堕尘网，
婉转受缠绕。
昔为海上鸥，
今如笼中鸟。
哀鸣谁复顾，
毛羽日催槁。

他的忧伤也弥漫在一幅有毛色光亮的绵羊和一只看上去很痛苦的山羊的绘画上：乍看上去十分简单，细看却寓意深刻。与一种传统方式相同，它包括有赵的优美的书法，也正是这书法揭示了隐含的意义。“余尝画马，未尝画羊。”他题写道，仿佛在说他曾为其爱马的主人画过一些他们钟爱的主题，而不是那些距他们统治的人民更近的主题。“余故戏为写生，虽不能逼近古人，颇于气韵有得。”一位评论者李楚青（音）认为，这里远不仅只是提及古代的绘画传统。绵羊与山羊代表两个汉朝时期（公元前206～公元220年）被雄踞长城以北的蛮夷帝国匈奴俘获的将军（匈奴——蒙古语称Hunnu——可能是匈人的祖先）。这两位将军都有通敌的机会。其中之一苏武拒绝了，并被迫做了20年的牧羊人。在那里，他就如同那只傲慢的绵羊，带有一种自满的神情与骄傲的外表，成熟到可以下锅了。而另一位，李陵接受了，回到了家——那只瘦弱的山羊，神情沮丧，但至少还活着为另一天而战。

关于忽必烈与艺术有一些自相矛盾的地方。他鼓励艺术家，然而，就像许多其他的赞助者一样，绝不可能成为中国辉煌的艺术传统的一部分。在汉人的画家看来，蒙古人过去是而且还将依旧是蛮夷。但尽管如此，那些伟大的画家还在为新的王朝服务，这种内心的冲突也许会摧毁他们。事实上，它也刺激了他们。无论是通敌者还是拒绝合作者，可能都已经回归了传统主义。实际上是使传统进一步向前发展了。

其中的原因之一就是，在约150年的时间内，南北方之间首次可以自由往来。沉溺于南宋王朝所喜爱的美丽而又琐碎主题的南方画家，发现了一种更强悍、更自由的传统风格，这种风格在旧的宋帝国被与蒙古人同属一类的“蛮夷”前身辽王朝于1125年割去半壁江山前在北方占据着统治地位。

在其最为著名的一幅画作里，赵孟頫包含了这一切，而且更多地将它们融合在了一起。他结合了两种绘画传统，运用自己的经验与情感，为一位老友创造出了一种感人至深的姿态，并且揭示出了某种由政治形势强加给他的痛苦。在6年的时间内，他身任旧南北分界线北方的山东省的同知济南路总管府事。1295年回到家乡后，他重新找到了一位朋友周密，而周的祖先，在三至四代之前，就是在济南地区陷落于金人之手时逃亡到这里的。他仍然将济南当做他的故乡，并梦想着有一天能够回到那里。随着国家被蒙古人重新统一，这就变成了一个他可以实现的梦想——除非他要做一位遗民，一位为抗议蒙古人的统治而远离公众生活的拒绝合作者。赵向他的老朋友描述了其梦想中的地方，正如他在题字中所叙述的那样：“为公谨说齐（济南附近）之山川，独华不注最知名……而其状又峻峭特立，有足奇者，乃为作此图。其东则鹊山也。命之为《鹊华秋色图》。”这是一幅简单的描述性的场景：多沼泽的大地向地平线延伸，树木丛生，两座大山遥遥相对——其中之一是荒凉的双三角形，另一座像是远处的艾尔斯岩石（澳大利亚中部的一块巨石，位于北领地艾丽斯泉市西南方向约340公里处，是世界最大的整体岩石——译者）——几座房屋，一个几乎淹没在风景中的矮小的渔夫，所有这一切都沉浸在一种秋天的忧郁氛围中。这并不是一种传统的美丽景色：没有高耸的山峰与朦胧的森林。它也不是真实的现实生活的反映，因为这两座山实际上相隔遥远。这倒似乎更像是通过展示其朋友未曾谋面的家乡的凄凉景象，他在大声疾呼：我们不要再装作生活是件美妙的事情了，它不是，它是一件艰苦的事情。总之，最终重要的一切是什么呢？蒙古人？我们自己微不足道的痛苦与分裂吗？这一切都有如过眼烟云。在我的画作里，只有它们才是经久不变的：苍凉的群山、扭曲的树木，以及艰辛的劳作。

《鹊华秋色图》是最令人羡慕的中国画之一，是许多这样的画作中的一幅，用学者詹姆斯·卡希尔的话来说，它“展示了一种令人惊异的独创性与创造力，提供了一种重要的将会改变中国风景画进程的风格上的创新”。没有忽必烈，它们就将不复存在。我们也许会质疑最初的情形，即那种残酷的征服。但是，考虑到这些，结果可能会更坏。

*

这里有一件奇特的事情，蒙古人喜欢戏剧，他们之所以喜欢它是因为这完全是一件新鲜的事物。“没有任何证据表明在蒙古社会的前帝国或早期帝国期间有任何形式的戏剧产品的存在。”两位蒙古社会的专家扎奇斯钦与保罗·海尔如是说，“在游牧社会中发展出一种专门化的戏剧是十分困难的。”他们又冷静地补充道。

没有人记录下有蒙古人出席观看的第一场演出——也许是成吉思汗在1211年第一次侵入北方时就明智地选择了投降的某个城镇的一种街头表演。我想象这一场景与我在2002年在中国最贫困的地区之一甘肃省固原县所看到的情景应有雷同之处，当一个巡回演出团体到来时，一群两百到三百衣衫褴褛的人在黄昏时分演出开始之前就坐在主要广场上拉着幕布的舞台前足足一个小时，幕布后的演员们则在做着最后的艳丽的化装。现在如果我们的思绪跳回到800年前，就可以看到背景有一支仍然骑在马上的蒙古人的军队。他们已经征战了数月之久，而且急切想要某种轻松的娱乐。身着鳞片状甲胄、头戴皮制头盔的蒙古军官们翻身下马走上前去，表情严厉但却充满好奇。他们被战战兢兢的市民们领到前排，并在那里困惑而又沉默地等待着，直到夜幕的降临。幕布打开了，充作舞台脚灯的蜡烛照亮了一个面目狰狞的人的脸孔。这个名字为毛的人直接对观众说：

毛：某，毛延寿，领着大汉皇帝圣旨，遍行天下，刷选室女。（在这一幕几分钟后，一位名叫王昭君的姑娘走上台，她难以置信的、绝代无双的、不可思议的美丽，她身穿丝绸略施粉黛。前排的甲胄之士发出一片惊叹声。）

昭君：妾身王嫱，小字昭君，成都秭归人也。父亲王长者，平生务农为业。母亲生妾时……
（她解释了她的情况：家境贫寒，18岁时被选入后宫，由于得罪毛延寿，被深藏后宫。她从未见过皇帝，很悲伤。）
……当此夜深孤闷之时，我试理一曲消遣咱。
（弹奏琵琶。皇帝上。）①

蒙古人也许并不能完全看得懂，但他们的翻译却在努力地工作；他们被那个女孩儿的美丽深深打动，也痴迷于她的歌声，他们痛恨那个恶棍，也完全了解他们的敌人——皇帝，他们被这个故事所吸引，正如他们不久将会了解到的那样，这个故事在中国是十分有名的（实际上至今仍是如此：内蒙古的首府呼和浩特市最好的酒店之一就是以这个女主角命名的）。每个人都知道美丽的小王昭君是如何被送出长城，做了在遥远的地区的匈奴单于的妻子。她十分悲伤，希望自己是一只金色的天鹅飞回故乡，她悲切地哭泣：场景令人心碎。

①这里有点著作者的放肆。这些引文实际上出自一出元朝戏剧，马致远的《汉宫秋》，但这个故事却十分久远。它的某个版本在宋朝时代有遗存也并非不可能。

类似这样的情景肯定曾经发生过。当1214～1216年间成吉思汗围攻北京时，他的得力助手木华黎则横扫满洲。有两座城市进行了顽强的抵抗，正如在这种情况下通常做的那样，木华黎说："此叛寇，存之无以惩后。"他屠杀了所有的人，除了工匠、手工艺人——以及优伶。

这些传统当然足够丰厚来吸引蒙古人。数世纪以来，中国人始终在观看着舞蹈表演、音乐、朗诵、说书、露天演出以及各种各样的表演；宋朝统治时戏剧有了蓬勃的发展，南北方之间出现了不同的传统。考古证据证实这已经不仅仅是街头的娱乐了。1958年河南出土的墓室瓦片表现了一些传统的戏剧角色，而约1970年山西的挖掘则揭示出了一个砖瓦结构的省级剧院的遗址。甚至是在遥远的满洲也有一群人、一种剧目与音乐以及一个主要的女孩来愉悦入侵者。

一旦大权在握，作为艺术赞助者的忽必烈就确保了他的人民拥有剧场，而且为数众多。但他并不仅仅想要旧的班底，他想要被设计得能够吸引蒙古人及其十分国际化的宫廷的新创作。这就意味着这一旨意非常易于遵守，因为忽必烈本人并不会讲汉语而且对于高度发达的宋朝文学传统并不熟悉。这也导致了宋朝文学界的某种形式的革命。他们对于戏剧有着相互矛盾的态度，就像英国复辟时代的观众一样。他们由于戏剧的娱乐价值而热爱它，但剧本却要用白话文来书写，男演员被人轻视，女演员则类同娼妓。简言之，无论从任何不同于他们自己的角度看，宋朝的文学界都是些令人惊异的自命不凡之人。创作新的戏剧将会是贱卖他们的诗歌技巧。没有人认为剧本是文学，也没有人想到要保留它们。结果，元朝以前的剧本鲜有幸存者。

在忽必烈统治下，所有这一切都发生了变化。在宫廷有两个机构，一个负责音乐与表演，另一个则负责安排皇宫的仪式与戏剧。调子由主顾来定，而与其臣民相比，祝福的品位则更为简单。正如元曲的第一位翻译者亨利·哈特在1936年用略显非专业的术语所评论的那样："由于对于文学与文明生活礼仪的无知，哲学与诗歌、优美的舞蹈与雅致的音乐对他们并无吸引力。在风沙肆虐的荒漠上成长，热衷于战斗与掠夺的他们……更喜欢用普通人的日常语言书写与表演的戏剧。”

正是这样一种要求使中国的戏剧得到了复兴。在忽必烈新建的北京大都内外，一个新的剧作家的群体开始出现。他们中的许多人都是由于考试制度的终止而倍感挫折的学者，热衷于弥补他们微薄的吏员收入，赢得人们的认可并且为他们的文学才华找到一条出路。他们创造了〔正如中国戏剧史学家石崇文（音）所写的〕“无论就质量还是数量而言都有中国戏剧史上前无古人后无来者的大批著作，从而使得元曲成了中国文学史上最为辉煌的流派”，对于史学家来说，这片沃土却有一个缺点，作者们仍旧羞于将他们的名字与作品联系起来，所以有关他们人们知之甚少。幸运的是，一位剧作家钟苏城（音）在《鬼魂录》中收集了元朝作家的书目注释，该书的标题就是对其不可见的研究对象的评论。在书中列出的152人中，有111人是剧作家。

肯定有成千上万的剧作被写了出来，其中约有700部可以得知其名，150部幸存了下来，也许因为它们是最好的。它们属于我们熟知的“杂耍表演”或“联合演出”的类型——即我们可以称其为音乐剧的类型，除此而外，由于优秀作家们的卷入，它们也远远超越了那一点。它们探寻当时社会的忧虑：压迫、不公、腐败，以及与权贵的抗争。当然，它们是以自己的而不是西方的语言做到这一点的。以小心翼翼设置的有秩序环境为背景，这些戏剧并没有像莎士比亚以来在西方戏剧中颇为普遍的那样展示内在的痛苦与毁灭的激情。有一些逃离现实世界到了某个不知发生在何时的浪漫故事中，譬如《西厢记》，它来源于大约在公元800年首次被人写下来的故事。一位书生从叛乱者手中救出了一位美丽的姑娘，他向她求婚，但是她凶恶的妈妈表示反对，一个聪明的丫鬟帮助了他们，妈妈被争取了过来，大团圆的结局。在经过多次重写之后，这个故事被王实甫改编成了一个著名的戏剧，并在此后长盛不衰。笔者2004年在北京购买了一个小说化了的版本。

与莎士比亚的作品一样，这些主题都是在历史的背景下进行探索的。由于担心获罪，它们不可能被设置为现实的题材（尽管如果略加掩饰的话，温和的批评无伤大雅，但正如一则有关宫廷的表演要求的描述所揭示的那样："如果有所批评……演员则应把事件置于一个暗含有批评之意的故事的外表之下，如此一来就不会造成龙颜不悦"）。这就意味着这些剧本不受时间限制。它们尽力起到戏剧应该起的作用，并因而将现实的关注转化成了一种永恒的主题并将它们作为娱乐形式而呈现出来，这种形式偶尔也占据了文学的高地。

由于他是元代最为丰产的剧作家，关汉卿可谓所有人的代表。实际上有关其生平的一切都是模糊不清的。他大约出生在1240年，一直活到很老，约死于1330年前的某个时候。他写了63或64部音乐剧（其中一部的作者身份尚有争议），流传下来的有14或18部（另一个存有争议的问题）。它们中的大多数都是有关爱情及其欢乐与痛苦的：官妓与书生、皇帝与妃子之间的爱，以及各种身份高低不同的相爱的人物。描写女主人公是他的擅长。现存的14部戏剧中，11部都有一个坚强、勇敢、意志坚定的女主角，而首屈一指的当属其最好的剧作《窦娥冤》中的女主人公。她只是一个村姑，一个年仅18岁的寡妇。一个鲁莽的起诉者指控其谋杀。她被带上了法庭，并遭到一位贪腐的地方官员的酷刑。当她拒绝承认时，那位官员威胁要毒打她的婆母。为了拯救婆母的性命，窦娥被迫认罪，并被处以死刑。在行刑的前一夜，她许了三个愿，其中之一就是这个地区遭受三年大旱。她的所有愿望都变成了现实，这就证明苍天已经听到了她的祈祷。大旱引起了她位居高官的父亲的注意，他重新审理了此案。而作为鬼魂重新出现的窦娥控诉了她的原告。正义得到了伸张，大地又重现生机。

使该剧成为经典的并不是它的情节，而是其诗歌一般的语言，正是这种语言给了它史诗般的辉煌。窦娥并非一个普通的姑娘，她纯洁、孝顺、富有自我牺牲精神，是一个圣女贞德一样的人物，也是一个遭受痛苦的民族的象征。"为善的受贫穷更命短，"她唱道，

“造恶的享富贵又寿延。”但是正义不可能永远被鄙视。她的死促使上天采取行动，将正义还给了不公正的世界——这些伟大的主题保证了这部戏后来的几种版本流传至今，包括一种现在用京剧演唱的版本。

忽必烈给中国带来了某种数世纪以来都未曾有过的稳定与安全。可以容忍的税收水平、法制、积极的或者最坏也是中立的艺术政策、有助于大众利益的公共工程——你也许会说他给他的人民带来了某种程度的幸福。比例很小的精英——上层蒙古人、上层汉族官员、穆斯林商人会同意的。而其余的1亿大众会处境更差吗？我们不可能知道，因为我们所理解的幸福观念只是在18世纪才出现的。最近，它自己作为一个研究课题已经出现；现在我们可以以调查、统计数字以及分析为基础，来对这一问题进行回顾与探讨。正如理查德·拉雅德在《幸福：来自一门新科学的课题》一书中所指出的那样，幸福的一个定义就是今天比昨天稍好的一种感觉。13世纪中国的人民大众是从一个非常低的基础开始的。他们无疑仍然害怕饥荒、疾病与洪水、税收官员、放高利贷者、寻求强征人们入伍从事强迫劳动的官员；但是他们也知道在前两个世纪中有成百上千万的人死于非命，更多的成百上千万人被迫背井离乡，而至少从1276年以来他们处在和平环境之下。他们可以带着和从前相比更多的希望辛勤劳作，而这些希望也并不是都会落空。中世纪的中国没有一个人会认为政府的目标在于增进人民大众的幸福指数，但无论如何忽必烈及其官员在创造稳定、连续性以及国家财富时，也设法达到了如果不是最大多数人的最大幸福，也至少是在25到30年间，减少了大众不幸福的感觉。

KUBLAI KHAN

忽必烈汗

第四部

冬

第一章 神风

KUBLAI KHAN

在1280年征服南方以后，忽必烈可以再一次转向日本了。此刻他已年届六十五，时间对他来说已经十分紧迫。他的行为就像一个中邪的人，既有实现其祖父征服世界的野心，也有因其抵抗他的蛮勇而惩罚这个“倭国”的需求。对于一个有关其合法性的主题与以往一样深信不疑的皇帝来说，他也总是决心尽可能快地来证明自己。

直到最近，有关这次战役的记录被日本人的观点所左右，因为他们是胜利者，而与输家相比历史则更多地属于赢家。这个故事已经被经常地讲述：强大的中国舰队在行将摧毁不幸而又过时的日本武士之际，上苍是怎样通过掀起一阵将忽必烈的舰队横扫湮灭的台风而帮助日本人的。此后不久，日本人就将这次风暴称为神风（神也有着“神灵”、“精神”与“优等”的含义），并且将它当做一个日本处在上天护佑之下的证据。这倒很符合统治者的精英阶层，他们的权力也部分地依赖于这样一种信仰，即他们有能力来从事正确的宗教仪式。也正是这种上天护佑的观念使得第二次世界大战期间的自杀式飞行员被称为神风特攻队。在日本1945年战败之前，它一直是个令日本人鼓舞的观念。然而一项自2001年以来的研究揭示出这只是一个神话。在经过了几乎800年之后，结果却是日本人远比他们自己所相信的更有能力。拯救他们的并不是什么神风，而是蒙古人的无能与日本人的作战能力。

有关这次战役从一开始就有某种不祥的迹象。忽必烈并不能真正地接触到现实。就像斯大林格勒战役期间的希特勒一样，他似乎认为只要作出进攻的决定就将不可避免地导致胜利，仿佛决定军事胜败的因素只有意志。他过高地估计了自己，过低地估计了对手，发布了一些不可能完成的命令，忽略了后勤与指挥方面的问题，不顾6年前发生的事情而完全不把气候因素考虑在内。

为了确保胜利，忽必烈需要一支比以前更大的舰队来运载更多的陆军；为此他需要高丽的顺从。但高丽却在1274年的溃败中首当其冲。它的谷物被征用，年轻人被强拉为船工与武士，只留下老人与年幼的儿童耕种田地。没有收成、没有劳力。在长达5年的时间里忽必烈不得不送粮食来帮助高丽人维持生计，但却无法筹集到所有必要的船只。大多数人都是来自南方，来自从前的宋帝国及其并不心甘情愿的居民。

当然，如果日本人承认了他的君主权威事情就会非常简单了。因而在1279年，另一个使团到达日本，为了避免其前任所遭受的厄运，带着极为客气的指令。不幸的是，他们到达的那一刻恰逢散布恐怖气氛的谣言在陆地上四处传播。当地的一位美女在一种神秘的情况下销声匿迹，很可能是被一伙在无人居住的岩石小岛上建立基地的蒙古间谍所绑架。据说他们的首领爱上了那位姑娘。一支日本军队已经前去拯救，那个首领把她拉到悬崖顶端威胁要杀掉她，但她却跳入大海并游回到岸上，而所有的日本军人却被蒙古间谍谋杀了，只有她自己幸存了下来讲述这个充满戏剧性的童话。这个故事就是这样，它或许是或许不是真实的；无论情况如何，镰仓的政府却认定这个来自忽必烈的三人代表团就是同谋。作为礼物忽必烈送来了一个金质小公鸡，上面刻着一行侮辱性的文字：“给北条时宗：朕将任命你为日本国王。”暗示他将会很高兴地取代日本皇帝，但这对特使的命运没有任何影响，三人均被斩首，抵抗决心也进一步加强。步兵与骑兵大量集中在九州。博多海湾周围的栅栏变得更长更高了，防御工事也出现在了其他可能的登陆地点——主岛南端的长门，同一海岸线北部400公里的播磨港与敦贺港。日本为一次当时看来是不可避免的进攻进行了备战。

忽必烈下令舰队应该在一年多一点的时间内做好准备。如果数字是可靠的话，它将是有史以来驶向海洋的最大的舰队，而且还将保持最大舰队记录超过700年之久，直到被盟军在1944年6月6日（D日）的诺曼底登陆所取代。它将由两支舰队组成，一支来自高丽，由高丽的水军将领统辖，另一支则来自中国南方，由一位投降的宋朝人范文虎统帅——那些在忽必烈1275年沿长江而下时叛投蒙古的官员中的一位——还有一个蒙古的共同统帅忻都。他们带领着一支约14万人的军队。根据《元史》，高丽人提供了900艘船，其余3500艘很可能是来自南方。对于福建一个地区来说，这一压力已经超过了其承受能力，它的商业主管得到命令建造200艘船：这是不可能的，他说，因而只提供了50艘。计划是用两支舰队来运送军队，4万人乘坐来自高丽的900艘船，另10万人乘坐来自福建泉州的3500艘战舰。两支舰队将在日本海岸以外30公里的壹岐岛会师，然后一起侵入其内陆。

这就是计划。但是关于这些数字却有一些非常有意义的东西，它揭示出这个计划是十分乐观的。首先来看一下数字：4400是相当多的船只，尤其是如果就像记载里通常提到的那样，它们是战舰的话。实际上，一个稍长一点的除法就可以看出与西班牙1558年的舰队颇为不同，它由130艘巨型战舰组成，载有2.7万人，每艘战舰约有200人。忽必烈的舰队倒更可以与1944年盟军登陆诺曼底相提并论：约15.6万人分乘5000艘船只（其中大多数是登陆艇），平均每艘船31人……

有关这一点我们倒应该停下来问问：有关忽必烈舰队的这些数字是真实的吗？没有人知道，因为除了官方的来源外没有任何其他的统计数字，所有的估计数都值得怀疑。但在这件事情上，它们并非不可信。忽必烈在沿长江而下进攻宋朝时就得到了大批集结起来的船只。仅仅几年之前，官方的资料就谈到了一支拥有3000艘船的舰队，而且那还只是在长江之上。在那以后，整个宋朝及其所有的剩余船只都落入了蒙古人之手。让我们从另一个角度来看看这个问题：1558年西班牙可以从约700万人口中征召到27000人：这是一个每260个平民中就有一人是军人的比率。13世纪中国的人口大约为5000万。按相同的比率，中国可以征召一支18.9万人的海军部队，足以证实官方数字的合理性。

如果我们接受南方的军队的确约14万人，那么它的含义就十分明确。除了一些主要来自高丽的巨型战舰外，我们在这里所涉及的是一个由小型登陆艇组成的舰队。从朴茨茅斯到诺曼底仅170公里，发动机驱动的船只只需要6小时便可穿越。当6月2日恶劣的天气袭来时，艾森豪威尔可以经受得起将进攻日期推迟一天，然后在经历了一天的延宕之后下令进攻。忽必烈则要其依赖风力和划桨来驱动的900余艘高丽舰队的战舰前进200公里，而来自南方的3500艘较小的船只将要航行令人生畏的1400公里。即使有适合的风力与风向，也需要花上6天时间才能到达集结地点。

显然，忽必烈及其将军们的目的在于完成征服，在8月台风季节开始之前让部队悉数登陆。但是每个有经验的水手内心都深知，根据固定的行动日程进行计划无疑是疯狂的举动。最高统帅忽必烈十分了解在空旷地面上进行的大规模的战役，而且在内亚沙砾与草原的瀚海中，能够做到运筹帷幄、决胜千里。但他却几乎没有见到过真正的海洋，更不用说在海上航行、与台风较量了。被绝望蒙蔽、被权力孤立的忽必烈，正在进行一次可怕的冒险，而且没有一个人将真实情况告诉他。

有些人已经预感到了未来的麻烦。元朝的官员们了解到，日本的皇帝曾经祈祷用他自己的生命来换取国家的得救，他们还报告了一些征兆：等待着跨过海洋的蒙古士兵“会青髯见于水上，海水作硫磺气”。但在忽必烈在场的情况下，人们都对此事讳莫如深。

*

事情的进展从一开始就非常不顺利。高丽舰队一如计划的那样约在5月末就抵达壹岐岛，并进入了漫长的等待。集结在泉州的南方舰队甚至不能够按时起航，一位将军身染重病，不得不被撤换。食物在高温情况下逐渐腐烂，疫病流行。甚至在这支舰队最终起航时，强劲的逆风又将许多船只吹回到沿岸的各个港口。

最后，在6月10日，高丽舰队的指挥官无论如何还是占领了壹岐岛，然后，在又经过两个星期的等待后，他越过那片不大的海域并且在宗像的日本人的防御墙北部登陆，但却被赶回到海湾中间的一个岛上。因而他有足够的机会去侦察博多湾，并且证实他无疑已经拥有经其他渠道得到的有关防御墙的报告；毕竟，该墙已经在那里存留了5年之久。他可能已经看到了在海滩上杀开一条血路的困难性，而且也已经看到了一个解决方法。防御墙覆盖了海滩，但并没有覆盖在海湾两侧的山脉。当成吉思汗于1213年占领一个通往北京的山口时，他就曾经越过一些大山。相形之下，这些山脉根本不可同日而语。蒙古人完全可以从墙的边缘绕行过去，然后再从侧后占领它——唯一的问题是他们将会被看得非常清楚，并会遭遇顽强的抵抗。他们需要更多的军队，而高丽舰队并不能独自从事这类作战。

与此同时，已比计划晚了一个月的南方的舰队却径直前往日本本土，错过了壹岐岛与海上的会师，停泊在了位于博多湾西100公里伊万里湾多山的小岛高岛，该岛恰好在半岛的另一端。在这里，他们打算重新编组，补充给养并且适时进行登陆作战。现在，高岛将要在这个故事中扮演一个非常重要的角色，所以请允许笔者来介绍一下它。高岛是一个美丽的地方，温暖、富饶并且由于它的一种鱼类而蜚声内外：河豚，一种必须小心烹饪因为它的身体的某些部分有致命毒素的美味佳肴。尽管大部分不规则的海岸线只有陡峭的斜坡和礁石密布的海底，但它还是有一个小港口，而且这里的海底既浅又布满泥沙——适于抛停蒙古人的石木船锚及其大理石的横档与木头的锚爪。高岛只有几百个居民，都是和平的农民与渔民，根本不足以抗击蒙古人的入侵。几天之内，所有的人都被屠杀殆尽，直到（故事所说的）最后一家人，他们的藏身之所被他们的小公鸡暴露了出来。唯一的幸存者是一个活下来讲述这个故事的老妇人。笔者确信，时至今日高岛的居民都不再饲养公鸡了。

这并不是一个完美的计划。高岛距海岸只有1公里，但这里的海岸线却是陡峭的并且还有森林茂密的山脉为依托，是进行游击战的理想场所。远离博多湾，登陆地点寥寥无几，而且在每个没有设防的地点，日本的骑兵都会迅速到达将士兵分割开来，并且迫使船只退回到海上；他们所能做的一切就是在外海岛屿上设置几个无用的营地。日本人也离岸进行战斗，他们在夜晚划着活动灵敏的小船出海，割断敌方船只的缆绳，悄悄爬上甲板割断敌军士兵的喉咙，然后纵火烧船。的确，从较大的船只上，床弩的作用就像是重炮，它可以发射粉碎日本小舢板的巨型箭矢。但是在岸上对付陆地目标可能是非常有效的牵引式抛石机，在试图从漂动的平台上对移动目标进行打击时却是毫无用处。忽必烈的将军们用三种语言相互争吵不休，而他们的军队中较大的那部分——汉人与高丽人——也无心为他们新的主人战斗。而有着统一指挥及其背靠祖国的常年备战的日本人却处于一种有利地位，他们以此为依托击退进攻，并进而发动反攻。

从蒙古人的观点看，到处都是大群的日本人，完全可以覆盖20公里长的防御墙，不仅如此，他们还来回奔跑集结在任何受到登陆威胁的地方。后来的一条元朝史料宣称，他们的人数有10.2万人之众。但是由于元朝的官员们是在记录一次灾难性的失败，因而有各种理由来夸大对手的力量为失败寻找借口。此外军队的数字也总是被莫名地夸大，有时候甚至高达10倍。一位12世纪的朝臣令其仆从去清点一支估计人数在10000人的军队，但却发现这支军队的准确人数只有1080人[1]。在这种情况下，历史学家们以大量存留的税收报告和其他文件为基础作出了估量。有两份这样的考察的结果相互重叠了，较低的估计数为2300人和3600人，较高的估计数为5700人和6000人。现在，这些数字以现存的文字资料为基础，许多其他的资料肯定已经遗失，而这些估计数也肯定是非常低的。从约500万的人口中，日本的将军们当然能够征召与1588年的西班牙人或者是与他们目前的蒙汉敌人相同比例的军人，这也就是说一支20000人的军队——平均每米城墙一位防守者。

无论情况如何，这已经足够阻止来敌了，他们在人数上的巨大优势已被发动一场远离家乡的海陆联合作战所遭遇到的困难以及被无助分割的无奈所抵消。

在从6月23日到8月14日几乎两个月的时间里，双方不断进行难分伯仲的小规模战斗。城墙甚至从未经历战斗的检验。只是看到它就足以吓退高丽舰队了，而海陆联合军队从未有机会接近它。

*

在这些渴望战斗者中就有竹崎季长，他的故事仍在有关入侵的卷轴画中继续着。竹崎季长全副武士装束骑马赶到防御墙之后的位置(这道墙在画卷的一部分中出现，看上去非常像今日修复的那一部分)。敌人都撤退到了海上，他急于与之作战。

"在没有船只的危机时刻，我无法与他们作战！"

他的指挥官后田五郎回答道："如果没有船只，什么事都不能做。"

但是，另一位来自肥前的御家人说："让我们在海港里损坏的船只中找一条好船去驱赶贼寇！"

"好主意。"竹崎季长回答道，"那些军队是步兵而他们的船只是可以在海上航行的。我想至少要杀掉一个敌人！"

---

①威廉·维恩·法利斯：《天堂的武士：公元500～1300年日本军事的进化》，引自托马斯D.孔兰（译注），《无需上天的干预：蒙古来袭绘词》。

竹崎季长和两个伙伴去寻找船只。但运气不佳。就在他们要放弃希望时，一艘日本战船开了过来。这些战船并不会给人留下印象：它们长仅8米，在水里吃水很低，只能容纳不超过10～11人，其中的一半都靠人力划桨驱动。它们在港湾里使用起来很方便，但在开阔的海面上却没有多大用处。后田五郎辨认出这艘船隶属于一位高官安达泰盛，于是便派遣竹崎季长与其伙伴做信使。他们登上信使的小舟划向较大的船只。竹崎季长不顾危险站在船头大声叫喊说，他得到命令登上那艘船进行战斗，然后未经允许就跳上了甲板。

船长小田部非常生气："这是（安达）征召的船只。只有他的部下才能登船！离开这条船！"

竹崎季长争辩道："在这危急时刻，我想为我们的圣主尽忠。因为我刚刚上船，我不想下去等候另一条也许永远不会到来的船只。"

他并没有打动船长："当你被命令离开一艘船时你的拒绝会是一件十分令人愤怒的事情。"

竹崎季长不情愿地爬回他的信使小舟，并与他的伙伴继续向前划去。另一艘战船从旁边经过，它隶属于一位名叫孝允的官员。竹崎季长驾着小船与之并驾齐驱，这一努力使他不得不摘下了头盔，而头盔却在混乱中丢失了。这一次他并未冒险，而是撒了个弥天大谎。

"我在执行一项秘密使命，让我上船。"

孝允的船上传来了大声的叫喊："你没有奉命！离开这里！船上放不下你们这些人！"

竹崎季长完全是恬不知耻。这一次他尝试了另外一个策略："因为我是一个有相当地位的武士。"他吹嘘道，"就让我独自一人上你们的船吧。"

这一招果然奏效。"我们正要前去作战，"船上传来了恼怒的回答，"你为何要给孝允找麻烦呢？上来吧！"

他爬了上去，抢走了一个伙伴的护胫来代替头盔。下面小船上响起了大声的抱怨声。"弓与箭就是要做值得奖励的事。"他在解说中说道，“我在甚至没有一个随从的情况下便出发与敌作战了。”

他开始向孝允本人提建议：“敌人知道我们登上他们的甲板才会放弃。我们必须用爪钩。一旦钩住他们，就在他们的铠甲的缝隙处将他们刺穿。”但是孝允的随员并没有适合的装备，竹崎季长也没有。他看到了一个刚刚摘下了头盔的家臣，这是一个很不错的头盔，有红白两色的穗带，并装饰着小樱桃花。

“把你的头盔给我。”竹崎季长非常粗鲁地说。

“抱歉。我有妻儿老小。如果我因为你而被杀死，他们该怎么办？”

“给我！”

“对不起，不行。只有我或我的主人才能戴这个头盔。”

竹崎季长非常不情愿接受了，并且准备采取行动，他以护胫权作头盔，扔掉了一些箭矢来减轻他的重负。

绘画紧接着展示。竹崎季长和5个伙伴不知从何处搞到了另一艘方头浅平底船并向敌方船只发动了攻击，那是小型船只中的一艘，长仅约10米，有7个蒙古船员和两个汉人官员——几乎不是那种可以横跨数百公里宽阔海洋的船只。竹崎季长第一个跳上甲板，已经站在了船头。一个军官躺在那里死去了，他的喉咙已经被割断，在他的伙伴冲上船艄时，我们的主人公已在忙于抓着另一个军官的发辫割他的喉咙了。不久这艘船便被他们占领，因为下一幅图显示竹崎季长带着两个人头。

那就是他渴望记录下来的行动。无论如何，他带着两个人头战利品回到了岸上。他向其长官后田五郎报告了他的行为，而后者对于竹崎季长的不满完全被羡慕所压倒：“没有自己的船只，为了参加战斗你反复撒谎，你真是最坏的人！”

8月15日，自然因素带着远比1274年“逆风”更为强劲的影响开始发挥作用了。这个季节的第一场台风渐渐逼近，比通常要早一些。现在，当热带气旋——在大西洋上称飓风，在太平洋上称台风——被命名与跟踪之后，它们的破坏力就成了新闻节目中的老生常谈。但看新闻镜头与感受其威力则是完全不同的两码事。现在无从谈起是否这次特殊的台风仅位列萨菲尔-辛普森分级中的第一级（“风速每小时74～95英里或119～153公里。破坏仅限于植物、航标系统、未经锚定的船只与移动房屋”）还是5级超强台风（“风速超过每小时150英里或249公里。完全掀翻屋顶……灾难性的风暴巨浪破坏性极大”）。对于小船里的水手来说，这并不会有太大的不同。

年轻时曾是一位中国通的约瑟夫·康拉德就经历过一次这样的风暴，而且有关它的描写没有比他在《台风》一书中更好的再现了。风暴在这里袭击了他们的船只“南山号”，冷漠的麦克维尔任船长，年轻的朱克斯任大副：

> 一道微弱的闪电在四周抖动着，仿佛在一个洞窟中闪烁——在大海黑暗而又神秘的房间内闪烁，房间的地板则是冒着泡沫的浪峰。
>
> 在那不祥的、闪烁的片刻，它揭示出低低地挂在空中的大团乌云，一条长船倾斜的轮廓，困在舰桥上的人影，他们的头向前倾着，仿佛用头撞人犯规时被定格的样子。黑暗笼罩在所有这一切之上，然后真正的灾难最终来临了。
>
> 它既可怕又迅速，就像一次愤怒的突然发泄。船只的四周带着巨大水流难以抗拒的震荡与冲击响起了爆炸似的声音，仿佛一座巨型的大坝被迎风炸毁。人们一瞬间便彼此失去了联系。这就是一场摧枯拉朽的力量：它把人从其同类中分隔开来。一次地震、一个山体滑坡、一场雪崩只是偶然带走人的生命，好像没有任何激情。而一场大风则像一个人的个人仇敌一样攻击他，抓住他的四肢，攫取他的思想，寻求击垮他的每一点精神。
>
> 朱克斯被从其长官身旁吹走……大雨浇在他身上，然后流淌到甲板的空地上。他大口喘着气；有时候他吞咽下去的是淡水，有时候则是海水。大多数情况下他都紧闭双

眼,仿佛担心他的视力会被大自然的愤怒毁掉……在后背遭到一次压倒性的重击后,他突然发现自己开始向上漂流。他的第一个无法抵御的想法就是整个中国海都爬上了舰桥。然后他才更加清醒地得出结论,他已经落水了。他在巨大的水柱中不断被抛起、扔下、翻滚,他在脑海里急促地不断重复着这句话:“我的上帝!我的上帝!我的上帝!我的上帝!”……

船的运动也颇为混乱。它的突然倾斜有一种令人惊骇的无助:它的下沉仿佛是从高空垂直下跳,而每一次又都像找到了一堵墙壁来撞击。当它打转时会径直倒向一边,然后又会被一个如此具有毁灭性的大浪推回来,以至于朱克斯觉得它的摇摆就像一位棒槌形的人在轰然倒塌之前的摇摆一样。大风在黑暗中放肆地咆哮着、扭打着,仿佛整个世界都是一个黑暗的峡谷。在有些时候,气流似乎通过一个隧道带着一种强劲的不间断的冲击力吹向船只,片刻之间将它吹离水面,从头至尾只有一个轻微的颤动经过它。然后它又再次开始颠簸,仿佛又被扔回到了滚烫的坩埚……

在阵风间变得平坦的大海以雪一般的泡沫冲上南山的两端,然后越过两边的栏杆消失在黑暗中。而在这片乌云下延伸并且闪着蓝光的令人头晕目眩的水域中,麦克维尔船长只能瞥见几个像乌木一样黑的小斑点、舱口盖的顶端、封口的甲板天窗、覆盖起来的绞盘顶部、一个桅杆的底部。这就是他在船上所能够看到的一切。它的中央结构被承载着他、大副以及舵手室的舰桥所覆盖,而在舵手室内有一位舵手正在掌舵,由于担心所有的一切会在巨大海浪的冲击下落入水中,所有的门窗都被紧紧关闭——它的中央结构就像海岸边的一块任凭潮汐冲击的半裸露的礁石,一块巨浪中失事船只的船员在离开之前会依附其上的礁石,随着海水的翻腾、冲刷、拍打、撞击而变得圆润——

只是它会连续不断地上升、下沉、翻滚，没有一刻的间歇或休息，就像一块被冲离海岸的神奇的礁石，在大海上随波沉浮。

南山号正在遭受着一场风暴的蹂躏，而这场风暴仿佛带有无目的的、破坏性的狂怒：斜桁帆被从备用的束帆索上撕掉，用双重缆绳捆扎的遮雨篷也被刮走，舰桥被冲刷得干干净净，气象帆被撕碎，栅栏扭曲变形，遮光板被击碎——还有两艘救生艇已不见踪影。人们既未听到也未看到它们的消失，仿佛在波涛的冲击与覆盖之下被融解掉了。

现在可以想象一下遭到风暴袭击的航海木船：当然并不仅仅是那些战船，他们在建造时可能已经考虑到了风暴的因素，而是那3000艘甚至更多的来自南方的仅能容纳30人或20人的小船。高丽的水手们知道什么事情将要发生。他们的将领下令舰队驶到海上，以避免船只撞上礁石。那些能够做到的人都爬上了甲板，以避免被困在海岸。当风暴袭来时，许多人仍然在往甲板上攀爬或者挣扎着越过浅滩。约有15000名北方军队和50000名南方士兵死于海上，还有成百上千人死于日本人之手，或者依然留在礁石林立的海边小船上听凭命运的摆布。

就规模而言，这是一次一天之内海上空前绝后的灾难，而在1945年原子弹袭击广岛，一次打击就杀死75000人之前，在陆地上也可谓规模空前。

难怪日本人会把它看做为一次神的行动，并从此接受了神灵保护的观念。无论是宫廷还是军队的统帅都专心祈祷以御敌于海外。寺庙与神龛风行了起来。甚至是锐气昭然的竹崎季长也把他作为一个“弓与箭一样的人”的成功归因于神灵。祈祷并非唯一的防御，因为那道墙在接下来的30年间不断有人维护与守卫，其结果就是其中的一些时至今日依然保持完好。但是神灵干预的观念却由此在日本的文化中变得根深蒂固了。没有人对这个结论提出过质疑：日本被上天赐予的台风拯救了。

然而不断增加的证据表明事实并非如此，日本的得救归因于日本人自己。答案就在竹崎季长的故事中。看看他的战斗精神，他勇敢、敢于冒险，但也能够很好地控制自己。尽管是日本武士的体现，但他仍然只是这一群体中的一人。这里有一种很好的共同目的感，而且它也在起作用。他处在胜利者一方。这里有通常的战争的混乱，缺少统一的战略，但所有那些不协调的个人行为却足以阻滞敌人，并且在海湾外对敌采取行动。关键是这里根本就没有提到台风。在《蒙古来袭绘词》中，成功被归因于日本的战士。竹崎季长用祈祷显示了对神灵的敬畏，但无论是在文字说明还是绘画中都没有任何上天实际上在行动期间或者行动之后予以干预的暗示。

正如孔兰所指出的那样，文字与绘画共同表明"'神风'观念代表了一种中世纪的思维模式的运用，它强调非现实世界的因果关系，而不是对日本防御者的无能的刻薄评论，正如人们共同假设的那样"。他得出结论说，"日本的武士有能力与蒙古人作战并阻止他们。"竹崎季长与他的同伴们，用孔兰的标题来说，并不需要神灵的干预。

更多的支持来自于水下考古学家，他们试图回答这样一个问题：舰队发生了什么事情？可以理解的是，这并不是一个中国的记录可以有很多话要说的主题。乘坐着水军将领范文虎与将军张熹的旗舰在高岛沉没了。他们两人召集起其他的幸存者，大约有2000人左右，搜查了当地被屠杀者的房屋和农场来寻找食物，修复了被损船只中的一艘，然后这位水军将领乘坐它勉强返回了家乡。其他人则被日本人消灭，约有1500人被带走沦为奴隶。有3个人被允许回家告诉忽必烈他的伟大舰队与无往而不胜的军队的命运，而至于舰队的其他部分，似乎已从历史上消失并且葬身大洋深处。

不仅如此，这个故事在20世纪30年代变成了日本民族主义复活的一部分；也就是在那时，环绕博多湾的防御墙的修复工作首次开始。战后，东京大学的考古学家茂在寅男开始对忽必烈的舰队感兴趣了。在海湾中，渔民们已经发现了一些锚杆——巨大的使锚下沉并扭成正确位置的石质横档——但是这些也可能来自数世纪以来沉没的任何一艘未经记载的船只。1980年，茂在决定把注意力集中在高岛，南方舰队曾在这里建立过基地，因而它也可能曾寻找过抛锚地点来躲避台风。渔民们向茂在展示了一些他们这些年来发现的难以琢磨的陶瓷碎片。

然后，有力的佐证突然出现了。1974年，一位由于茂在的兴趣而变得敏锐起来的渔民，出示了他用夹钳在美丽而面向南方的冈崎小港湾外打捞上来的一件物品：一枚后面有柄前面有用忽必烈的西藏国师八思巴发明的文字镌刻印文的青铜印章。该印章上的汉字印文为："千户之印"。印章顶部的汉字表明它制造于1277年。有关这一点应该是毫无疑问的：它就是忽必烈的一位高官掉落在这片烂泥浅滩中的遗留物——而且非常有可能的是，他的舰只也留在了这里（此后这件不大的物品就变成了这一事件与考古学研究的一个偶像般的象征物，在宣传册中与复制品中被反复复制。原物现存放于福冈的九州国家博物馆，该馆于2005年10月开放）。

受到鼓舞的茂在设立了一个研究项目，利用声纳调查海底并派遣潜水员入水。他们在烂泥中发现了宝剑、矛头、用来磨米的手动石磨、更多的锚杆与圆形的抛石机弹丸：直接证明了蒙古人的甲板上装有抛石机。

但是茂在却遇到了经费不足的问题。虽然他的发现足够戏剧性地赢得了《国家地理》杂志的支持，但研究却需要被放置在完美的、长期的、专业的基础之上。于是林田健三加入了进来，此人刚刚从宾夕法尼亚大学修完考古学硕士学位课程返回日本——首先是希腊青铜时期。虽然在日本南部还没有一位希腊考古学专家的用武之地，但解决日中关系史上的重大谜团之一的可能性就在眼前。1981年他加入了茂在的团队，继承了他的角色并献身于高岛淤泥沉积的海水，同时通过与当地的教育部门和福冈大学的合作来加强他的研究基础。1986年，他建立了九州冲绳水下考古协会，该会每年都会报告由他与他的12名志愿者潜水员所做出的发现。

1274 年入侵日本的蒙古军队在博多湾登陆，投掷了一些如上图所示的爆破弹。它被显示在竹崎季长及其受伤的马匹的上方爆炸；13 世纪的陶瓷爆破弹（右小图）；竹崎季长登上蒙古的登陆船只（下图）。

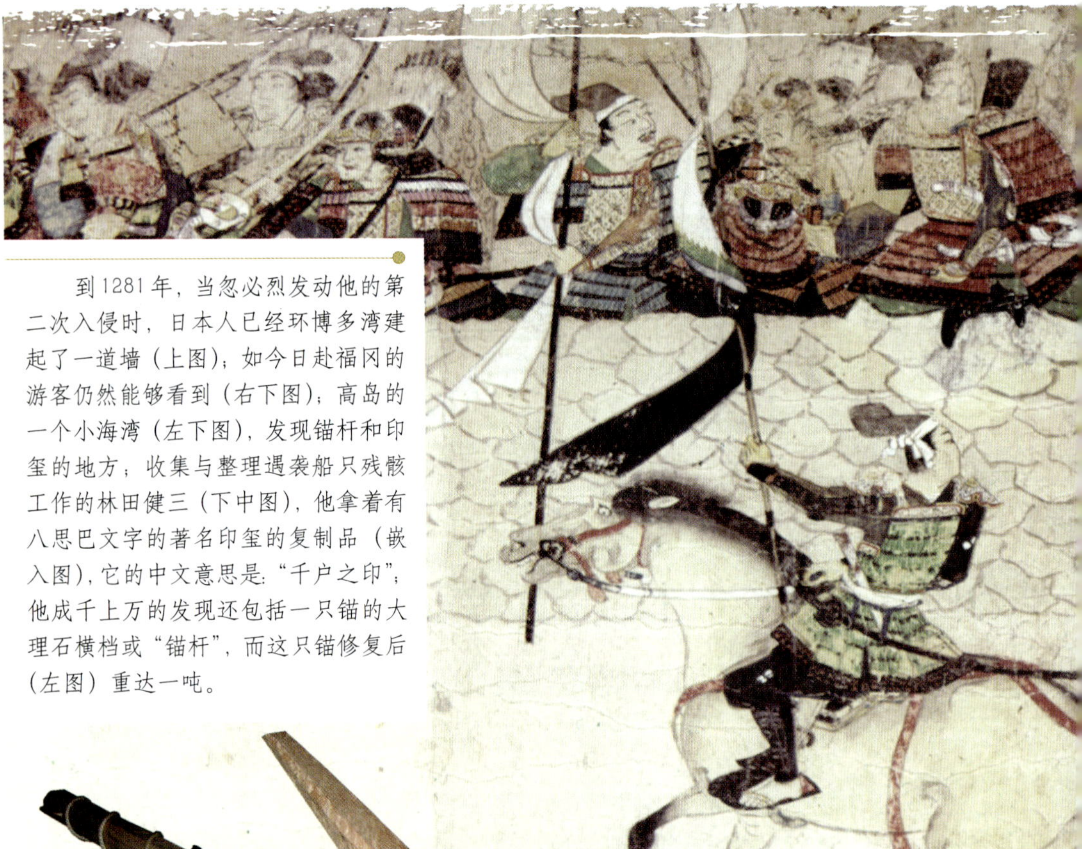

到1281年，当忽必烈发动他的第二次入侵时，日本人已经环博多湾建起了一道墙（上图）；如今日赴福冈的游客仍然能够看到（右下图）；高岛的一个小海湾（左下图），发现锚杆和印玺的地方；收集与整理遇袭船只残骸工作的林田健三（下中图），他拿着有八思巴文字的著名印玺的复制品（嵌入图），它的中文意思是：“千户之印”；他成千上万的发现还包括一只锚的大理石横档或“锚杆”，而这只锚修复后（左图）重达一吨。

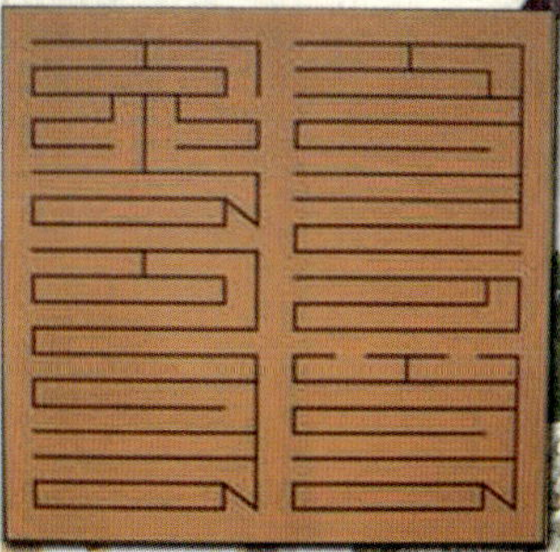

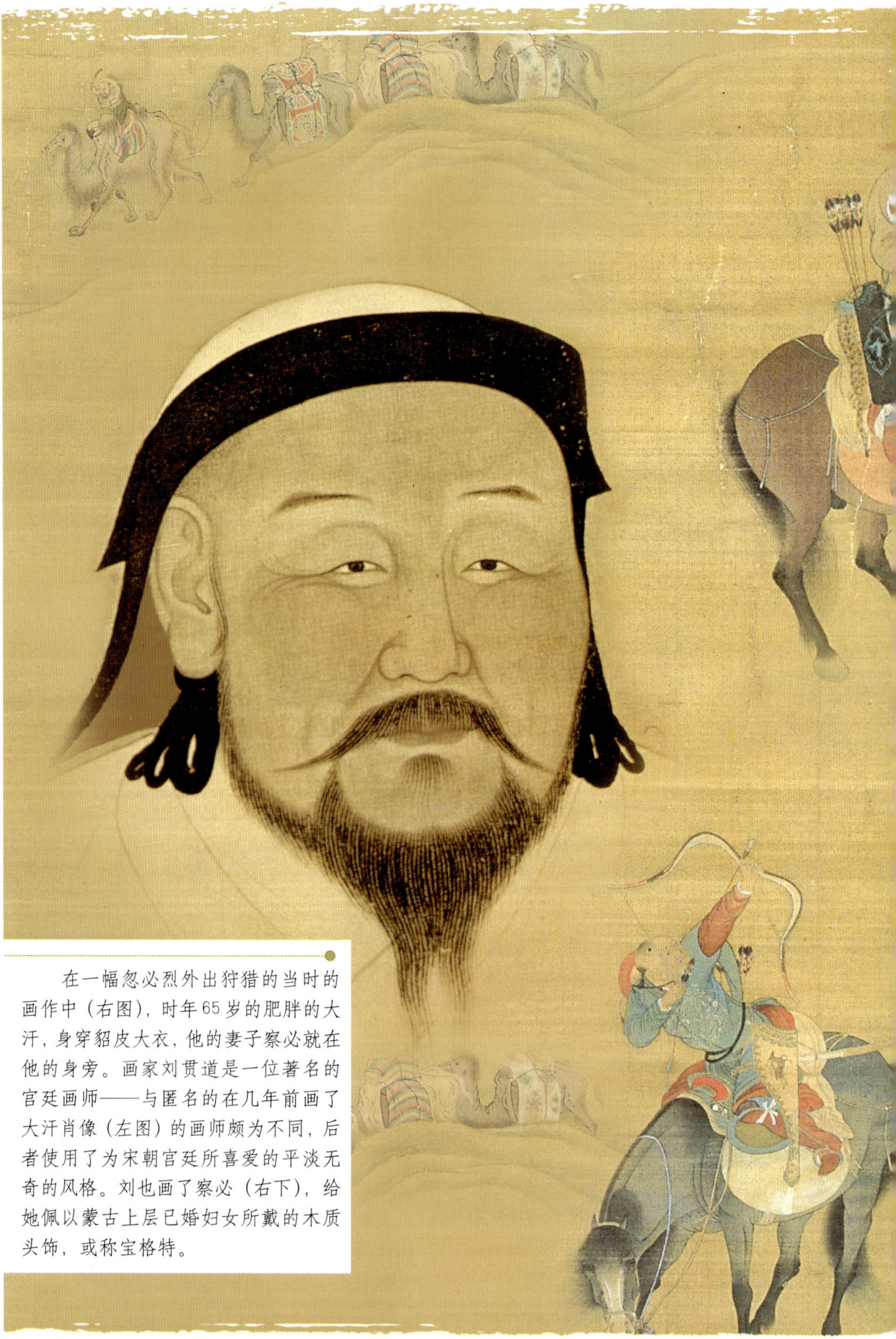

在一幅忽必烈外出狩猎的当时的画作中（右图），时年65岁的肥胖的大汗，身穿貂皮大衣，他的妻子察必就在他的身旁。画家刘贯道是一位著名的宫廷画师——与匿名的在几年前画了大汗肖像（左图）的画师颇为不同，后者使用了为宋朝宫廷所喜爱的平淡无奇的风格。刘也画了察必（右下），给她佩以蒙古上层已婚妇女所戴的木质头饰，或称宝格特。

忽必烈通过给马可·波罗颁发通行证（左上图）或牌扎（上嵌图）的方式帮助他返回家乡，在这里忽必烈与他的大臣被显示身着西方式的服装，而且忽必烈还戴着拜占庭皇帝式的帽子；由于他们1236—1241年对欧洲的入侵，使得他们在西方人的眼里变成了嗜杀成性的野蛮人（右下图）；很可能八思巴的文字间接地影响了乔托绘画中罗马长袍褶边上的花纹（左下图）；600年后被当时的认识歪曲了的有关上都的传说，激发了柯勒律治一个建在极为浪漫的景色中的宫殿的幻想，这是一幅20世纪的插图所见的景象（右上图）。

忽必烈被埋葬在了祖父成吉思汗的附近，就在不儿罕合勒敦（汗肯特）山侧的某个地方，这座圣山吸引着无数的朝拜者，他们在这里堆积起了冷杉树与石头的神龛（敖包），披挂上丝绸的长巾（哈达），悬挂上祈祷旗帜并奉献上祭品。在通往山峰路上的一个祭拜地点是一块平整的地方，忽必烈的孙子甘麻喇曾经在这里建造过一座寺庙，而该寺庙现在已经消失（右上图）。另一个则在较高的地方，是一块多岩石的平台（左上图），从这里望去，博格达河的美景尽收眼底（下图）。

嗓音温和举止矜持的林田健三有着一种颇为智慧的气质。他半闭的眼帘和快速的眨眼最初让我觉得他只是十分困倦，但实际上并非如此。在他的显而易见的智慧与献身精神前，最初的印象消失得无影无踪。他带领我观看了他的工作，他在高岛的实验室以及岛屿本身，其间他的英语字斟句酌，仿佛是沿着一条回到日本25年后已经变得杂草丛生的道路小心翼翼地摸索前进。

有关他研究的每一点都存在问题。首先——对于一个岛国无法解释的是——日本没有水下考古传统，也没有一所大学拥有水下考古学系。资金短缺。一个现在拥有自己的博物馆的如此有意义的研究项目应该能够吸引来自游客的收入。但是——这也是第二个问题——高岛地处遥远，由一艘迷人的渡轮提供服务，而一次横渡则需要10分钟。尽管不久它就将会有一座桥，现在此桥已经完成一半，但它仍然在边远地带，处在旅游者的观光路线之外。第三，伊万里湾下面的条件令人生畏。海底是数米厚的淤泥，而每碰触一次这些淤泥都会泛起一阵浑浊的水波，使能见度迅速降为零，并迫使人们撤退直到海水再一次变清。这是艰苦而又花费昂贵的工作。

林田把他在高岛所拥有的东西——博物馆以及他的实验室——大多都归因于1994年在距海岸大约50米处的一次戏剧性的发现：先是两个巨大的花岗岩锚杆，每一个都是1.5米长，300公斤重；然后是木锚本身，一个7米长、重达1吨的庞然大物。而更加有意义的是它用作锚链的绳索：它们用竹子制成，完整无缺，躺在海底的正北方。进一步的研究表明花岗岩来自中国南方，而碳-14测定则揭示出用以制造船锚的橡木是在1281年入侵前的某个时候被砍伐的。得出这样的结论并不难：这是一艘吨位约在300～400吨的大型蒙古舰只的锚，该舰被台风吹向北方并随后（很可能）连同其指挥官及其官印一同沉没。但是舰只本身在哪里呢？所有其他东西又在何方呢？

一些引人入胜的发现又从泥水中显现了出来，包括一些大块的被虫蛀了的隔舱板——将大型船只分成密闭舱的横档。其中之一长达7米，这就意味着母舰也至少有那么宽——至少，因为无法说出它来自隔舱的哪个部分，是来自上方还是来自船只货舱中间的底部。无论如何，这都是一条大型舰只：至少70米长，也使得当时世界上的任何其他船只都与之相形见绌。欧洲的海船直到19世纪才接近这个规模。亨利五世的格雷斯迪尔号是15世纪早期最大的船只，相比之下，也只能是微不足道：从舰首到舰尾长度为38米。纳尔逊的旗舰胜利号长达57米，略长于西班牙与法国的旗舰。只是在蒸汽时代到来时，新的西方航海船只才超过了这些中国与高丽军舰的规模。

但是舰船的规模并不能抵御台风。也许那个倒霉的指挥官也曾经在这里抛锚，在海岸南方的一个背风处，希望以逆时针方向旋转的台风会经过陆地，只是从北方轻微地掠过这里。结果，正如系泊索具所显示的那样，台风眼处在外海，风向由南而北径直吹向伊万里湾。

数百件其他的发现物随之而来，它们都被送到林田的实验室进行清理。其中意义最为重大的是6枚震天雷炸弹——即日语中所谓的“铁炮”，尽管它们实际上是陶瓷而不是铁制的。一些甚至比它们看上去更为危险：在经过X光线检验时，人们发现其中的一个填满了超过一打会形成极为有效的榴霰弹片的金属碎片——这也是竹崎季长及其伙伴在1274年真的遭到过震天雷炸弹袭击的直接证据。那天笔者是林田的博物馆里的唯一访客，所以一位助手打开了一个展柜，并将两个“铁炮”递给了我。它们使我非常紧张。数月以来，我一直对竹崎季长以及他的死里逃生非常好奇，而此刻我却亲手拿到了这些可爆的、外壳上附着有甲壳动物、大小如甜瓜一样的装置，而这些装置则足以证明对于这一事件记述的真实性。如果由于某种无法理解的原因我把它们扔掉，将会发生什么事情呢？我很高兴紧握着它们，但更高兴将其物归原主。

在隔壁的实验室里，林田的发现物共分为四部分约4000余件，其中的大多数都放置在数百个盛放着淡水的塑料容器中，它们在那里要泡上几个月，有时候甚至是数年之久直到海水被浸泡干净。大容器中盛放着船舱壁板，小容器中则盛放着陶瓷碎片、小片金属、木条、碗甚至还有骨头。一侧放着锚杆，其中的一些非常小以至于它们只能用来泊停小舢板。而那个战利品、重达1吨的庞然大物则放在一个密封的容器中，这样做的目的是为了向其中注入防腐剂聚氧乙烯。这是一个棘手的将要花上一年甚至两年多时间的漫长过程。

博物馆长松明子是一个圆润、忙乱而又热情的女人，她向我展示了一些她最喜欢的发现物：一个保存完好的青瓷碗、一个头盔、一把宝剑、一捆箭杆、一张弓的残段和一把弩弓——然后还有一个小心翼翼包在棉布包里的人类的头骨。

"这属于一个年轻的男人。"林田说，"你可以看到海水对它的钙质的腐蚀是多么严重。但从它的发育来看，我们可以确定他只有20多岁。而这一个则来自于一个年纪更长的人，看他的牙齿，这些是臼齿。他的身体状态十分良好，臼齿上完全没有空洞。"

用这些发现物来说明问题还为时尚早。它们只是一场台风以及此后的所有台风所造成的巨大拼版游戏中的一些拼块。当时以及以后发生了什么，就像是把4000只鸡蛋扔到一个巨型搅拌器中，然后把它们涂抹在烂泥上，再在其上注入更多的烂泥，然后再试图说明这种混合物一样。4000艘舰只！成百上千万的碎片，它们中的大多数都——很可能——散落在伊万里湾的海底。准备用于展出的只有100余件。林田仍旧处在起始阶段，寄希望于一些其他的发现，而这些发现能够在其他人中间激发起与其相似的热情，并进而使研究继续进行下去。

然而由此得出一些假设性的结论并不算为时过早。几乎所有的那些器皿都是中国而非高丽的，它们中的许多都来自江苏宜兴很早以前就建立起来的瓷窑。的确，在所有物品中，只有20余件是高丽的——这也是中国舰队遭到了重创的令人信服的证据。

这一切究竟是如何发生的呢？

对于航海舰只来说，真正至关重要的是建造工艺。而这里却似乎有着太多的下脚料。林田的助手之一得克萨斯A&M大学研究生院的伦黛尔·佐佐木对大约500个船木碎片进行了研究，他惊奇地发现，钉眼令人疑惑地靠得太近，似乎建造者们在反复地使用这些木材。

还有来自林田的更多的信息。他向我展示了一块上面有两个洞的方形船板："它是桅杆座，也就是桅杆矗立其上的那块木材，这些洞里有两个支撑物使桅杆垂直立起。但是请看：这些洞偏离了中心。这个桅杆座是由某个不知道自己在干什么的人制造的。"而作为最后的想法，他补充道："你知道我真正感到奇怪的是什么吗？迄今为止，我们还没有发现任何适于航海的V字型龙骨。"

这些证据，再加上至少一艘大得足以安全度过台风的巨型船只的灾难性的损失，可以得出一个令人吃惊但却合乎逻辑的结论：在对忽必烈愚蠢的大批量高速度造船的命令做出反应时，他的造船工匠们只得临时拼凑。他们拿来了任何可以得到的船只来充数，不管它们是否适于航海。船况好的直接投入服务，船况差的就用同船的材料加以翻修。除了那些高丽人修建的新船——没有一艘这样的船只被发现——大多数入侵者的船只都是没有龙骨的河船，完全不适于风大浪急的海洋。林田还想知道是否有由于质次的材料的使用与低劣的造船工艺所反映出的另一种可能性：对于忽必烈计划的反对是如此的强烈，以至于工人们实际上是在从事破坏活动吗？无论情况如何，忽必烈的野心毫无疑问地导致了大规模的质量控制的错误。我似乎都能听到数以几十计的工头华而不实的话语了，所有的人都骄傲地宣称圣旨得到了执行，船只已经准备就绪。没有一个人告诉皇帝，如果天气变坏，这些船只将会是死亡的陷阱。

高岛海湾外1.5平方公里的遗址中只有0.5%的区域被搜索过，更不用说整个伊万里湾的其他地区了。毫无疑问的是将会有更多的东西有待发现，而且笔者还确信这些发现会揭示出元朝记载的不准确的更多证据，从而来支持孔兰所得出的日本人并不需要神助的论点。

的确，正是风暴最终摧毁了这支舰队。的确，舰船的建造质量很差，战略上也存在失误。但是正是日本人的抵抗阻止了他们的登陆。忽必烈所需要的是一种"D日"式的登陆：10万大军首先上岸，然后是装备——战马、抛石机、床弩以及更多的战马——再向纵深的推进。与此相反，士气高昂的日本人阻滞了登陆战役，而与此同时，一些像竹崎季长一样的人则驶出港湾与敌作战，形成了一种蒙古人找不到突破迹象的僵局。

这是一次忽必烈有可能获胜的战役吗？坦率地说，笔者持怀疑态度。两支舰队的联合行动，最好恐怕也只能取得一种相似的结果。毫无疑问，一旦南方的舰队落后于计划，蒙古人就已踏上了失败之路，成了行动规模的复杂性、内部的反对、无能以及战争的不确定性的牺牲品。无论从哪个基地出发，他们都要经过漫长的旅行，而且得不到补充。随着时间由数天向数周的演化，他们将会出现食物、水与军事装备的短缺。或者战死或者不光彩的退却已经成了唯一的选择。台风并没有改变战争的进程，它只是以快速的结束代替了将会持续很久的崩溃。有着愚蠢野心的忽必烈，实际上在他的舰队出发之前就已经被摧毁了。

第二章 金钱、疯狂与谋杀

KUBLAI KHAN

没有任何东西可以像一次谋杀一样揭示出深藏不露的情感；也没有任何东西可以像一次暗杀一样揭露出一个政府的错误。

这个故事显示了忽必烈统治跳动的核心。他已经创造了一个对人、资源与金钱有着惊人胃口的怪兽，而这个怪兽仍然需要不断地投食。一个人似乎需要秘密，而且对忽必烈来说就是有足够的理由无视像瘟疫一样围绕着他而传播的愤恨——那些痴迷于权力以及颇为令人厌恶的大臣。在20年的时间里，他就让这个灾难来发酵，直到它演化成一出比任何虚构的惊悚片都更为耸人听闻的情节剧，包括有一个自杀的狂热之徒、一个疯和尚、一个滑稽的情节以及一个对处在沸腾的酿造中心的人物的谋杀。难怪马可·波罗会扑向这个故事，但他的所知却不及这个故事的一半。

这个故事中的恶人是阿合马，一个来自别纳客忒的乌兹别克人（就像我们今天应该称呼他的那样），该地距锡尔河畔的塔什干西南仅数公里之遥。该城在成吉思汗1220年开始对穆斯林世界的入侵时便被占领，蒙古人屠杀了守城军队并带走了“工匠与大批年轻人去从事攻城的工作”。①

那应该是阿合马出生的时候，或许他的母亲是与他一道被俘的，因为孩提时代的阿合马就是察必的扈从，而在察必于1239年嫁给时年24岁的诸王忽必烈时，他就在忽必烈的家族内崭露头角，协助处理财政与军事开销事宜，在这样的氛围中，他形成了用其传记作者福赫伯的话来说“一种对完全控制政府财政的冷酷的占有欲”。

到忽必烈1260年加冕时，阿合马负责朝廷用度的征调。在勃勃野心的驱使之下，他迅速平步青云。第二年他就身兼二职，一个是中书省的高官，另一个则是负责交通运输。他讨厌受制于人——对于管理者来说这始终是一个邪恶的标记——并要求可以直接对忽必烈负责。他的上司、一位在金朝1234年灭亡时便已加入忽必烈的学者坚持要以恰当的渠道行事。尽管有他反对，但忽必烈却赞同，并授予其子与继承人真金中书省的管辖权。这是阿合马攫取更多权力的许多尝试中的第一次，也是与其同事的众多冲突中的第一次，同时也是与真金的长期不和的开端。

阿合马在中书省的职责是增加政府的收入，而此人向来诡计多端。如果增加政府控制的冶炼工厂的铁制工具的产量，以便于用这些工具与农民交换谷物，那结果会是什么呢？那会增加谷物的储存量。对白银的交易课以销售税又会怎样呢？如此一来，来到首都的商人必须提交完税证明。如果他们不能够，就将因逃税而受到指控，并且必须缴纳一笔罚款。取消僧人的免税又会怎样呢？处罚那些生产价格便宜质量低劣盐的山西盐商又有什么结果呢？他们的产品无疑会削弱政府的盐业生产。

忽必烈当然喜欢这一结果，阿合马也因此而深得宠幸。与其日益增加的权力相伴随的是傲慢，而与其傲慢相伴随的则是遭人忌恨。当他的保镖惹起一次争斗时，忽必烈的回鹘谋臣之一廉希宪使他受到指控并且实际上遭到了痛殴。这并不完全是惯例，但在一个

---

① W. 巴托尔德《蒙古入侵下的突厥斯坦》。本章的其余部分以福赫伯的传记为基础，载罗依果编《为汗效力：蒙元早期的杰出人物（1200～1300）》。

只有简单的正义的世界里，这件事情很快就被遗忘，而且也未能使他就此罢手。即使他不受欢迎又有什么关系呢？正如马可·波罗所记载的那样，大多数外国官员都是："你应该知道所有的契丹人（北方中国人）都憎恨大汗的统治，因为他让鞑靼人、萨拉森人或者基督徒做他们的总督，这些人都依附于他的家庭，致力于为他服务，而且他们在契丹都是外国人。"

1266年，阿合马作为新成立的制国用使司的首领负责铸造金锭。为了压榨出最后一滴可用的资源，他抱怨这里的布匹质量低劣，那里的金锭铸造不合格。他提出了用石棉织出不可燃烧的布匹的计划，并且通过冶炼锡矿石用以支付费用的方式来支持更好的银矿的开采。他也想知道怎样改善与阿里不哥作战的军队粮食的供给。他还保证了帝国的税源基础处于一种完美的状态：1261年，中国北部共有140万个纳税的家庭，到1274年几乎就达到了200万。

围绕着他的争论也在持续着：主要是关于他另建一个超越中书省机构的企图，及其反对新的审计机构御史台。"自今御史台非白省，毋擅召仓库吏。"他说道，"亦毋究索钱谷数。"这两场战斗他都输掉了，但他只是把结果当做暂时的失败而置之不理。1270年，他得到了他想要的部门——尚书省，与中书省、枢密院以及御史台一道成了政府的第四个支柱——同时仍然兼任中书省的平章政事：这两点都与一些高官的意见相左，但在忽必烈的心目中他却是能力超凡，而且不可能犯错误。

接下来，第三次不可避免的战斗便随之而来。阿合马想获得任命其亲信的专有权，这样一来将会削弱有中书省控制的吏部的作用。他吁请忽必烈，后者则为他而改变了规则。但这并未满足他的胃口，他提出了撤销中书省的建议。而当他自己部门中的两个人对此持有异议时，他使一人降级，另一人罢官。1272年他成功地使两个机构合并，自己成为一号人物，从而也使自己成了忽必烈的最高官员。他让自己的长子忽辛当了北京的总管。而所有对此的抱怨——还有几次弹劾的企图——都被忽必烈挡在了一边，因为没有什么可被允许来阻碍动员资源与宋朝作战的了。

当对宋的胜利已成定局时，阿合马又成为就如何最好地开发新征服地区而向忽必烈提出建议的团队中的一员。有关这个问题的重点之一就是宋的纸币是否应该被元朝的货币所取代。在很大程度上已被神圣化了的南征军统帅伯颜曾经承诺不会有变化。忽必烈的谋臣也大都赞成，他们认为这样的一种改变将会削弱新政权在普通民众中的威望。另一些人则持反对意见。很可能是为了支持阿合马的主张，他已经看到了变换带来的有利可图。忽必烈把决定性的一票投给了阿合马，不幸的南方人被提供给了一个可笑的汇率：1元钞兑换50宋钞。

此刻的阿合马几乎已经是权倾朝野了，使自己凌驾于小心平衡而又令人失望的政府的体系之上，仿佛中东地区的维齐尔（穆斯林国家的大臣，地位类似总理——译者）。对他来说幸运的是，就在此前后，忽必烈加冕前的几位杰出的谋臣相继由于自然的原因而亡故，其中就有刘秉忠与姚枢。阿合马宣布了国家对盐、中草药、铜制工具以及铁的销售的垄断权，这样他就可以操纵它们的价格并从中牟利。他的另一个儿子升任南方都城杭州的总管。他还在11个行省中的每一个都建立了运输部门，任命穆斯林为其中5个部门的首领——这对于他的同僚来说不啻于一记当面的耳光。他还使其最大的竞争对手右丞相安童随忽必烈的儿子那木罕一同出使北方，协助平定中亚的海都叛乱，此二人作为金帐汗国的俘虏一同消失了10年之久。其他的批评者则或被降职或被投入监狱，许多人都死在了那里或被处决，还有一些人只是简单地失踪了，被以一种虐待狂似的方式除掉了，正如他死后的一个令人毛骨悚然的发现所揭示的那样。

阿合马或许可以逃脱冷酷甚至是残忍的罪名。但腐败则另当别论了，他总是一成不变的、致命的贪婪，通过他的助手四处攫取房地产与奇珍异宝，或以其马群里漂亮的马匹来协助其平步青云之路。对于女人，他有着独到的眼光。用马可·波罗的话来说："无论何时他听到何人有个漂亮的女儿，他手下的一些恶棍就会找到那位父亲说：'你看如何？你有一位漂亮的女儿，把她嫁给（阿合马），我们就会让他在政府中给你安排这样或那样一个职位。'"根据波斯史家拉施特说，他总计得到了40个妻子和400个妾。在他死后，当他的财产被列出清单时，人们发现他拥有3758匹马、骆驼、牛、羊和驴。

阿合马甚至与南方的征服者、伟大的"百眼"伯颜为敌。当伯颜返回北京庆祝胜利之时，阿合马确保他自己成为第一个迎接他的人。伯颜送给他一个玉带扣作为个人的礼物，因为玉石是来自上天的石头，是高贵、美丽与纯洁的象征。伯颜指出这就是他所拥有的一切，因为他不会从宋朝的国库中攫取任何东西。阿合马则将此当做对其贪婪行为的隐晦的批评。于是他屡向忽必烈进谗言诋毁伯颜，一次是说他盗取了一个玉杯，另一次则诬告他屠杀了一些已经投降了的士兵。在经过调查之后——对这样一个杰出的将军来说完全是一种羞辱——两项指控均被发现毫无根据。

忽必烈仍然痴迷于阿合马的经济才干、干劲、自信与巧言善辩。实际上，忽必烈的行为完全符合那种可以从一个政治领袖那里所看到的。今天的任何一位总理或总统，当面对涉及他的一位部长的丑闻时，都会立即宣布对这位涉嫌部长的信任，而决不会公开说些什么以至于会给人一种判断力差强人意的印象。只有在最后的崩溃即将来临时，这位领导人才会接受它的不可避免。忽必烈清楚地知道事情尽在他的掌控之中，知道在从阿合马的经济巫术中获利颇丰的同时仍然可以对他的恶行充耳不闻，因为他需要这些资源来支付入侵日本与即将到来的在外国冒险活动的费用。

事实上，事情即将发展到任何人都难以掌控的爆炸程度了。一种海啸般的反对势力正在积蓄力量。一位征宋战役时的老兵、现任行省高官的名叫崔斌的前军官，上书指控阿合马结党营私，设立200个不必要的政府职位并且任命亲朋好友——正如后来证明的那样共计有700余人——身任要职。忽必烈不情愿地授权采取行动，阿合马的亲属们被解职，但不久又秘密地官复原位，其子忽辛便在其中。阿合马采取了报复行动，指控崔斌及其两位同僚盗取谷物并且制作未经授权的铜印。1280年所有这3人均被处决。

但是阿合马却有一个不容易对付的敌人。忽必烈的儿子兼继承人真金绝对厌恶他，而这种业已存在的厌恶之情又由于他对崔斌的钦佩而得到了加强：他曾经派官员前去拯救崔斌免于被处死，但他们到达时已为时太晚。阿合马的在场会使他大光其火。他甚至有一次如此凶猛地痛击阿合马的脸部，以至于他无法张开嘴巴。当忽必烈询问事情的原委时，阿合马通过紧咬的牙关喃喃说道，他从马上掉了下来。还有一次，在皇帝在场的情况下，他用鞭子猛抽阿合马，而对于这种爆发忽必烈也只是视而不见。阿合马试图使事情得到某种程度的控制，于是建议忽必烈设立对所有的诸王拥有权威的大宗正府。这对于忽必烈来说是难以接受的，他对此予以了温和的回绝，并说他从未听说过有任何人试图责难皇帝家族的人。

1281年，更多的丑闻使事情到达了紧急的关头。两位受阿合马庇护的人员几乎使陕西一个地区的税赋增加了3倍，从95万锭猛增至270万锭。一位年老的宿卫上书指控阿合马腐败与收受贿赂。为此阿合马遣人将他送出去管理一家行省的铸铁厂。由于受到未能完成其定额的指控，他被降级到吏员一级，最后他的房产被没收，他本人也被投入监狱。

就在此刻，一个阴谋被最终策划。同谋者共计两人，都是性情多变的人物。主要的动力是一个名叫王著的意志坚定的军人，此人是一位千户，他如此沉浸于对阿合马的愤恨之中，以至于他弄到了一个巨大的铜锤并要以此来行刺阿合马。他的同谋是一位名叫高和尚的可疑的佛僧，他宣称自己精于法术。此二人在一次聚会中会商对策，其间高和尚作法，但未获成功；就杀一个人并以其尸体伪装成自己的自杀，然后逃亡。

1282年春，忽必烈驻跸上都，一如这个季节的惯例那样。北京交由阿合马负责，而阿合马则如官方历史的一个版本所描述的那样："在位日久，益肆贪横。"如正史所述，密谋者抓住了机会——四种版本各有不同，常常是相互矛盾，而且也与拉施特以及马可·波罗的记述有冲突。以下则是笔者厘清这个故事的尝试。

两个密谋者策划了一个疯狂的计划，约有100余人参与其中，他们将会出现在城门口，声称是太子真金的随从，而后者则由于一个宗教活动而突然决定返回北京。这应该是在夜晚，由于天色太暗而无法快速验明这些人的身份。其用意就是让除皇帝外他唯一惧怕的人的到来而惊醒的阿合马前去迎接他们，而那就将是行刺的好时机。

4月26日，王著与高和尚将他们复杂计划的第一阶段付诸实施。他们派遣了两个西藏的佛僧前往市总管府宣布“消息”并告诉各位总管购买恰当的用于仪式的物品。总管府的官员们大惑不解，他们与宿卫们进行了核对：他们并未得到命令。所以太子究竟在哪里呢？和尚们看上去非常窘迫并且无言以对。怀疑邪恶的阴谋正在进行中的宿卫长逮捕了他们。

接下来，王著又实施了他的备用计划，发出一封给枢密副使的谎称来自太子的伪造信件，实际上告诉他“以是夜会东宫前”。这一招果真奏效。在主要的卫士都去了真金的宫殿而不在场的情况下，王著又匆匆赶往阿合马处，敦促其召集所有的中书省官员一同前往迎接“殿下”。这一招也颇为灵验，但也仅到此为止。阿合马派出一小股先遣卫队去迎接假太子和王著雇佣来的骑士。两支队伍在城外约5公里的地方相会，当然，卫士们立刻就看出整个事件都是一个阴谋。反叛者们没有别的选择：他们杀掉了这些卫士，然后继续前进。

大约在晚上10点钟，他们从城市北门进入，直趋太子宫的西门。

在这里他们遇到了一个问题。宿卫们有所戒备，并对他们十分怀疑。他们问道，常伴随在太子左右的侍从在哪里？“请得见二人，然后启关。”

一阵沉默。

反叛者们退了下来，在黑暗中绕着宫殿寻求进入之路，然后又进行了一次尝试，这一次是在南门。已经没有时间穿越城市把消息传递给宿卫们来进行告诫了。大门被打开了，而被来自“太子”的另一个假命令愚弄的宿卫们则跑了出来做他的卫队。

这时阿合马与他的侍从走了出来。所有陌生人都下了马，只有假太子一人骑在马上待在暗处。那个黑影呼唤阿合马，后者则趋步向前。王和几位追随者就在他的身后。他们带领他继续向前，然后进入黑暗之中，在人们的视线中消失了。王从他的衣袖中抽出铜锤，并用它给了阿合马致命的一击。

接下来，阿合马的副手也被叫了过去，也被以同样的方式杀死了。

此时，阿合马的家臣们才意识到出了问题，并大声呼救。现场立即变得一片混乱，黑暗中宿卫与反叛者们乱作一团。假扮太子的高和尚策马急驰消失在黑暗中，箭矢乱飞，人群散开，只剩王著一人束手就擒，当然，他的高尚行为会被认可的。

并不走运的高和尚也在两天后被捕。5月1日，两人均被处死，与其相伴的还有该城的宿卫长。

行刑前的一刻王大声叫道："王著为天下除害，今死矣，异日必有为我书其事者！"这3个人均被斩首分尸，这一插曲的血淋淋的结局，使人对忽必烈判断人品与控制时局的能力深表怀疑。

正是北京城的宿卫长亲自把这个消息报告给了忽必烈的，他马不停蹄地长驱500公里，只是沿着驿路更换马匹。他花了两天的时间赶到了皇帝在查干诺尔的临时营地，此地约在上都北170公里处。正如马可·波罗所言，忽必烈此刻正在那里享受春季的草原，"用他的大隼"来猎捕鹤、鹧鸪与野鸡。忽必烈立即下令返回上都，并在那里派遣枢密副使孛罗来调查事件的原委，并确保阿合马得到恰当的国葬。

10天后，孛罗带着有关阿合马的真实情况返回上都。忽必烈勃然大怒，并且将一切都彻底颠倒了："王著杀之，诚是也！"他下令在帝国全境范围内逮捕阿合马家族的所有成员与助手。他所做过的一切都被废除，他拥有的一切都被没收。

在一个橱柜里，调查人员有了一个令人大惑不解的发现："两耳具存"的经过鞣制的两张人皮，这表明阿合马曾对一些他的牺牲者做过极为令人厌恶的事情。接下来还有一些颇为怪异的事件，当调查人员询问负责橱柜钥匙的家内太监时，他回答说他不知道它们是干什么用的，但是他又神秘地补充说：“诅咒时，置神左其上，应验甚速。”无论阿合马一直在做什么，都与伊斯兰教无关，而当他们发现两卷丝绸画卷时，他们的疑虑更进一步加深了，画卷上的人物是一些包围着一座帐篷的骑兵，他们挥舞着宝剑，弓箭瞄准帐篷，仿佛在进攻里面的什么人。然而这一切都意味着什么？没有人知道。但为了以防万一，画家被找了出来并被处决。这些令人不安的细节引起了众多的与魔法相关的话题，也解释了马可·波罗所谓的阿合马“用他的巫术如此深刻地影响了大汗，以至于后者对他所说的一切都深信不疑”。

阿合马的妻子与女儿被从其后宫中送回家，盗窃的财物被归还；他的奴隶被释放，畜群被驱散，而他的余党——共计581人——被遣散。那年秋天，他的4个儿子被处决，北京的总管忽辛作为一种附加的侮辱被鞭尸，而他的一个兄弟的尸体被剥皮。阿合马的罪行被公布，其他的处决行动也接踵而至，包括其在中书省的助手，一位把女儿送给阿合马充其后宫以换取官位的被保护者。

在被谋杀后，阿合马曾得到了一个正式的安葬。5个星期后，忽必烈下令将其坟墓掘开，在公众面前将其尸首斩首，然后将剩余部分扔到北京的主要的北城门外，任由野狗撕咬。正如《元史》简明报告的那样：“百官士庶，聚观称快。”

第三章 扩张的极限

KUBLAI KHAN

笔者很想知道是什么东西给了这两个人——成吉思汗及其孙儿忽必烈这样的动力。我想也许心理分析学家会认为他们两人都是被同一种深刻的不安全的意识所驱使。成吉思汗在孩童时期曾经是一个被驱逐者，而且也似乎把生命中的其他时间都花费在一个庞大的范围内建立一种安全感的事业上。忽必烈继承了他的祖父所得到的一切，但是由于他从未被传统的蒙古人——其祖父的人民——完全接受，因而在内心深处他也从未有过安全的感觉。对他们的臣民来说，幸运的是他们俩都拥有非凡的领导才能，并且运用它尽可能地拓展了帝国的边界。成吉思汗未能够活到足够长寿来遭遇到任何极限。但忽必烈却遇到了，而这种发现不啻于一次沉重的打击。在所有的伟大的陷阱背后，笔者以为还有一个被宠坏了的孩子在跺着脚拒绝接受所有这些答案。

当然，所有这一切都穿上了意识形态的外衣。把成百上千万人口纳入这个帝国就已经是一个了不起的成就了，但它也只是迈向实现最后野心的另一个步骤：让全世界都承认其上天赋予的至高无上的权威。潜藏在忽必烈扩张决心背后的正是这样的一种动力，这里既没有应被考虑的威胁，也没有征服的战略原因，它只是在那一时期必须要做的事情。先是日本，然后又是4次其他的冒险活动——缅甸、越南、再一次征服缅甸、然后是爪哇——也显示出了他的野心是多么徒劳。他也许还曾经把目标对准过月亮。而每一次冒险活动都应该让他懂得他已经到达了极限；然而他却拒绝接受。每一次失败都使他更加坚定决心来修补支离破碎的不可战胜的外衣，而每一次努力则又会使它更加破碎，他会顽固地走向坟墓。

似乎非常令人难以置信的是，他甚至又在致力于进攻日本。1283年，他下令南方的商人建造500艘新船，两年以后，又从满洲的女真人那里另行征调200艘。他命令高丽提供大米用作他意欲派遣的军队的粮草。只是在1286年，他的谋士们才设法说服他放弃了这个想法，因为在那时他正深陷于其他事件之中。

但第二次征日失败时，和周边的大多数民族已经有了一种长期的联系，商船来来往往。在1265年，一位安南（今越南北部）的使者就已经来朝。但是商贸与使者并不够，忽必烈想要的是对其君主地位的承认，而标志就是纳贡。不可避免的是，他也想要来自缅甸的这种承认，因为它就毗邻云南，而云南自1253年蒙古人的征服起，就实际上已经是中国的一部分了——那次征服就是由忽必烈本人领导的。云南已经由一小支卫戍部队自行其是达20年之久，直到1273年它才有了一位高级别的行政长官赛典赤詹思丁，他是一位来自不花剌的突厥人，其祖父于1220年投降了成吉思汗。随着云南的完全纳入帝国，忽必烈决定派遣3位使者要求缅甸的臣服。

缅甸并不打算顺从。国王那罗梯诃波帝是一个两个世纪前由缅甸人建立的相当大的王国的统治者，而缅甸人则由云南高原迁居到伊洛瓦底江的热带雨林低地，并吸收了那里土著孟人的丰富的文化。从他们被称为缅玛的新国家，缅甸人进入了斯里兰卡、印度、柬埔寨、印度尼西亚与中国。以蒲甘为首都的缅甸繁荣稳定，是众多寺庙骄傲的拥有者——仅在蒲甘就有5000座——这也昭示着其佛教的信仰。他们认为对中国称臣纳贡是一种不能容忍的侮辱，尤其是当信息来自于缅甸人认为曾经是他们的祖居地时。然而在骄傲以外却是一种不安全感，此前一个世纪，缅甸曾经历过起义与宗教分裂，而且大量建筑寺庙的辉煌时代也已时过境迁。

那罗梯诃波帝并不是一个可以正确处理事务的人。他也不是王位的真正的继承人，而是通过武力夺取的。他的人民十分痛恨他，称其为“狗屎国王”。专横而又残忍的他紧盯着他的3000嫔妃。当他发现他的一个宠妃曾经密谋用毒药暗杀他时，他下令把她装在笼子里烧死。他把资源都浪费在建造一个巨大的称作敏迦拉塔的宝塔上，这也是蒲甘最后的大寺院中的一座——由于极为害怕遭到暗杀，他下令让人修建了一条从他的宫殿通往那里的地下通道。这座宝塔在夕阳映照下熠熠闪光的柔软的粉红色的砖，构成了一个巨大的正方形基座的金字塔，塔上的铭文记录了这位国王的自我吹嘘，他是“一支庞大军队的最高统帅，每日300盘咖喱饭的吞食者”——尽管他并不是仅仅指他自己；他也让他的儿子们与其家人留在宫殿里，以防他们转而反对他。一则缅甸格言很好地总结了他的成就：“高塔完成了，伟大的国家毁灭了。”

当忽必烈的使者到来时，这位国王也许该予以安抚与谈判；但相反他却把忽必烈的诏书扔到了使者的脸上，处决了使者并随即派遣一支军队进入泰国的缓冲国康该（云南境内的干额、金齿等地——译者），因而实际上确保了蒙古人的入侵。

在接下来的4年里，忽必烈忙于对宋的征服。1277年征缅之战开始，为了领导这次战役，忽必烈选择了赛典赤的儿子纳速剌丁，此人一直在协助其父建立在云南的行政管理。马可·波罗以其惯常的事实与夸张相混淆的方法对接下来发生的事进行了描述（他很可能是后来获得了一些详情）。

拥有200头战象的缅甸人已经沿着深深的峡谷及其陡坡、森林茂密的山岗越过边界前往迎敌，这条峡谷通往现在的宝山镇。挡住其去路的是纳速剌丁以树木茂密的山坡为依托的12000人。很少有蒙古人见过大象，当然马匹也同样。当它们被驱策向前时，它们拒绝了。所以纳速剌丁命令他的士兵下马，徒步向前并使用他们的弓箭。一支箭并不会对大象造成什么影响，但成百上千支箭就不同了，正如马可·波罗所说的那样：

> 你知道，当这些大象感觉到那些像雨一样喷射到它们身上的箭矢所带来的刺痛时，它们转头便逃，在这个世界上再也没有什么东西能够诱使它们转身面对鞑靼人了。它们逃跑得如此之快，并且带有如此大的响声与吼叫，以至于你会认为世界的末日即将到来。然后它们冲进森林，横冲直撞，背上的象楼撞到树上，挣脱缰绳，弄碎与毁掉了它们身上的一切。

它们也毁掉了路上的一切，包括不幸的缅甸步兵。

正如马可·波罗用中世纪史诗作者一般的热情所叙述的那样，现在骑兵有了用武之地，他所描述的进攻是用宝剑与狼牙棒进行的，被砍掉的臂膀与大腿俯拾皆是，许多伤者被压死在成堆的死者中间。缅甸人四散奔逃，蒙古人乘胜追击，并利用被俘的驯象人去捕捉大象。"大象比其他任何一种动物都聪明，但尽管这样，它们还是最终都被捉住了，共有200多头。正是在这以后，大汗也开始饲养成群的大象了。"

当然很可能不是200头大象，因为对其胜利沾沾自喜的纳速剌丁于1279年6月返回上都时，只带来了12头大象，它们是经过长达2000公里的长途跋涉，越过整个国家而到达的。这对于逃到伊洛瓦底江下游的那位国王来说，这也算作是某种胜利，他为自己赢得了另一个贬抑的绰号，德由披敏，意为"畏华人而逃跑的国王"。但是这里的气候可怕，疾病横行而且纳速剌丁的部队又远离家乡。他在战后所能够做的一切就是清点这一地区的户数（共计110200）以及设立驿站。但是缅甸并未被征服，这是一项尚未完成的事业。

接下来就是越南的事情了——或者毋宁说，诸越南事务，之所以是用复数是因为13世纪的越南是两个王国，安南（在北方）与占婆。忽必烈给了它们一个表示臣服的机会：或亲自来朝，或提供在征税与征调劳力时非常有用的户口登记册，或送来年轻的亲属作为良好愿望的象征——实际上这就是人质。安南送来了一些礼物，仅此而已。1279年占婆送来一头大象、一头犀牛和一些珠宝。下一次，忽必烈说，国王应该亲自来朝。1280年，更多的礼物被送来，但国王并没有来，这实际上就等同于拒绝。

忽必烈下令某个名叫唆都的人来经办此事，此人时任距占婆最近的大港广州的总管。他率5000人的军队与100艘舰船在越南南部的突出部登陆，即通向首都今归仁港的环礁湖。他们占领了该城，但却发现国王因陀罗跋摩五世已经逃往多山的低地。唆都愚蠢地跟踪追击，并盲目地确信经过一场公开的决战便可奠定胜局。然而越南人却展开了游击战，以他们自己的凌迟处死方式予以抵抗。唆都派遣了增援部队，在征宋战争的老兵阿塔海（他曾经是向宋朝都城杭州最后挺进时伯颜的副手）的带领下，另有15000人的军队抵达。然而无论是他还是另一位老兵阿里海牙所率领的进一步增援均于事无补。国王依旧没有被抓住，他的军队仍未被击败，他的游击战成效显著地迫使蒙古人留在占婆中央高地边缘的森林里。

一种新的战略被提了出来。这显然是唆都的主意，是其在返回上都的途中提出的：如果军队通过安南经由陆地到达会如何呢？由于安南被认为是中国的仆从国，所以忽必烈当然可以毫无妨碍地派遣军队穿越他的王国。忽必烈很喜欢这个主意，并派遣他的儿子脱欢为统帅，唆都为其副手。

但是安南此刻有了一位新的统治者，阮氏王朝的第三位统治者陈仁宗，他把这个建议看做为入侵的诡计而加以拒绝并使其国家准备进行自卫。而在陈的领导下，这个国家也可以做得很好，它有一群由贵族组成的精英军官，而除了奴隶之外的所有男性都须为国尽忠，所以，一支训练有素的军队可以在数日之内集结起来。相关的记录并不周详，但有关他们的热情的报告却像是真实的。最初，国王犹豫不决。一场漫长的战争会带来可怕的破坏，他对其高级军官陈兴道说，我们放下武器以拯救苍生难道不是更好吗？“那么我们祖先的土地与先祖的宗祠会变成什么呢？”这位将军应该是这样客气地回答的,“如果陛下想要投降,请先取臣之首级。”1285年初,在一个全国乡村长者的会议上,已经成为全国抵抗象征的陈兴道将此事付诸表决:“敌强我弱;我们应该投降还是战斗?”背后传来了喊声:“战斗!”但是上层人物并没有做出一个好的榜样。这位将军在一份被作为越南文学经典而广泛引用的声明中对他们进行了严厉的谴责,这份声明是某种丘吉尔式的战斗号召:

> 我不思茶饭,无法入眠,我的心在疼痛,泪水打湿了我的双眼,我恨不能把敌人撕成碎片,掏出他们的心肝、痛饮他们的鲜血。你们是我们皇家军队的将军与高官……你们把时间都花费在了观看斗鸡、赌博、侍弄花园、照料妻儿上。你们忙于挣钱而忘却了为国分忧。但是如果我们的国家遭到蒙古人的入侵,你们斗鸡的铁钜将无法刺透他们的铠甲,你们赌博的诡计也无法替代军事战略。你们可以拥有大量的花园与田地,但即使是1000两黄金也不能挽救你们的性命。

人民做出了响应。从其田地上应召而来的农民臂膀上刺着“让蒙古人去死”的文身,他们的旗帜上则绣有这样的字样:“消灭敌人,为国王尽忠!”

在中国南部各省集结起一支军队的脱欢对于这种抵抗一无所知,无论是其精神还是战略。但他确实是应该有所了解的,因为伟大的兀良合台在1257年的短暂入侵时也循着同一条路线,后来在面对越南的坚决抵抗与瘴气暑热时不得已而退兵。最初的进展一切顺利。随着一支据称有30万人(也有人称50万)、数量优势为二比一的大军前进的脱欢迫使安南的军队后退,这显然成了一种对安南人的文身与旗帜的嘲弄。1285年蒙古人抵达河内——时称升龙——时才发现安南人的战略与占婆人如出一辙。退却是精心策划的,也不会有决定性的战役。民房空空如也,田野颗粒无存,皇室与民众都不知去向。现在得到了沿红河而上的舰队增援的蒙古人控制了河岸亦即红河三角洲——但却不能控制内陆、森林与山脉，或者是国王在南部170公里处的基地清化。游击战、疾病、缺乏食物以及对夏季炎热的恐惧开始消磨脱欢的军队。

又经过一个月后，陈兴道作出了反攻的时机已经到来的判断。在河内下游20公里处的章阳的一次战斗使得越南人又回到了首都，并迫使蒙古人越过红河撤退。而在一条小河太可河(Tay Ket)边的另一次战斗决定了蒙古人的彻底失败——50000人被俘，唆都战死并被斩首——残余部队迅速退回到了边界，这条小河在河内西南数公里一条古老的大坝处汇入红河。

对于忽必烈来说，重振其支离破碎的军队并进行再一次尝试足足花了两年的时间。脱欢显然需要帮助，于是老兵阿里海牙、纳速剌丁以及忽必烈为数众多的孙儿之一也孙铁木儿都被派遣到了他那里。这一次战略将有所不同：一个规模庞大的内陆基地将被建立在海防，而在陆路进攻的同时，还将有一次大规模的海上进攻。

在1288年初，陈兴道的反应是十足的犹豫不决。在陆地上，他的战略并未发生变化——从可居住地区的坚壁清野式的撤退，不给蒙古人留下任何可以征服的东西。对此早有预料的脱欢为这次大规模的战役准备了500艘船只用于携带从海防沿白藤江逆流而上的增援部队与给养。陈兴道就是将注意力集中到了这支舰队上，计划重施300年前曾经使用过的击败中国舰队、保证越南独立的故伎。第一步就是命令部队砍伐与削尖成百上千的硬木桩。然后这些木桩被运到5公里外的下龙湾，来到使得这一海湾成为著名景点的上千岛屿中的一个(根据一则传说，这个地方是在一条巨龙潜入海里，用它的尾巴开挖沟壑和溪谷并在粗糙的石灰岩上形成无数洞穴时造成的)。在这个岛屿中部约海拔200米的高地上有一个特别大而且隐蔽良好的山洞，里面可以轻松容纳1000余人。他们就带了木桩驻扎在洞里注视脱欢的舰队逆流而上由这里经过。

一旦舰队在视线中消失，一艘越南小船就会从对面的大陆划过来接运部队与他们削尖的木桩。在上游几公里处一片河道变宽并且在低潮期成为泥滩的地方，他们静待退去的潮水降到最低的水位。

然后他们就开始埋设木桩，平均每平方米一根——有的垂直向上，有的指向上游方向——穿过主河道形成之字形，水下的埋设深度是小船刚好可以避开它们。陈兴道亲自来检查这项工作，故事说他把宝剑插在地上，然后把头发挽成发髻以便得到良好的视线。

接下来进攻开始了，有关其详情我们不得而知。结果是在3月22日（或者是就在这前后；有些记录称4月3日或8日），遭到来自河岸与海岸线的攻击的蒙古舰队顺流而下进行撤退。充作诱饵的越南小船从木桩上一掠而过，最后的进攻迟滞了蒙古人，而后他们撞上了木桩：许多船只被刺穿撞碎并被钉在原地，其他船只又撞上了它们，当越南人的引火船从上游漂来时，所有的船只都无可奈何。在涉过泥水企图登岸时，蒙古人就成了沿岸展开的越南军队轻易获得的猎物。脱欢侥幸逃脱——去面对忽必烈的震怒：这位皇帝把他的儿子贬到了扬州，距长江口上游150公里处，距皇宫更是路途遥远。

许多年以来，白藤江已经被淤塞，成排的木桩也在河底消失。我们如何知道这一切都是真实的呢？部分是由于陈兴道插剑束发的地点有一座供奉他的寺庙为标记，但主要还是因为北越在1953年疏浚河道改善航行时发现了这些木桩。1988年3月22日官方在这场伟大胜利700周年纪念日之际，白藤江的木桩阵被宣布为纪念“北方封建主义者”失败的历史遗迹。掩藏木桩以及其巨大的藏兵洞的小岛——木桩岛——现在也成了旅游胜地；而陈兴道则作为确保安南独立的民族英雄至今仍然被纪念。

忽必烈在越南的困境给一些更为现代的事件提供了令人震惊的对照。一位强有力的统治者构想出这样一个观念，即国家的利益在于派兵进攻北方的一个意志极为坚定的政权。外国军队并未能达到他们的目的。更多的军队被派遣了进去，而且有各种特权。一种世界观无疑得到了支持，而且一个小国能够抵御由世界上最强大的国家发动的进攻也同样令人难以置信。在长达10年的时间里，这个大国竭尽努力来达到其目的，在泥沼中挣扎，期盼着看到隧道尽头的曙光，到头来却被赶入一种可耻的撤退。

是的，这个有趣的对比就是美国及其在越南的战争，但是同样有趣的是它们间的差异。20世纪60年代的美国正处在冷战之中，与苏联形成了严重的对抗局面。因而那时在进入越南的第一步的背后有着某种必然的逻辑。而反观忽必烈则专以那些不会对其构成任何威胁的人民为敌，说到底这都是一个意识形态问题。

这里有一个忽必烈和美国人都会同意的教训：从此以后绝不再和北越人较量。

在那以后，入侵占婆的想法已不复存在，但在缅甸却仍然有一些尚待完成的事业。1283年一支来自四川的军队曾经企图迫使国王屈服，但他逃进了深山。然后为了避免进一步的麻烦，他派遣了两位和尚求和。他们知道他们处在弱势地位："陛下，难道您不是转世的菩萨吗？您的国土如此广阔。缅邦是一个小国，但它由佛祖的教诲而兴盛。不要派武士进去。待到庄稼成熟后再来。"忽必烈答应了，而且也信守诺言。

1286年末，随着在越南的失败，忽必烈再一次进行了尝试，取得了更多的成功，而这成功主要归因于缅甸这个内陆国家的内部事务。国王那罗梯诃波帝已经被他的儿子悌诃都暗杀，他持刀对准其父的喉咙迫使他喝下毒药。这是一个处于分崩离析状态下的王国。指挥官也孙铁木儿是忽必烈的孙儿，他已在越南获得了一些经验，带领着他的7000人的军队直扑伊洛瓦底江。当蒙古人到达缅邦时，他们剥掉了寺院上的黄金与白银，然后由于无法适应气候，他们撤了回来，任由缅甸陷入更多的弑君、无政府状态以及泰国武士的蹂躏。点滴的贡赋流出了缅甸的北部，但却绝不足以支付战争费用或者满足一个皇帝这样的人物。

*

爪哇的国王克塔纳伽拉(《元史》作哈只葛达那加剌——译者)一直勤勉施政，在东南亚成就了一个最为成功的王国。爪哇尤其是东爪哇曾经有过一段微型帝国的历史。3个世纪以前，其中之一马打兰依靠大米和香料而强盛起来。内陆富饶的火山灰土地十分适于稻米的生长，而岛上的船只则垄断了香料岛上的丁香、肉豆蔻与肉豆蔻皮。马打兰已经超越了其巨大的竞争对手、邻近苏门答腊的室利佛逝国，直到公元928年，作为这个岛屿内陆奇妙的土壤来源的梅拉皮大火山的喷发，喷涌的灰烬与滚烫的泥浆河流顺着山谷而下，将城镇与寺庙埋在数米深的下方。马打兰再也没有复活。但是一个幸存下来的王子却创建了一个辉煌但却短暂的继承者的王国。20岁就任国王、在寺院里度过4年避难生活后，爱尔朗迦在今日的苏腊巴亚附近很快重新建立了一个新基地，他拦河筑坝，扩大了灌溉面积。当他在1049年死亡时，他的帝国分裂为两个彼此竞争的王国。其中之一新柯沙里占据了优势，它是由一个孤儿、贼兼传说中的英雄肯·阿洛克在1222年击败另一个王国科迪里(《元史》作葛郎——译者)时建立的。克塔纳伽拉继承的正是这个新的新柯沙里帝国——一份有几分珍贵的遗产，因为它的存在既取决于保持对香料贸易的控制，也要警惕科迪里及其可能的叛乱。为实现其更多的野心——的确，至今仍有一些人将他当做印度尼西亚民族国家的先驱——他通过迎娶一位占婆公主而与之结成联盟，但1284年其占领巴厘岛以及苏门答腊其他方向的一部分的尝试均告失败。

然而，当1289年一位来自忽必烈的名叫孟奇的特使带着要其臣服的粗鲁的要求到来时，克塔纳伽拉十分震怒。他对忽必烈的傲慢进行了惩罚，让人在这位特使脸上刺字，以便其返回时这种侮辱既明显又公开。此举无疑会招来报复。忽必烈下令南方一支在史弼统领下的作战舰队做好准备，此人为征服宋朝战役期间的老兵。在他的全面指挥下，陆军由高兴率领而水军则由一位名叫亦黑迷失的回鹘人统领。忽必烈告诉他们这将会是一次轻而易举就可取得的胜利："如果你们占领了那个国家，其他小国就会自动臣服，你们只需派出使者去接受他们的效忠。"在长达3年的时间里，他们在泉州集结军队：1000艘战船、20000名军人，1年的给养，还有用于新补给的1000公斤白银。

所以克塔纳伽拉有足够的时间为进攻做准备，但他却错误地解读了史弼的战略，猜测这位指挥官将会沿海岸线南进，在求援占婆与马来亚的同时，他把军队派遣到那里去伏击蒙古舰队。这是一个致命的错误。史弼马不停蹄地长驱4000公里直取爪哇。这是一个风险很大的战略——“风急涛涌，舟掀簸，士卒皆数日不能食”——但它却得到了回报。1294年史弼的军队登陆，并未遭遇到抵抗，因为此刻克塔纳伽拉已经卷入了一场与其邻国科迪里的战争并被杀身亡，所有的本国军队都远在南方作战。

史弼应该享有忽必烈曾经保证过的轻松的胜利了。事实上，他立刻就卷入了当地的政治纷争中。克塔纳伽拉的女婿，一位同样野心勃勃而且更加狡猾的人物维加亚(《元史》作土罕必阇耶——译者)送来了一个表示臣服的信息，希望以此来换取对科迪里作战的帮助，同时作为对其承诺的支持还送来了熏香、香料、犀牛角与象牙。史弼同意了。维加亚送来了这一地区的详细情况——在布兰塔斯河上，威利斯山麓，距苏拉巴亚西南105公里，富产稻米，海岸上的一个港口，所有的一切都在一张有用的地图上得到解释——蒙古人开了进去。一个星期后，5000科迪里士兵战死，他们的领袖也被处决，这一地区落入史弼之手。接下来的一切就是庆祝胜利的仪式以及理所当然接受维加亚的臣服。维加亚要求200名非武装人员在两位军官的带领下作为扈从随同他回首都满者伯夷，据信是去取礼物。在途中，维加亚的人杀死了非武装的扈从，然后转而攻击蒙古军队。史弼逃脱了，带领其军队转战150公里退到海岸线，然后登船踏上回乡之旅——在那里，忽必烈因其失败与3000人的损失而给了他17皮鞭并没收三分之一家产的奖赏。

两年后，忽必烈的继任者又让史弼官复原职。毕竟，作为一个被挑选出来的谋士，他曾经旅行12000公里，到达了从未到达过的地方并给当地人留下了深刻的印象。另一场有着满足自欺欺人的荣誉的灾难就这样结束了。

对于忽必烈来说，这次冒险是后果无法预料法则的一个非常好的例证。在出发去惩罚一个国王时，忽必烈却设法帮助了他的合法继承人确保了王位并且建立了一个新王朝和一个民族国家。在接下来的50年中，维加亚重新创建的国家满者伯夷成长为一个包括印度尼西亚大部（有人说是全部）的一个富裕而又强大的帝国——这一结果与忽必烈最初的打算完全相反。

第四章 东风西渐

KUBLAI KHAN

坦率地说，忽必烈当政的大部分时间中国对西方的影响还是颇为微不足道的。只是在他去世之后他才变得声名卓著，而且那还几乎完全是由于一个已在前几章被大量引用过的人：马可·波罗。

为了理解马可·波罗所创造的不同，我们还应该看看忽必烈之前西方所了解的中国与中亚。12世纪，欧洲与中东人对于中国只有一种最为模糊的概念。在基督教欧洲，地图根本就算不上是地图，只能算是一种信仰的图解，在其上，世界末日情形和伊甸园与大陆一样显眼。怪物扮演着主要的角色：以苹果味道为食物的人；用其巨大的脚掌做遮阳伞的大脚人。唯一的大陆是欧洲、亚洲与非洲，而且它们都呈一个整齐的圆弧形，或者是没有形状的水滴形。亚洲即被等同于印度，而中国则根本就未被标出。欧洲略知一二的阿拉伯地理要稍好一些，但也差强人意。图德拉的一位西班牙犹太人本杰明在12世纪末从锡兰旅行到了中国，但却没有记录什么细节，而他的希伯莱语的《游记》直到16世纪才为基督教欧洲所熟知。在中亚执行传教使命的聂思脱里教徒没有一个人做过记录，或者至少是没有一项记录被人辗转抄录。其他基督徒知道他们就在那里，并且杜撰出另一个根本就不存在的基督教国王祭司王约翰的传奇故事。

所以当成吉思汗的蒙古人突入欧洲时，他们才从黑暗中走了出来。随着成吉思汗毁灭性的横扫中亚与突入波斯(1219～1223年)，最初迸发出来的这些人是来拯救十字军的基督徒的乐观情绪迅速让位于战栗与恐惧。欧洲人得到了成吉思汗的一个臣服部族的名称，塔塔儿，并因此而称所有的蒙古人为鞑靼人——来自塔尔塔罗斯冥府的人，古希腊时代的地狱深渊。较小的令人不快的消息都会像是末日的预兆。1238年，诺夫哥罗德的鱼商放弃了他们通常去诺福克贩运北海鳕鱼的旅行，留在家乡准备抗击入侵者，这也导致了雅茅斯鳕鱼的供应过剩。匈牙利国王收到了拔都的一封威胁性的信件，拔都是金帐汗国的大汗，成吉思汗的孙儿，忽必烈的堂兄，信中说："你们这些居住在房屋里拥有城堡和城市的人——怎么可以逃脱我的掌心呢？"然后在1241年，暴风骤雨突然降临，俄罗斯、波兰、匈牙利相继陷落，欧洲的领导者们几乎要团结起来共同对敌了。十字军的组建以及彼此敌对的领导人之间的互助与合作的请求都被提到了议事日程上。事实上，此刻已经来不及组织任何事情了，因为蒙古人突然间消失得无影无踪，被窝阔台的死讯召回了家乡。

在幻想与极端恐惧之后，现实的考察也随之而来——两位教皇派往哈喇和林的使者：一位是吉尔维尼(约翰)，他是一位传教士。来自当时的普拉诺－卡尔平尼或者加尔滨，即今日之翁布里亚区的马吉尼市，此人在1246年出现在了哈喇和林的贵由的选汗仪式上；另一位是托钵修会修士威廉，来自法国东北部的鲁布鲁克，此人曾在1253～1255年之间觐见了蒙哥。这两个人都带来了蒙古汗的态度强硬的要求："依长生天的气力里，所有的土地，从太阳升起到落下的地方都臣服了我们！"这则贵由致教皇信中的声明十分简洁地保存了他们的观点。其他的使者也受命去会见中东的蒙古人，结果，西方得到了详细而现实的有关成吉思汗的继承者及其人民的信息，主要来源还是卡尔平尼在回到家之前就已经泄露的记录。各种抄本广为流传(而鲁布鲁克的卓越的报告却在长达3个世纪的时间内无人问津)。人们从卡尔平尼那里读到的——以及在其从蒙古宫廷返回欧洲途中从他那里亲耳听到的丝毫不能使他们的神经平静下来。事实上,直接的威胁已经过去。过分扩张的蒙古人退回到了他们在南俄与波斯的新的微型帝国中,并开始在那里从事正常的国家活动——与其他国家建立联系、结成联盟以及彼此之间发生争斗。而关于这些国家欧洲人还是十分了解的。

与此同时,一个新的世界已经在远东出现了——忽必烈的世界——有关它西方人知之甚少。没有使团被从罗马派出,其他统治者也没有派出特使,这种状况一直延续到了13世纪90年代——即使是到了这时,交流也受到了限制,主要是由于语言问题。翻译人员既少又差,没有人能够达到汉语和蒙古语都极为熟练的程度,反之,蒙古人也对成为一个基督徒不感兴趣。的确,他们中间有聂思脱里教徒——尤其是忽必烈的母亲唆鲁禾帖尼——但他们都深陷于蒙古或汉族的社会,以至于对天主教主流社会没有任何帮助。正如波斯汗阿鲁浑在一封致教皇的委婉拒绝接受洗礼的信中所说的那样:“如果一个人只向长生天祈祷并以恰当的方式进行思考,难道不就如同接受洗礼了吗?”简言之,他们是不会改变信仰的。

主要的信息沟通渠道应该一直是商路。对于历史学家来说,不幸的是商人们只对商业感兴趣,而旅行与社会评估则不在其考虑范围之内。尽管由于蒙古人的统治几条商路已经开通,但却几乎没有人亲自做过这种劳神费力的横穿大陆的旅行。一位14世纪的匿名的佛罗伦萨人记录了从乌克兰到北京一路旅行所花费的时间:250天左右。此外,学界现在也认为蒙古统治下的和平所带来的安全高速路的观念亦属言过其实,因为在忽必烈主政的大部分时间内蒙古人几乎总是陷于一种争吵不断与战争的状态中。当旭烈兀与别儿哥在13世纪60年代彼此交战时,他们都在屠杀对方的商人。有谁会冒着生命危险艰苦跋涉18个月穿梭于亚洲去取从离家更近的中东人那里就可以得到的商品呢?

当然,海路始终是存在的,但这对西方人来说甚至更糟。它以波斯湾为起点,因为在未来的两个世纪中还没有人能绕过南非在海上航行。从那里开始，阿拉伯人的船只需要花上两年时间才能达到东方，一路上还要冒来自海盗、风暴以及由绳索绑在一起的船体结构性崩溃等带来的致命风险（一个马可·波罗提到的危险）。这方面的经历依然没有人去书写。

后来，在忽必烈死后，的确有人做过艰苦的陆上长途旅行，因为对幸运者与有见识者来说，一路上可谓有利可图。但是在忽必烈时代唯一做这件事的人就是马可·波罗叔侄一行。为了首次旅行，他们变卖了在君士坦丁堡的商品，并且就地购买了一些珠宝，而位于萨莱的金帐汗国的大汗别儿哥则以一些未经说明的商品来交换这些珠宝，在继续向东旅行时他们又沿途将交换来的商品卖掉。

作为威尼斯人与商人，波罗的三兄弟家族公司是唯一致力于向东旅行的公司。威尼斯拥有君士坦丁堡——刚刚被拉丁化了的来自希腊东正教的基督徒占领的一部分、叙利亚的阿克里以及克里米亚的索尔达亚。威尼斯统治着把俄罗斯与埃及、中东与意大利连结起来的商路。财富可以通过波罗的海的琥珀、蜂蜜、石蜡，以及俄罗斯的皮毛与奴隶贸易获得。大约在1260年，两兄弟尼可罗与马斐奥动身前往南俄与金帐汗国的蒙古人进行珠宝贸易。当他们达到时，两场灾难粉碎了他们的计划。希腊人重新占领了君士坦丁堡屠杀或者致盲了50个威尼斯商人；而两个蒙古人的金帐汗国与波斯也爆发了战争。此刻唯一安全的方向就是：正东方。

3年后在不花剌，一位去见其领主的忽必烈的蒙古使者答应带他们到这位皇帝的宫廷。一年以后他们到了忽必烈那里。他向他们询问了教皇制度以及基督教教义的罗马版本，然后在回家的路上给他们提供了帮助，颁发给他们一个可以充作护照以及征用令的金牌或者银牌，并且允许他们在返回途中使用蒙古官方的驿站。他送走了他们，要求其带回100个可以做传教士的人以及一些来自耶路撒冷耶稣基督坟墓里的灯中的油。这不仅仅是容忍而且还是一种上佳的政策。忽必烈身陷几种宗教的为数众多且相互攻讦的教士的包围圈，其中之一就是聂思脱里基督教，他的母亲就曾经是聂思脱里教徒。100位来自一个不同派别的基督徒将会使他创造出另一个特殊利益集团，从而阻止任何一个派别做到一派独大。

1269年回到家后，尼可罗得以与他的儿子、时年15岁的马可团聚。对于忽必烈的要求来说，不幸的是教皇去世了，而新教皇的任命、又被大大推迟。两年后，受到他们在忽必烈的中国所见到的财富与机会的吸引，兄弟二人带着马可又一次上路了。

在阿克里他们咨询了一位老朋友，副主教特奥巴尔多·威斯康提，结果证明这是一个非常幸运的决定，因为在一种极为巧合的情况下，后者被任命为教皇并且可以发给他们正式的国书。3年半以后——1275年夏季，他们又回到了身在上都的忽必烈身边。

长期以来，学者们就有关马可·波罗记载的真实性问题争论不休，观点介于只有很少与几乎全都真实之间。负面影响是马可·波罗有一位共同作者，捉刀人拉斯蒂切罗，由于他是一位热衷于使这本书引人入胜的职业作者，所以对马可·波罗的叙述进行了文学的杜撰。这里有太多的哗众取宠之处以及第一人称的运用，仿佛作者是在强留读者继续阅读，此外还有一些假的随意的旁白，譬如："哦，我忘了提到，如此这般。"实际上他是在强留，准确地说不仅是读者，而且还有听众，因为这是一个文本被设计得大声阅读的时代。后来，马可·波罗自己和为数众多的编辑人员又进行了添加、删减和改写，创造出了许多不同的版本，因此，本书并没有原始版本。

饶舌再加上那种简略真实情况的小报作风经常使我们停顿下来，有些人甚至想知道他是否从其他书中剽窃了很多内容。而对于这个问题的简单答案应该是：不，他不可能。这本书中充斥着众多西方人根本就不可能知道的细节（比如说上都的大理石）。甚至于他的歪曲事实，比如说在襄阳帮助制造抛石机，也只能被当做夸张而非空想。当他和拉斯蒂切罗在那个世纪的最后几年共同工作时，西方没有其他人拥有中国正在发生什么事情的任何线索，所以谎言与真实可以卖出一样好的价钱。当然现在学者们已经非常熟练于使用其他史料来辨伪存真了，而且总的说来，除了一些显著的错误外，马可·波罗经受住了检验。

正是马可·波罗在中国17年的记载告诉了欧洲其所了解的几乎有关忽必烈的一切。对于后来的历史学家来说，他是一个价值难以估量的目击者，因为他是沿陆路在南方的征服完成之前到达中国的，而且是径直到达了中国的心脏地区。其他后来者则是沿水路到达的，因而主要看到的是南方的港口。波罗叔侄则是在事件的中心地，在忽必烈的宫廷，这对于对语言只是一知半解的外国人来说已属尽可能的知情人士了：马可·波罗可能会说一些蒙古语和汉语，但对书写却一窍不通。忽必烈曾经使用马可·波罗做使者，这也是一个马可·波罗竭力放大其重要性的职位；事实上，他更可能像一个自由职业的记者，可以提供一些有关地方、人民与事件的独立的见解。

马可·波罗叔侄如此受欢迎以至于忽必烈屡次三番拒绝准许他们离开，而最后准许离开则是为了让他们扈从一位作为新娘嫁给波斯的蒙古统治者阿鲁浑的公主。他又一次给了他们两道金牌，以便他们能够得到很好的照顾，并且要他们把信息传递到欧洲所有的基督教国王那里。在一支13艘四桅船的船队的护送下，经过两年时间以及许多磨难之后，他们于1293年或1294年到达了波斯。那时，阿鲁浑已经去世，公主嫁给了他的儿子，马可·波罗一家则在1295年回到了威尼斯。

然而不知何故，在威尼斯与热那亚之间的争斗中，马可·波罗发现他自己身陷热那亚人的监狱——显然被囚禁在某种舒适的环境中，因为就是在这里拉斯蒂切罗为其代笔了《游记》一书，而该书的完成很可能是在1300年他们获释之前。此时已年届不惑的马可·波罗结了婚，有了3个女儿，过着舒适的生活，并于1324年69岁时去世。

很难说当时的人们是否相信他在书中的描述。因为那些事都发生在非常遥远的地方并且极不寻常，尤其是没有任何其他来源对此加以证实。有人说它只被看做一部寓言集。但是马可·波罗在一开始就作了一个开宗明义的声明，他对读者说：

> 你们将在其中发现各种各样奇妙的事情……根据一位聪敏而又高贵的威尼斯公民马可·波罗的描述，就像他亲眼看到它们一样。其中的确有一些他未曾目睹的事件，但这些却是他从可信而又诚实的人那里听到的。所以我们也必须区分看到的与听到的事件，这样一来就不会有些许谎言来玷污我们这本书的真实性了。

但是在当时，如果他在撒谎他会说出来吗？然而有两件事情却颇有说服力：大量的细节与无法证实的传奇故事。它似乎是真实的，而那也正是该书令人吃惊的地方。

《游记》在一小群能够得到或借到一册的人群中间一定是极受欢迎，因为在25年内，它已经被从其原始语言、很可能是一种法意混杂的语言翻译成法语、托斯卡纳语、威尼斯语、德语与拉丁语，而每一种版本都经过了重新编辑以使其符合读者的偏见。但它准确的受欢迎程度也只是人们的猜测。没有人知道它出版了多少册，什么人阅读了这些书，或者有多少人听到过这本书被大声朗读，仿佛它就是一首正在由云游诗人朗诵的史诗。作为一位出版史学家，伊利莎白·爱森斯坦曾经写到过："在印刷时代之前出版的意义究竟如何，或者是在手写时代信息如何得以传播，这都是一些不能被一般性地回答的问题。"我们所能够说的一切就是在长达两个世纪的时间内，对于该书的需求一直在持续增加，尽管是在一个非常低的基础之上。大多数书籍都是宗教性的，而各大教堂都拥有抄书人的文书房，这些人在非常缓慢但却持续不断地建设着以后人的标准来看十分贫乏但对于他们来说却是知识宝库的图书馆。大教堂的图书馆很少拥有超过200～300册书籍。为数不多的大学也不会拥有得更多。1338年索邦神学院拥有1338册参考书，而且它们都被小心翼翼地链在一起，用于出借的书有1728册，除了一册法语的史诗《浪漫的玫瑰》之外，所有的书籍均出自拉丁作者之手。对于非贵族的普通个人来说，拥有一册书是十分稀奇的事，而拥有一册用日常用语书写的书籍更为稀奇。

该书的抄本仍然在成倍地增加——有85种幸存了下来——许多都有美丽而完全是伪造的插图，因而也将此书变成了差不多与报告文学一样的艺术作品。那些最为认真对待马可·波罗的人是他的拉丁语译者，因为他们在试图把中国当做可能的皈依者来加以接受。对于其中一人博罗那的弗兰西斯科·皮皮诺来说，马可·波罗是"可敬的、诚实而又虔诚的"，与他的父亲和叔叔一样；这是一个后来被人为添加了一些把基督教以外的宗教描绘为邪恶事物的判断。至少对于拉丁教士来说，马可·波罗是可信的。14世纪30年代的某个时刻，一位多明我会的托钵修会修道士雅各布·德·阿奎讲述了一个有关临终前的马可·波罗的故事："因为那本书里有很多有趣的超出了所有可接受范围的事件，所以在他临终之际，他的朋友要求他以除去书中超越事实内容的方式来更正这本书。对此他的回答是，他讲述的还不及所见到的事物的一半。"

此后商人们慢慢开始探索马可·波罗所提及的可能性了。到14世纪30年代已有足够多的热那亚人由于弗兰西斯科·佩格罗蒂所提出的一些建议而踏上了这种横跨大陆的旅程，这些建议伴有非常令人不快的偶然事件：去往中国的道路"无论昼夜都十分安全"，他说，除非你偶然死在路上，而在这种情况下，当地的军阀就会拿走你所拥有的一切。

传教团体也开始迎接这种挑战了。一位圣方济各会修士约翰·蒙特考维诺于忽必烈去世的1294年在北京建立了第一座基督教教堂。另一位1322年到达的圣方济各会修士鄂多立克·波登诺尼也写下了几乎与马可·波罗同样著名的记录。

在这些早期基督教中，幸存下来的遗迹几乎都要支持马可·波罗的一个更为无耻的宣称，即他曾经管理过扬州城三年。1951年秋，就在毛泽东的共产党人刚刚夺取政权不久之后，一批工人正在推倒扬州的一些墙壁，并且用这些碎石来修建一条新的马路。工人们发现了一块上面有一些奇怪符号的大理石条石。他们把它交给了当地的一位古董研究人员，后者则辨认出这些符号看上去像是来自一位基督教圣人的生活场景。迷惑不解的他将石头装箱，然后送往上海附近的一个朋友那里，他就是耶稣会教士弗兰西斯·罗里奥，此刻他正在整理行装准备离开这个国家。罗里奥清楚地意识到在一些共产党人小心提防的情况下研究宗教造像的微妙，于是他进行了拓印并拍摄了照片。在他离开后，这片条石不知所踪，但是他从其记录中作了一个有关他见到与研究过的东西的报告[①]。这是一块墓碑，装饰着一些圣凯瑟琳生活的情景——考虑到死者的名字：死于1342年7月的卡特琳娜·伊莱尼斯，这样说也许更合适。几年后，另一块墓碑也在扬州现身，这是卡特琳娜的兄弟安东尼奥的，他死于1344年11月。他们两人都是安东尼奥·伊莱尼的孩子，正如在其家乡热那亚的记载所拼写的那样。他曾经是一位已经来到中国并颇有建树的朋友的地产遗嘱执行人，而这位朋友似乎已经建立了一个小社区。的确，鄂多立克提到过在1322年与一群圣方济各会修道士一起在扬州的事情，同时他还记载了三座聂思脱里教堂。显然，一个基督教社区已经在那里存在了一段时间。或许已存在得足够长了，因而马可·波罗曾被忽必烈派遣到那里将其置于自己的保护之下？不是去做一个城市的地方长官，而是该城基督徒的管理者，这是一个拉斯蒂切罗或者出于误解或者有意使其升级的职位？

不管出于什么情况，来自马可·波罗、商人与传教士的有关忽必烈的消息渗透到了公众的意识中。

这里还有一则蒙古学家们时不时抛出来吸引我的信息。他们说，你知道八思巴文字被13～14世纪的绘画大师乔托描绘过吗？这是那种午茶时间的聚餐会所讨论的毫无疑义但却有趣的事情之一：有一天我和一位日本学者谈及此事，而他告诉我……老天，这太令人惊奇了……乔托？真的吗？在哪儿？……哦，我想这与基督的长袍有关。这个故事我已经听到并且读到过好多次了，并且决定

---

①耶稣会神父弗兰西斯·罗里奥《作为中世纪基督教在中国路标的扬州拉丁文墓碑》。

考察一下它。

是的，忽必烈汗与乔托之间可能有一个连接者。他的名字就是列班扫马，一位从忽必烈的王国向西旅行的和尚，也是迄今所知的第一位由中国抵达欧洲的旅行者。列班扫马是马可·波罗的镜像，不同点在于：他在欧洲停留的时间持续不到1年，而且他还是列在高级别会晤中的一位官方使者。他的故事颇为奇妙，其原始的波斯文本已经轶失，而幸存下来的只是一种直到19世纪末才被发现的掺假的叙利亚文译本。这个人和他的冒险故事已被莫里斯·罗沙比在《世外桃源之旅》一书中进行了出色的还原。“在多元文化主义颇为盛行的今天，”他说，“书写一位活跃于各种文化之间并致力于在他们之间建立桥梁的人似乎是非常适宜的。”但在这个故事中有远比这一点更多的东西：他是为数众多的历史假设中的一个，因为列班扫马非常接近于成功地在蒙古人与基督教欧洲之间建立起一种联盟，而这样的一种联盟无疑会改变历史的进程。所以，在接下来的几页里，先把乔托放在一边，而将注意力集中在列班扫马身上。

列班扫马是一个汪古人，而汪古部则是一个居住在今日中国中部黄河沿岸的突厥语部族，并且在很早的时候就已投靠了成吉思汗。居住在通往西方的主要商路上的他们已经皈依了基督教的聂思脱里派，这是一个宣称基督有神性与人性两种特性，而马利亚只是人类的母亲而非神的派别。在被罗马宣布为异端之后，聂思脱里教徒在中亚与中国成功地走出了他们自己的路，赢得了不同寻常地容忍了当地现实的好医生与好商人的声望。其成员就包括忽必烈的母亲唆鲁禾帖尼与旭烈兀的妻子。汪古部之所以能够引起成吉思汗的注意是因为他们能够做很好的官员。后来，在忽必烈与其表亲海都的战斗中他们也证明了自己是忽必烈出色的盟友。

列班扫马大约出生在1240年，25岁时成为神职人员，并成为距北京西南50公里的深山中的隐士。若不是一个名叫马尔库斯的15岁的热情学生与他相会的话，因禁欲与学问而著名的他可能还会依然保持着那种做学问的与世隔绝的状态。在长达十年的时间里，这对师生远离尘世，不为围绕着他们所发生的重大变故所动，直到马尔库斯确信他们应该到耶路撒冷去接受他可以想到的最高水平的赦罪为止。由于这两位教士既不畏艰险也不怕死亡，北京的聂思脱里教徒都支持他们，忽必烈也是如此。而这两个教士也正是他努力保持对他母亲所属派别同情的最好的公开宣示。此外，完全由于巧合，这也大约是波罗一家带着年轻的马可返回北京的时候，所以忽必烈可以非常好地寄希望于东西方陆路联系的繁盛。列班扫马与马尔库斯或许还可以带回一些对他的新北京非常有用的西方专家。他给了他们一道官方的金质通行证——牌子，这可以使他们利用驿站系统，并在沿路要求得到关照。他们集合起了一个骆驼商队、马夫、厨师和卫士，很可能是在1275年出发了。

这次旅行花费了漫长的时间。第一段行程带他们回到了黄河边上的故乡，然后是经由甘肃走廊进入新疆，绕过塔克拉玛干沙漠到达和田这块昆仑山脚下的多民族聚居的绿洲。现在他们已经脱离了忽必烈的保护进入了海都的统治区。这个地方曾经因匪患而臭名昭著。他们聪明地直趋海都在塔拉思的营地，小心翼翼地避免提及忽必烈或者波斯，他们现在都是海都的敌人。然后又忍受着炎热、强风、雪崩、饥饿、干渴与数次遭劫穿越了大山与沙漠，最后经由图斯（今天伊朗东北部的马什哈德）到达忽必烈的侄子伊利汗阿巴哈的前首都马拉各，因为这里碰巧是聂思脱里教的领袖、大主教马尔登哈教长居住的地方。在一次充满情感的会见与对当地的聂思脱里教场所的访问之后他们又向西跳跃到伊拉克北部城市阿比尔。然后计划有了一个突然的变化。大主教将他们召唤到巴格达并且给了他们一个新使命：争取阿巴哈对聂思脱里教的注意。然后又前往伊利汗国的新首都塔布利兹，该城在蒙古入侵时未受到任何损害，因为与巴格达不同，它投降了。在这个拥有富裕的市场、许多基督教派和意大利商人的大都市中心，他们给阿巴哈出示了来自其叔父忽必烈的牌札，并且得到了聂思脱里教徒想要的所有承认，以及他们需要的所有帮助。

正如事情所发生的那样，更为遥远的西方发生了战事，所以他们受到了阻滞；但却享受到了莫大的舒适，因为大主教提升了他们俩，马尔库斯做了都主教，其地位相当于主教，而列班扫马则任中国“首席访问者”，某种形式的漫游大使（倒不是他将有机会扮演这个角色）。不、不，他们提出了反对意见，他们想要一种简单的生活，他们想要继续他们的朝圣之旅。但是他们没有选择的余地。他们接受了，并且将旅行计划搁置了起来。

接着事情发生了最为令人惊奇的转变。1年以后，大主教去世，36岁的马尔库斯被任命为其继任者。在接下来的5年内，他与其人到中年的师父被卷入了当地和教会的政治中——阿巴哈的去世，一轮残酷的混战以及他们的职位的最终确认。

1286年，新伊利汗阿鲁浑发现他自己需要支持来对抗埃及人以及其他的穆斯林，并且产生了一个奇妙的想法。他想去欧洲建议组建另一次基督徒与蒙古人共同的针对穆斯林的十字军远征。考虑到仅在40年前由于蒙古人的西进在欧洲引起的恐慌，这听上去完全像是一种狂想；但想到在那以后的20年时间内蒙古人与基督教十字军的几次联合行动，实际上也并非如此。交易是这样的：为了换取欧洲的支持，阿鲁浑将把耶路撒冷归还给他们。为了把这一计划付诸实施，他需要一位博学的、见多识广而且通晓多种语言的特使，而列班扫马正是恰当的人选。他懂突厥语、汉语而且很可能从孩童时代起就懂蒙古语。现在他也懂了波斯语。在伊利汗国有为数众多的意大利人，所以翻译并不会成为问题。

阿鲁浑要列班扫马带信给教皇、拜占庭皇帝，以及英国与法国的国王。1287年这位使者与3个同伴前往黑海，并在那里乘船赴君士坦丁堡。在这里他见到了皇帝安德罗尼克斯，看到了一些场所与令人敬慕的遗迹——除此而外一无所获，因为反穆斯林联盟就意味着东、西教会要在一起工作，而这将是不可能发生的事情。

所以在1287年6月，他与他的一小队随从，不包括马尔库斯（作为大主教他在离家更近的地方负有职责），乘船经过西西里岛和正在喷发的埃特纳火山抵达那不勒斯，然后又经陆路到达罗马，但却发现教皇已死，而新的教皇还尚未被选出。红衣主教以恰当的礼遇会见了列班扫马。他们首先向他询问了有关其国家的事情，而其未见记载的回答肯定是欧洲所听到的有关忽必烈的最早的详细报告。然后他们又迅速地把话题转向了他的信仰，对于这类问题他的回答十分谨慎，强调早期教会的圣父而不是基督本性以及圣灵的准确地位这类有争议的问题，这样一来这些红衣主教们就不可能完全懂得他们是在和一位可能的异端分子打交道。他的博学给他们留下了深刻的印象。“你是一位基督徒，是东方的大主教阁下的执事，但却作为蒙古国王的特使来到这里。”他们说，“这真是一件奇妙的事情。”但是至于十字军事宜，他们在没有新教皇的情况下无法作出决定。

他们为他讲述了所有的故事并且展示了所有的场景——保罗殉难的地方（在这里保罗被砍掉的头颅3次高高跃起在空中，大声叫喊着“基督！基督！基督！”），耶稣的一件没有缝合线的长袍，一些来自耶稣摇篮上的木头，原始的荆棘花冠——而他只是欣赏性地接受了所有这些遗物与童话的表面价值。

但他还是渴望继续旅行，他的使命只完成了一半，仍然还有法国与英国的国王需要觐见。

离开炎热的意大利之后，列班扫马花费了一个月的时间沿着法国泥泞肮脏的道路从一个小客栈到另一个小客栈日夜兼程。此刻已年近60岁的他无疑已接近崩溃的边缘。但是在巴黎，法国野心勃勃的少年国王美男子菲利普给了他一个盛大的接待和一套舒适的房屋。体力一经恢复，列班扫马就提出了他的建议。菲利普似乎印象深刻。如果蒙古人真的能帮助夺回耶路撒冷，基督徒除了做出回应外还能干什么呢？事实上他是由于自己的原因而热衷于展示力量——取得对英国在法国的领地的控制，重申法国对弗兰德斯的领土要求，阻止梵蒂冈从法国的教会财产中调取资金。

在自认为菲利普已经是蒙古-欧洲联盟的一位确定成员之后，列班扫马动身前去觐见英王爱德华一世，后者碰巧在其法国境内的殖民地阿基坦。列班扫马在经过3周的旅行后于1287年10月抵达波尔多，在身份经过确认后，他立即应邀前去觐见国王。在递交了阿鲁浑的珠宝与丝绸礼品之后，列班扫马提出了十字军的建议。爱德华很喜欢。他发誓要在那年的春天拿起十字架。这完全符合他的计划。列班扫马当然相信他的三分之二的任务已经完成，当他返回罗马时，最后的三分之一也会水到渠成。

似乎是为了确定这个协议，爱德华邀请他的新盟友根据他自己的惯例为他与其宫廷举行圣餐仪式，这种仪式只在一些细小的方面与罗马略有不同。圣餐仪式之后是一次盛宴，而且颇为丰盛——在爱德华所举行的其他一次宴会上用10头牛和59只羊招待了数百位来宾——由于在这个世界上只有一个人可以做这样的比较，所以这样一个念头很可能会在列班扫马的心里一扫而过，这就是数百人根本不足以与在忽必烈位于北京宫廷里就餐的6000人相提并论。

现在一切均取决于罗马了，因为没有教皇十字军根本无从谈起。然而那里依旧没有教皇。冬天临近了，列班扫马去往南方，到了气候宜人的热那亚——即他所谓的花园天堂，在那里他可以终年吃到葡萄。在经过3个月备感挫折的等待后，消息终于来临：我们已经选出了教皇，杰罗米·阿斯科利在1288年3月1日被加冕为尼古拉四世。

接下来便是一个邀请、一群听众，还有来自列班扫马的热情洋溢的讲话，阿鲁浑的礼物的奉送以及尼古拉慷慨的回应。列班扫马是一位尊贵的客人，他说，而且当然会留下来过复活节。列班扫马十分高兴，并且要求举行一次弥撒。他的要求得到了满足，在数百人在场的情况下，弥撒被举行。没有人能够看懂任何事情，但所有的人都赞同这些活动。列班扫马以要求从教皇本人那里领取圣餐而加以反对。所以在大庭广众之下，庆典就按他的要求进行了，在棕榈星期日、逾越节的所有庆典（濯足节）、耶稣受难节、复活节前夜和复活节。

现在，列班扫马要求获准回家。尼古拉拒绝了，列班扫马则坚持说：他需要告诉他的人民他所接受到的慷慨款待。列班扫马也冒昧地提出要带走一些圣物。教皇一时颇感为难：如果我们把圣物给所有提出要求的人，他说，就不会有什么东西可以剩下了；但是，他说，在这种情况下，他会提供一些——耶稣的一件衣服、圣母围巾上的一些东西、几件各种各样的圣物；给大主教马尔库斯的是一顶镶嵌了珠宝的金冠、一件缀有金丝线的紫色长袍、装饰有珍珠的袜子和一枚教皇的戒指……

……几封确认马尔库斯和列班扫马地位的信件，以及另一封致阿鲁浑的最终涉及到要点的信。耶稣已经将权力交给了彼得，因而也就交给了继任的所有教皇。阿鲁浑应该认识到真正的信仰。至于十字军则应由教皇来宣布，而不该由其他人来建议，因为他将要承担它的成功或失败的责任。如果阿鲁浑能够皈依，接受教皇的权威，上帝就会给他以力量来占领耶路撒冷并且成为基督教信仰的战士。简言之：没有实质性的帮助，没有十字军。

当列班扫马在9月抵达波斯时，阿鲁浑仍然十分高兴。因为这似乎是有了一种和平与外交的基础（而且要记住这距成吉思汗的去世仅有约60年，而距巴格达的被毁与忽必烈的践祚也仅30年）。而为列班扫马与大主教举行的宴会持续了3天。

无疑，十字军的想法已胎死腹中。阿鲁浑试图唤起法国与英国的兴趣，但得到的只是一些闪烁其词的回答。而他自己则受到了来自金帐汗国与反叛穆斯林的挑战的极大牵制。他于1291年去世，随之而去的还有进一步征服的梦想。无论如何那时已为时过晚。同一年，埃及的马姆鲁克占领了阿克拉这块基督教在中东的最后一个前沿阵地，十字军时代就此而彻底宣告结束。

列班扫马在一个良好的、新的、得到很好资助的教堂里度过了他的余生，花尽可能多的时间和他的老朋友马尔库斯待在一起，他们俩都几乎不能相信从一位隐士与刻苦的学生所发生的这种转变。1293年末他在巴格达患病，用尽全部力量坚持到马尔库斯赶来道别，1294年1月去世，巧合的是恰与忽必烈本人的去世在同一月。马尔库斯在他的墓旁悲痛欲绝，他被葬在了巴格达主要的聂思脱里教堂里。

如果尼古拉支持这个联盟又将会怎样呢？教廷、法国、英国和蒙古人可能会共同参加十字军守卫他们在叙利亚的城堡，很可能会有一些非常奇特的结果：伊斯兰被逐出中东；耶路撒冷被交给教皇，处在一种英—法—意—蒙古的共同管理之下；阿鲁浑成了一个基督教皈依者；基督教也会就此跃入中亚……而所有这一切都是因为忽必烈曾认定列班扫马与马尔库斯在他的计划中要扮演一个角色。

现在，为了对马可·波罗做出回应，笔者必须提及一件已经忘却的事情：列班扫马与乔托之间以乔托的一幅绘画中基督长袍上的奇特文字为形式的可能的联系。

列班扫马在罗马很可能随身带有他的牌札。它肯定曾被人看到并且惊羡过，其上的文字被描摹了下来。12年以后，乔托到了罗马，及时赶到来庆祝宏大的由教皇贝尼法斯8世所举行的1300年百年庆典，无疑要收集一些想法以便注入未来的绘画中。1305年他到了帕多瓦，即将开始从事他最伟大的画作，竞技场教堂壁画：67幅覆盖了整个内壁有着来自于基督生活场景的绘画。他的创举之一就是他准备将当代生活的元素画入他的作品中。非常著名的是，在他的《东方三博士的崇拜》中，他就把一颗实际上就是哈雷彗星的大卫王之星包括在里面，这颗彗星在1301年10～11月间曾经有过一次非常壮观的出现。

笔者在竞技场教堂搜寻了基督的每一件长袍：那里并没有奇特的文字。但有两幅画我做了更为近距离的观察。在《基督诞生》中，圣母躺在马厩里，考虑到条件，她的穿着可谓非常的好。在她的衣裙上，就在她的斗篷下面可以见到的地方，是一个显示出一些非常奇特而又熟悉的图案的褶边：组成正方形的曲线与线条。在复活题材的壁画《坟墓中的天使》中，相同的图案也装饰着正在睡觉并且对身边发生的事情一无所知的罗马士兵所穿的长袍上；同样，这种图形也出现在了抹大拉的马利亚的裙子上。

我很遗憾毁掉了一个美妙的故事，但是这些图案并不是八思巴字。然而这些图案可能只是碰巧模仿了它们，属于那种乔托可能会添加进来提供某种异域风情的东西——来自神秘的东方，而且还是由一个基督徒带来的。这是一件微不足道的事，有点夸张

(从列班扫马到访至乔托绘画之间有17年的时间)，可能这只是一种巧合。不过这仍然是很奇特的。也许正有一个因果链条将上都与帕多瓦连接了起来：一位关心并与其臣民交流的中国皇帝，一位卓越的西藏僧侣，一位长途跋涉的突厥基督徒旅行者，一位热衷于蒙古帝国相关知识的教皇——和一位将中国艺术风格的线索注入其绘画的艺术家。

在对一种新的文字可能的传播进行思考时，一个疑问在笔者心目中油然而生。本书的大部分内容都是有关忽必烈非凡的成就的，但他的生平与时代的负面的内容也同样是引人入胜的：他的失败，他的极限。考虑到他的领导技巧和他的知识范围，他还能更多地做些什么？在东西方之间还可能会产生一种特殊的联系，而这种联系将可能会使我们的世界以一种令人吃惊的方式发生变化。

问题是这样的：忽必烈为什么没有发明活字印刷？它就在其掌握之中。

试想一下：

唯一横跨数种文化的忽必烈深知没有一种现存的文字完全可以符合他的目的：所有的文字都或者过于困难或者过于晦涩或者对于其帝国家庭的其他成员来说难以接受。从理论上说，八思巴的文字非常好地解决了这个问题，尽管在实际上它并没有扎根。

忽必烈被淹没在各种各样的书籍中——他自己的政府就有数以千计，而整个社会则有数以百万计。但这些书籍并不是以西方的约翰纳斯·古腾堡在大约1450年所发明的方式印制的，这种方法是使用可移动的金属活字一次排成许多页，然后再一起印刷。自从5世纪起就已经存在的东方的印刷方法，是将文本或者图画反向雕刻在木头里，将墨涂抹在这块木头上，然后把它们印在纸上。最初这项技术被用来制作图章、印花税票和一些宗教图画；然后在8世纪末，最初的书籍出现了。这项技术是基础的、有效的而且也是简单的，但却受到了本质上的效率低下的阻碍。制作一个这样的雕版需要花上数天的时间，一次也只能印制一张纸，信息只能被以那种方式运用：雕版。新页的每一张都需要有一个新的雕版；每一本新书则需要许多雕版。印刷完毕的书籍的废弃雕版堆满印书作坊的院子。它们经常只能变为柴火。

解决方案是显而易见的。如果每一个汉字都有它自己的雕版，就像在印花税票中一样，就可以组成你喜欢的任何文本，而且还可以在印刷后反复使用这些汉字。没有必要去雕刻每一页，也不会产生数以百万计的废弃的雕版。还记得据说是在11世纪发明了活字印刷的毕昇吗？他的想法是把汉字反向雕刻在湿泥块上并且烘烤它们。在进行印刷时他将需要的汉字挑选出来放入一个框架内，涂上墨汁，然后用布或纸进行拓印。这项技术很有效，在经过改进后被高丽人所采用，他们的第一部采用活字技术印刷的书籍出现在1234年。蒙古人在1216年就已首次侵入了朝鲜，在接下来的50年内还有许多次的进进出出。正是忽必烈在1271年最终使高丽成了蒙古帝国的一部分。所以很可能是忽必烈自己，当然还有他的科技顾问们了解了活字印刷。

他们也了解问题的所在。它甚至比雕版印刷更加麻烦。从至少8000、或者40000或者更多的汉字中挑选正确的汉字这一事实，就不会有设计上的优点，而且速度上也不会很快，选取字数的多少取决于设计要求。此外，对于两项古老的技巧书法与雕版而言，它还是一种潜在的威胁。的确，还有一些人保持着对这一想法的兴致。1279年，山东省东平的行政长官王振（音）制作了30000个木质汉字，摆放在两张可以旋转的圆桌上，这给汉字的寻找提供了很大的方便。后来，政府用活字印制了数量令人吃惊的出版物——譬如1726年使用了25万汉字印刷的5000卷的百科全书——但就日常使用而言，这种印刷方法依然还是太过繁琐而只能是一项技术上的怪事。

因此忽必烈处于能够看到雕版印刷与活字印刷背后的真正问题的位置：也就是说中国的书写体系。中国的文字可以记录音节[①]。

①有两个例外是在我努力去记忆书面汉字时欣慰地发现的——自由流动的r与dz音，例如哪儿和杯子。这些音本身是毫无意义的，因而可以被等同于“字母”。

也正是这一点阻碍了中国的印刷术的发展。直到20世纪的现代技术与现代要求——大规模的市场需要的书籍、报纸——使得它具备了发展为一种工业的价值。

但是忽必烈有就摆在他面前的答案。它以在其祖父的鼓舞下采用回鹘的字母文字为存在形式，它还存在于八思巴所设计的字母文字中。他因而也锻造了链条中的另一个环节，这个链条可以回溯到此前3400年古埃及的中东移民社区开始使用象形文字并且偶然发现那个革命性的发明——字母的那一刻。

与汉语一样，其他早期的书写体系——埃及的象形文字、美索不达米亚的楔形文字——都以音节为基础，而音节则似乎是语言的自然的基本成分。但是语言还有一个更为基础的层面，亦即构成音节的无意义的声音元素。字母文字的特征——任何字母文字——就是它使用一些符号，不会超过几十个，来代表整个语音发声，甚至包括不发声的范围（比如在以字母p为开始的小爆破音前能量的无声的聚集）。正如人们常说的那样，它不是声音与符号间的一对一的匹配。它的巨大力量就是它的模糊性，这也包含着灵活性。正是这种特质使得它可以代表任何语言中的任何声音，只要你掌握了那种特殊的音译系统的惯例：汉语中的r是一种嗡声（就像s在treasure一词中一样），法语中的r则是苏格兰语中的ch，德语中的r是喉头音，在英语中孩童的r却经常是w。这种模糊性与简单性的结合使它与以音节为基础的语言相比具有极大的优点。

所以忽必烈已经拥有了一些可以随意支配的主要因素，而这些因素在两个世纪后帮助正在进行的文艺复兴时，才掌握在古腾堡的手中。文字及其美丽走出了缓慢的发展，进入了印刷以及拥有数量优势的时代，所有这一切都是互惠的：大规模的市场、普遍的识字、便宜的书籍、学者间的互换信息以及站在彼此的肩膀上。哥白尼的思想是难以读懂的晦涩，但是一旦被印刷下来它们就被保留在了图书馆里，等待着伽利略去证实它们。一位誊抄员要花上一个星期才能高质量地誊抄几页，而一本圣经的誊抄则要花上数年之久。古腾堡及其团队完善了一项全新的技术成就，并在两年之内就印刷了数百本他的著名的圣经。到1500年，全欧洲的250家印刷企业每年就在生产2000种——超过20万册的图书。在1518～1525年，仅德国每年就印刷了100万册图书，其中的三分之一是马丁·路德的作品，他反教皇的《九十五个论题》引发了宗教改革运动，而他也因而有几分合理的因素导致了基督教会的最大的分裂而被同等的指责与赞扬。从文艺复兴与宗教改革中诞生了一个新的欧洲，一个占领世界、统治贸易、建立国家、发现新大陆的欧洲——这一切恰巧是成吉思汗与忽必烈意欲为其帝国得到的。

一种这种性质的革命是有可能在忽必烈的庇护下发起的。忽必烈的中国有技术、船只以及海路与陆路的洲际间的联系来支持他的帝国野心。他或他极富聪明才智的谋臣是可以采取下一个步骤的，这就是将八思巴的文字转化为活字，并将其放在框架内，然后开始印刷。这样做甚至还有一个非常好的经济方面的理由。在欧洲，这种推动力来自宗教：即那种确保所有的基督教机构都在阅读相同的经过批准且没有错误的圣经的需要。在忽必烈的中国这种动力可能会更好地来自印制大量纸币的需求，这种纸币有复杂的图案和数种颜色来防止伪造。

可它为什么没有发生呢？

这里缺失了几个关键的技术步骤。其一是合适的纸张。在中国，纸张柔软并且像卫生纸一样吸水，对于用毛笔工作的誊抄员以及雕版印刷来说是十分理想的。在欧洲，用鹅毛管笔工作的誊抄员需要一种更为结实的、表面不吸水的纸张，这也正是古腾堡制作其明晰、微小的字母系统所需要的纸张。第二，中国没有需要用重型压具挤压的橄榄或葡萄，而这也正是古腾堡用来制作印刷器具的装置。第三，还需要有人提出和古腾堡一样的令人惊异的手工压模机这样的发明物，这种机器每天可以生产数百个新的铅字。这种现在只存在于博物馆的装置，在长达500年的时间内都是印刷业的基础。

之所以没有发生元朝的印刷革命还有最后一个或许是根本性的关键原因。印刷的目的在于传播信息，而我认为——我非常遗憾地这样说——蒙古人并没有他们希望传播的信息。从根本上说，忽必烈所创建的是一家有限责任公司，是一个庞大的致力于为自己创造财富与权力的公司实体，除了它的永久生存外，最终不会留下任何东西。这始终是一个问题。成吉思汗的主要特征之一就是他的容忍。对于他来说，长生天选中了他和他的后裔来做世界的统治者，这是再清楚不过的事情了。但为什么会这样却是一个谜。终其一生他都对此大惑不解，寄希望于其他宗教会有答案。他的冷酷与容忍被他的包括忽必烈在内的继任者继承了下来——他也同样没有答案。没有新的伟大真理需要传播。当然蒙古人也没有伟大的文学或者伟大的艺术传统。他们所能做的一切就是鼓励他们的臣民进行艺术与文学的传播，即中国人的文学与艺术。

然而，对于这家帝国公司来说还有一种知识与艺术的空缺。它的目的纯粹是征服、统治与为自己掠夺财富。笔者不能确信这是否足以成为任何政府的中心目的，更不用说一个控制着忽必烈这样庞大规模的帝国的政府了。最终，蒙古人却没有什么太多的东西要传播。

正如事实所示，古腾堡赢得了声誉，而马可·波罗的《游记》则由手抄本变成了印刷本，而且还在持续不断地增加印量。很久以前，最初的印刷版——德文版，1477年——即已面世，而马可·波罗的行进路线则由于蒙古帝国的垮台与以土耳其人在1453年占领君士坦丁堡为先锋的穆斯林的复兴而阻断。

并不希望被中东的穆斯林所阻断的欧洲商人再次转向了通往东方的海上通路。传统上，他们所寻求的商品——丝绸、宝石，尤其是香料——被中国的平底帆船带到马来西亚，接着由阿拉伯的船只运到印度、波斯、非洲和阿拉伯，然后再经由红海进入地中海。但这是一种非常令人烦恼的安排。东方的胡椒在其到达欧洲厨房的旅行中，价格要一路攀升50倍。显然，以欧洲人的视点来看，应该做的事情就是自己去拿这种东西。因而就有了发现与绕过好望角航行的竞争；而且也因此有了哥伦布的了不起的想法——从另一个方向进行环球旅行到达东方：西向。

让我来重复一下：他的目的是到达中国的领土。但是请稍等，我们现在是在15世纪90年代，而马可·波罗的书大约出现在1300年。两个世纪已经过去，大汗依然还活着吗？他当然不会。但是当穆斯林在14世纪中叶关闭了陆路通商的大门时，对于欧洲人来说，中国仿佛就进入了时间中断的状态。没有人有那里正在发生着什么事情的任何线索。就他们而言，忽必烈汗是永生的，没有人会对这样一个不同寻常的假设提出质疑。正如约翰·拉纳在《马可·波罗与世界的发现》一书中所说的那样，“对于欧洲来说，大汗（亦即已故的元朝皇帝）依然活着并且在被从中国逐出后在位了130年。”

哥伦布是一个受其痴迷与梦想驱使的粗犷的热那亚人。在经过得到葡萄牙多年支持的尝试之后，他最终赢得的却是西班牙的支持，结果证明这对任何人来说都是一件好事，除了美洲的土著居民。这已经变成了历史著作中的一个老生常谈，即哥伦布把去往忽必烈的中国作为他的第一个停靠站点，因为他曾经读过马可·波罗对于它的描述。或许他在1492年的首次航行时真的随身携带着《游记》，以便确保在他到达那里时能够找到路。这是否真实已经在学者中间成了一个激烈且高度专门化的论战问题，但现在大多数人都不太情愿地确信他没有携带此书。约翰·拉纳对这些论点作了一个很好的总结。简单地说：哥伦布的确拥有一册马可·波罗的书（拉丁文本，出版于1490年），但是由于他并不是一个好读者，他似乎只是在从新大陆返回来后才弄到它，以便查对他所发现的究竟是什么。

他的旅行灵感可能有数个来源，因为时至15世纪，马可·波罗已经作为一个报告者而非幻想家被人们广泛接受，他的信息也在被融合到“地图”里，如果这种奇异的创造物还可以被称作地图的话。来自佛罗伦萨的一位名叫波索·托斯卡内利的占星术士兼学者的一封信的结果表明，哥伦布也可能直接获得了他的想法，而托斯卡内利则是一个泛欧洲的非官方学者协会的成员。同一个组织还包括一名葡萄牙的教士费尔纳奥·马丁斯，此人成为了里斯本的大教堂教士和葡萄牙阿丰索五世的顾问。托斯卡内利在1474年送给了他一幅地图，并附有一封信："我已在其他地方和你谈论过一条比你现在正在经过的几内亚航路更短的到达香料之地的海路……据说在一个被称为刺桐的最为壮丽的港口"——此刻他在使用马可·波罗式的词语来进行描绘。"它处在一个被称为大汗的王子的统治之下。"他统治着许多城市，包括"金赛这座辉煌而又伟大的城市"，该城位于蛮子（中国南方）的省靠近卡塞（中国南方）省。那时哥伦布碰巧在里斯本。正如拉纳指出的那样，他很有可能看到并抄写了托斯卡内利的信件，并因而获得了二手的马可·波罗的信息。

他拥有这些信息是确定无疑的事。当他在1492年出发去寻找中国时，他在日志中记录到他的皇家支持者费迪南德和伊莎贝拉给了他有关"大汗和印度的所有国王与贵族"的信件。当他到达古巴时，他得知前面有一条河并且"说他将尽力前去见他认为就在这一地区的大汗或者前去中国城，他说该城非常大，根据他在离开前被告知的情况"（把中国当做一个城市以及"他被告知的情况"都表明了一种口头的信息来源而不是对马可·波罗书的阅读）。

这是一条非同寻常的因果链条。忽必烈欢迎了马可·波罗，后者则写了《游记》，而这本书又间接地激发了哥伦布划时代的旅行。或许这才是忽必烈对世界历史的最大贡献：他是把哥伦布吸引向西方并进而使旧大陆与新大陆发生了联系的磁石。

那么，到1492年，忽必烈已在西方人的意识中变得根深蒂固了，不再像其祖父一样只是个噩梦，而是彩虹末端无尽的财富与荣耀的君主。他正是以这样一种方式流传到了今日讲英语的人群中，这要归功于马可·波罗书歪曲的版本，一种鸦片诱发似的幻觉和一次著名的中断。

马可·波罗的《游记》通过一种意大利文本（拉穆西奥译）到了发现之旅的英文编纂者理查德·哈克路特之手，他的大部头的三卷本著作面世于1598～1600年。本书加上哈克路特未出版的著作，再加上附加的资料后来由他的同事塞缪尔·波切斯编辑成为一部甚至部头更大的著作并出版了多种版本，包括1625年出版的《哈克路特的遗著，或波切斯及其旅游者》。在这部著作的概要中我们可以看到："在上都，忽必烈汗建造了一座堂皇的宫殿，用一座高墙围起了16英里平坦的土地，里面是肥沃的草地，令人心旷神怡的清泉，讨人喜欢的溪水，以及各种各样的捕食与被捕食的野兽，而在这中间则是华丽的愉悦房屋。"

对于著名的幻想与中断的故事，我们则需要顺延170年，到达1797年6月的一个夜晚。地点是在埃克斯穆尔与世隔绝的山边农场，靠近波尔洛克与莱顿之间的海岸线。而走进来的则是住在这里的诗人塞缪尔·泰勒·柯尔律治。他到外面进行了长途散步，与大自然亲密交流，然而却由于胃部的突然剧烈不适而缩短了行程——他称其为痢疾。他服用了一些鸦片，阅读了波切斯书的一些段落，坠入梦想并且做了一个比有关他刚刚阅读的内容更为奇特的梦。他被一个"来自波尔洛克的催债人"从梦境中拉了回来——成就了文学史上最为著名的隐姓埋名事件之一，之所以保持匿名的状态是因为柯尔律治养成了一个习惯，而这个人(一些人已经认为)很可能是他的经销商。他意识到有一首长达300多行的诗已经涌到了他的舌尖上。交易花去了一个多小时，而在此期间这首诗的大部分已被他遗忘。他回想起了几行诗，在经过足有几个星期的努力奋斗后，他使"碎片"变成了英语文学中最为著名的诗歌之一：

忽必烈汗在上都曾经
下令造一座堂皇的安乐殿堂：
这地方有圣河亚佛流奔，
穿过深不可测的洞门，
直流入不见阳光的海洋。
有方圆五英里肥沃的土壤，
四周给围上楼塔和城墙：
那里有花园，蜿蜒的溪河在其间闪耀，

园里树枝上鲜花盛开，一片芬芳；
这里有森林，跟山峦同样古老，
围住了洒满阳光的一块块青草草场。
但是，啊！那深沉而奇异的巨壑
沿青山斜裂，横过伞盖的柏树！
野蛮的地方，既神圣而又着了魔——
好像有女人在衰落的月色里出没，
为她的魔鬼情郎而凄声嚎哭！
巨壑下，不绝的喧嚣在沸腾汹涌，
似乎这土地正喘息在快速而猛烈的悸动中，
从这巨壑里，不断迸出股猛烈的地泉；
在它那时断时续的涌迸之间，
巨大的石块飞跃着像反跳的冰雹，
或者像打稻人连枷下的一撮撮新稻；
从这些舞蹈的岩石中，时时刻刻
迸发出那条神圣的溪河。
迷乱地移动着，蜿蜒了五英里地方，
那神圣的溪河流过了峡谷和森林，
于是到达了深不可测的洞门，
在喧嚣中沉入了没有生命的海洋；
从那喧嚣中忽必烈远远听到
祖先的喊声预言着战争的凶兆！
安乐的宫殿有倒影
宛若在水波的中央漂动；
这儿能听见和谐的音韵
来自那地泉和那岩洞。
这是个奇迹呀，算得上是稀有的技巧，
阳光灿烂的安乐宫，连同那雪窟冰窖！
有一回我在幻象中见到
一个手拿德西马琴的姑娘：

那是个阿比西尼亚少女，
在她的琴上她奏出乐曲，
歌唱着阿伯若山。
如果我心中能再度产生
她的音乐和歌唱，
我将被引入如此深切的欢欣，
以至于我要用音乐高朗而又长久
在空中建造那安乐宫廷，
那阳光照临的宫廷，那雪窟冰窖！
谁都能见到这宫殿，只要听见了乐音。
他们全都会喊叫：当心！当心！
他飘动的头发，他闪光的眼睛！
织一个圆圈，把他三道围住，
闭下你两眼，带着神圣的恐惧，
因为他一直吃着蜜样甘露，
一直饮着天堂的琼浆仙乳。

（本诗由屠岸翻译——译者）

当然，这绝对与忽必烈毫无瓜葛，因为上都从未有过任何峡谷、洞穴或森林，当然也没有值得夸耀的香料树，它只有缓缓流动的河水与无数起伏的山岗，至于并不比其他地方更加阳光明媚的大海则位于艰苦的两天的骑马旅程之外。和它有关系的应该是夸恩托克山、萨默塞特狂野的海岸、壮丽的郁郁葱葱的山坡、大量的文学渲染、柯尔律治对大自然的热爱及其日益增加的对鸦片的成瘾。笔者并不能确信该诗作时至今日依然脍炙人口。“时刻”即是一个在六行诗句里连续使用两次的奇怪的词汇。但这属于吹毛求疵。它是创造出了某种魔力的形象的超现实主义的结合，这也就是为什么忽必烈汗的名字会回响在那些甚至从未听说过柯尔律治的讲英语的人的脑海中。

上都的名字也是如此。电影迷们惊喜地发现它是一个真实的地方，因为他们是通过查尔斯·福斯特·凯恩在奥尔森·威利斯1941年的电影《公民凯恩》中幽灵般的庄园了解到它的。某个年龄段的流行音乐爱好者还记得它是在奥莉维亚·牛顿·约翰演唱的一首歌里。当梦想家特迪·纳尔森把这个名字添加到世界上所有的信息都应该被当做超文本而发表的观念中时，IT专家们了解到了它：上都工程，“万维网清晰的启示”，正如该网址继续说到的那样：

> 关于这个名字：不，我们并不是从奥莉维亚·牛顿·约翰那里得到它的。它是蒙古（实际上是中国，特迪）的一个真实的地方，这个地方曾经被许多人认为是英语中最为浪漫的一首诗歌描述过……据说这首诗也把“上都”之名与记忆和遗忘的著作联系在了一起，因为柯尔律治说由于一次庸俗的中断，他把这首诗的一部分遗忘掉了。我们选择“上都”一词及其所有的内涵，来代表文学记忆中的一个奇妙的地方与自由，在那里不会有任何东西被遗忘。

听到这些沿扭曲的时间走廊流传至今的回声，我们已远离了忽必烈的上都。但正是他发出了使这一切得以开始的最初的喊声，而且我想他应该得到满足了。

第五章 圣山，神秘的墓葬

KUBLAI KHAN

转折点在1281年，忽必烈时年66岁。他的帝国已经达到了极限，事后看来，他对进一步扩张的努力也有绝望之感。从现代的观点出发，心理学家也许会认为，这个世界上最有权力的人在竭力避免承认梦想会消逝、雄心会消失、身体会衰老，竭力避免承认他最好的希望只能是一个在他划定边界范围内存在的帝国。

他的魔咒是什么？开始是沮丧。1281年，他最宠爱的与他相濡以沫41年、既是其伴侣也是其顾问的妻子察必去世了。在他们婚姻的前20年他还没有成为皇帝，察必养育了包括他的继承人真金在内的4个儿子和5个女儿，并确保他们在围绕着蒙与汉、佛教和儒学文化氛围中受到良好的教育。她的节俭与明智声名遐迩。她常让宫女们收集废旧的弓弦，因为它们可以被用作线绳织在布里。她还重新设计了蒙古帽子，给它加一个尖顶来抵御太阳。她丈夫的成功并未使她头脑发热，在1276年宋朝首都被攻陷后，应该是她对其丈夫过于自负的雄心提出了告诫："妾闻自古无千岁之国。"也正是她使得被俘的宋朝皇后得到了恰如其分的尊重。

接踵而至的就是贪婪而又不受欢迎的穆斯林大臣阿合马被谋杀的丑闻，而这一事件的附带结果就是忽必烈差强人意的判断力得到了突然的证明。然而至少以真金为继承人的王统的承续未受到破坏，他是忽必烈与察必的次子，此刻正值38岁这一人生中的鼎盛年华。自从其兄童年夭折以来，他就始终是拟议中的储君。阿合马被谋杀后他的声誉鹊起，而忽必烈也足够振作地娶了另外一位妻子南必，此人是察必的远房表亲，很有可能是察必在去世前就挑选出来的以便给其丈夫必要的支持。这似乎很起作用。他显然仍旧可以足够健康地去面对生活，因为在年届七十之际他又使南必身怀六甲。在生下一个儿子后，她开始担当他的中间人，保护他免于过度操劳。

真金逐渐开始涉足朝政，以至于1285年一位朝廷高官提出了要忽必烈禅位于其子的想法。尽管有南必的庇护，忽必烈不知如何还是听到了这个消息，并且极为震怒。在这场忽必烈毫无疑问地怀疑其子不忠诚的接着发生的危机中，悲剧再次袭来。真金罹患某种不知名的疾病，并随即去世。

老迈的忽必烈还有一件未竟的事务，足以让他进行最后一次努力。他也需要它。在此期间，他那麻烦不断且野心勃勃的表弟海都始终在中亚异常活跃，几乎已经被陷于管理事务与在外国的冒险活动的中国所遗忘。但他却始终忙于在帝国的周边建立势力范围，在南下进入西藏的同时又向东进入满洲。如果忽必烈不加以防范的话，他就会发现他与自己的祖居地之间的联系就会被切断。

在西藏，八思巴1280年去世时的继任者是一位由宫廷指认的年仅13岁的儿童，此举在当地引起了不小的愤恨。1285年，佛教的一个教派止贡派转向暴力，攻击八思巴所属派别萨迦派的寺院。也许这只是自发的行动，但是海都却看到了他的机会。他的受保护者笃哇进兵西藏帮助反叛者，与此同时也占领了忽必烈在回鹘故地——今新疆的要塞与驿站。笃哇还对哈喇火者（遗址位于今吐鲁番东45公里处）城发动了为期6个月的攻城战，在进攻中使用了十多台投石机与100个石脑油投掷器来攻击土墙——均未奏效。他只是在该城绝望的首领将自己的女儿作为礼物放下城墙时才放弃了攻击。第二年，海都占领了乌鲁木齐（史称别什八里），回鹘故地的首都。1288年，1050名工匠放弃了和田和喀什哈儿回到了东方更为安全的基地。这一切都证明了形势的严峻性。第二年，忽必烈下令从新疆进行总退却，给海都留下了一块面积两倍于其原始疆域的土地。但这种退却只是暂时的，忽必烈派遣一位年轻的孙儿担任军队的首领。反叛者的总部被摧毁，10000人战死（史料如是说：听起来似乎高了一点），驿站得到了修复，忽必烈的权威得到了恢复。

在此期间，海都在其他方面也非常活跃。1287年他威胁要与一个新的挑战者结成联盟，此人是成吉思汗同母异父兄弟别勒古台的一位居住在满洲的后裔，名叫乃颜，是一个脾气暴躁的30岁的诸王。忽必烈面临着这样一个严峻的前景：其帝国的北部区域从新疆经由他的蒙古故土深入满洲的巨大弧形草原地带将会丧失，变成一个反叛者们所追求的草原游牧帝国。所以，为了对事件进行调查，忽必烈挑选了一位英雄：伯颜将军，右丞相、宋朝的征服者。（我知道伯颜与乃颜很容易混淆，但他们的名字就是这样。）根据一则史料，伯颜打算接受乃颜的邀请赴宴，但后来得知这是一个圈套并及时逃脱了。忽必烈决定采取断然措施，尽管详情并不清楚，他派遣伯颜占领哈喇和林以隔绝两股反叛势力，与此同时亲率另一路大军进攻乃颜。

马可·波罗用其习惯性的过分渲染的方式讲述了这个故事。忽必烈仅在12天内就集结起了他的军队，36万骑兵与10万步兵——这是不可能的，我们应该立刻就砍掉百分之九十的数字。即使这样，46000人也是一支相当可观的力量。占星术士们做出了胜利的预测。侦察分队被预先派遣出去，去逮捕他们遇到的任何人，以便防止任何消息的事先走漏。忽必烈被抬上他的可移动的战地指挥所，一个由四头并列挽在一起的大象运载的微型城堡。经过20天的行程他们到达了一处平原，很可能是开阔的蒙古东南部草原的某个地方。反叛者们惊慌失措，但还是组织了起来，双方在某种“只有两根弦”的乐器的伴奏下唱起战歌。然后半球形的战鼓——一种直径约有2米像是用水牛皮包起来的大锅——隆隆敲响发出了进攻的命令。箭如大雨从天而降，士兵们手持狼牙棒、长矛、刀剑猛冲猛打，受伤者的哀号与战斗的呐喊仿佛雷鸣一般，与中世纪小说里描写战场的陈词滥调如出一辙。忽必烈取得了胜利，乃颜被俘，并被以传统的适用于诸王的不流血的方式处死。“他被裹在一张毡子里，并被如此无情地抛来摔去直到死去。”

作为战略家的海都引兵西撤避免战斗，他更愿意为打了就跑式的攻击保存实力免受损失（而且当然也是受到了业已与波斯爆发的冲突的掣肘，终其余生他始终保持着与波斯的敌对关系，但这已属另一个故事了）。所以这里并没有最后的决一雌雄，但至少他的撤退阻止了中亚与满洲的反叛者间的可能的联合。

随着伯颜对哈喇和林的控制以及对周围地区统治的重建，中亚实际上的大汗海都在接下来的3年之内没有再尝试任何大规模的行动。伯颜受到了允许其逃跑的指责——一些人甚至控告他与海都相互勾结，迫使忽必烈将他解职并流放到山西省北部的大同等候进一步的命令。然而在伯颜离开之前，海都又胆大妄为到了卷土重来的程度，但却得到了一次深刻的教训，承受了3000人被俘的损失。这足以使他被困在自己的疆域之内，远离由元朝军队防守的边界。但忽必烈也未做重新控制中亚的进一步尝试，双方陷入一种僵持的局面。

这种僵持的局面一直持续到忽必烈1294年去世以及此后的一段时间。他的继承人铁木儿放弃了其祖父海外扩张的宏大计划，认为他最终能够完成平定国内叛乱的任务。他错了。1301年9月，他派遣了一支数量上要远远超过海都之劲旅的军队，双方在阿尔泰山脉开始逐渐变为戈壁沙石平原的地方展开了系列的4次大战。史料对谁是胜者的记载颇为不同，似乎说双方战成平手倒更为公正。所以问题仍没有得到最终的解决；对于海都来说也是如此，因为尽管有他的汉族医生的竭尽全力，他还是在战后不久去世——根据拉施特的说法，死于受伤，或许是死于长达45年征战后的积劳成疾。他毕竟也近70岁了。

现在握有拥立之权的笃哇挑选了海都的长子察八儿——这并不是一个受欢迎的选择：根据拉施特所说，他是一个"极为瘦弱并且疾病缠身"的年轻人——但笃哇还是独断专行，致力于消灭反对他的海都后裔，直到他死去。此后，察八儿重新得到了控制权，并且看到这种争斗的徒劳无益，从而于1310年投降了元朝，最终完成了其父于1264年曾经拒绝了的朝觐之旅，并因而结束了来自中亚的对帝国权威的挑战。

人员的损失、反叛、海外的失败：这一切都是那么令人难以承受。忽必烈开始暴饮暴食，他在宫廷宴会上大快朵颐，大嚼炖羊肉、羊胸骨肉、鸡蛋、藏红花做调料的蔬菜卷饼，痛饮甜茶，当然还有蒙古人的首选饮品：艾里呼(发酵的马奶，也因其突厥语名称库迷失而声名遐迩)。尤其是饮酒毁坏了他的健康，艾里呼与酒——他大量消费这两样东西。随着他活动的减少与权力的衰减，他的体重却在与日俱增，年复一年的大腹便便使他变得极为肥胖。他肯定已经知道这会使他命丧黄泉，但他毫不在意。在深知自己时日不多的情况下，他通过任命真金的第三个儿子铁木儿为继承人的方式与他那位早逝储君的灵魂讲和了。

他也知道他希望被埋葬在哪里：回到他出生的蒙古人的中心地区，在这里西伯利亚山系中的最后一座山脉肯特山开始让位于草原。这里正是开始了这一切的他的祖父的出生地，也是他被埋葬的地方。成吉思汗也去世在远离家乡的地方，就在西夏被征服的前夜，死在了宁夏自治区的六盘山脉。在3个星期的时间内，他的灵柩卫队带着他的尸体快速北返，越过黄河，沿贺兰山进入今天的内蒙古高原草地，然后又经过戈壁平原与蒙古本土的草原，越过克鲁伦河抵达那座从约公元800年蒙古人最初达到这里时起就被视为神圣的大山。它的名字是不儿罕合勒敦——如其通常被翻译的那样，神圣的合勒敦(尽管有人认为不儿罕并不特殊，它只是"柳树"一词的古称)。成吉思汗了解这个地方——克鲁伦河与额嫩河、给它们以生命的肯特山、它们流经的开阔的草原——就像了解自己的马鞍。不儿罕合勒敦是成吉思汗经常在上面躲避敌人的大山；也就是在这座大山上他获得了上苍(或者他的人民这样认为，因为他曾经这样告诉过他们)的启示，即他已经得到了长生天的支持去创建一个国家和一个帝国。他曾经承诺过每天都要祭祀不儿罕合勒敦。时间与场合已经被记录在口头承传的传说中，后来又由从孩童时代起就被收养到成吉思汗家的失吉忽图忽写进了蒙古人建国的史诗《蒙古秘史》中。无法想象的是成吉思汗会被埋葬在其他任何地方，同样无法想象的是他的人民会允许他受到亵渎。人们常说无人知道成吉思汗被埋在了什么地方，别相信他们，蒙古人都知道成吉思汗被埋在其中的那几平方英里的地方。而在不儿罕合勒敦巨大的、圆形的、岩石林立的、森林覆盖的山腰上的具体地点则是一个秘密。马儿可以自由地在那里奔跑，卫士们守卫在合适的距离，树木丛生，时至今日，没人知道墓地的确切位置。今天的寻宝者将不儿罕合勒敦看做为一个总有一天会有重大发现、无数宝藏会重见天日的地方。而蒙古人则认为它永远不应该被发现，就像成吉思汗所希望的那样。

对于这个地方当然应该给与恰当的关照，1292年，忽必烈派遣他的孙儿之一甘麻喇负责照看成吉思汗的斡耳朵、毡帐宫殿与财产。正如波斯历史学家拉施特仅在忽必烈去世后的几年内所记载的那样，这些财产包括：

> 成吉思汗的大火里格(禁区)，他们称其为不儿罕合勒敦，成吉思汗的大斡耳朵就坐落在这里。后者则由甘麻喇守卫。这里有四大斡耳朵和其他五个，总计九个，每一个都禁止入内。他们在那里制作了他们(家人)的画像，并且经常焚香祭祀。

我的猜想是忽必烈要确保他自己而不是海都或其他反叛的首领占据这个神圣的地点。当甘麻喇到达时，那些帐篷神殿肯定业已存在，守护着70年前就已挖好的墓址，而在此后的漫长时间内它已经是杂草丛生。但帐篷却是临时的东西。在适当的时候，9个后来变成了8个，作为流动圣坛的八白室在蒙古草原上四处漂流，直到最终安放在内蒙古东胜南部，就是在这里它们最终转化为今天的成吉思汗陵。甘麻喇需要一些永久性的建筑以便在里面举行成吉思汗的祭奠仪式，在适当的时候再加上忽必烈。正如拉施特所补充的那样，“甘麻喇也在那里为自己建了一座庙宇”。

不儿罕合勒敦作为汗肯特——肯特山之王——出现在地图上。有些人认为两者不可等同，笔者并不认同他们，政府也不认同，因为每3到4年就会有十多位政府部长与议员们到那里献祭于这座大山、成吉思汗，如果他们想要的话，也献祭于忽必烈。他们分乘多辆装备有自救绞盘的四轮驱动的越野车，因为就像我在2002年亲身体验到的那样，这可是非常艰苦的旅程。

从乌兰巴托沿着通往东方的道路行驶100公里就到了煤矿小镇巴嘎诺尔，那里有一些共产党执政时的乏味的公寓楼群。就在这里，铺好路面的公路到了尽头。然后就得向北越过杂草丛生的山岗，沿着纵横交错的网状车辙——这就是蒙古人所谓的“公路”——来到孟根莫尔特（意为银色马匹）。然后继续前进，克鲁伦河就在右侧，进入现在被辟为汗肯特国家公园的无人居住区。那些车辙交汇在一个令人吃惊的坚固的木桥上（不管怎样，政府官员们有时要经过这条路）。此后前面就只有一条小路了，而且非常泥泞，有时候在暴风雨过后甚至无法通行，只能穿行于低矮的柳树丛与稀疏的冷杉树之间。行驶25公里之后就来到一片泥炭沼泽和一个山脊，门槛。如果汽车可以爬上山脊，克鲁伦河上游壮丽的景色便尽收眼底，接下来就是一个陡峭的山坡，而坡上由汽车在泥炭上轧出的印记要么就像沼泽（在下雨天）要么就像坦克陷阱一样凹凸不平。如果你敢于冲下去，你就越过了克鲁伦河（非常浅，河底是石子）。到这里，不儿罕合勒敦便映入眼帘：并不太高，只有海拔2452米，但却是一座像施瓦辛格肩背肌肉一样的山岗，是蒙古版的埃尔斯石，只是规模要大上7倍。沿着一条逐渐变窄的山谷径直向前行驶18公里，直到来到一个路标和一堆斜靠在一起上面覆盖着蓝色的绸缎条和藏式哈达的树干。这是一个敖包，一个神龛，与那些通常用石头做成的一样，如果在被松针弄软的土壤里还有石头的话。现在已到达了不儿罕合勒敦的山脚，接下来就应该是攀登了。而到达顶峰也仅仅需要几个小时。

很快你就会到达一个显然被人为平整过的地方，这个地方也被认为是神圣的。这里有另一个丝绸飘绕的敖包，而它的下面则几乎没有什么祭品：伏特加酒瓶，用来插柱香的碟子。这就是甘麻喇的庙宇曾经矗立的地方，有关这一点应该是确定无疑的。1961年，作为第一位爬上这座山的外国人，莱比锡的约翰纳斯·舒伯特曾经在这里发现了一些半圆形的屋顶瓦和一些陶瓷碎片。而现在若想得到这些东西则需要在四周仔细搜索。我发现了两片瓦片，而无论什么时候我拿起它们，都会激发起这样一个想象中的情景：29岁的甘麻喇监督50个汉族建筑工人修建木墙和柱子，旁边的瓦工则用当地的泥土做出一些弯曲的瓦片雏形，然后放在一个盖着粗麻布的树干上晾干。然后它们就将被放入早已在近旁准备好的窑里烧制。

甘麻喇会很热心于完成这件工作，他知道他的祖父已经时日不多了。

的确，在甘麻喇返回一年以后，已经到耄耋之年的忽必烈除通过他的妻子南必外，几乎不能够行使任何职责。

1294年1月28日农历新年之际，忽必烈已经病重到无法出席通常在北京举行的仪式了。不再身穿白色衣服，没有了盛大的招待会来接受来自仆从国的贡品与祝贺，不再检阅装饰奢华的大象和白马游行队伍，也不再主持举办的宴会。每个人肯定都知道结局就在眼前。一位信使受命疾驰去寻找那个唯一能够提升皇帝精神的人：仍旧在300公里外的大同等候新任命的伯颜。3天后——在这种情况下当然不会再多了——伯颜来到了皇帝的身边。但是除了承诺永远效忠外也无能为力。忽必烈知道他的大限已到，要求伯颜做他的三个遗嘱执行人中的一个（另外两人分别是御史大夫和中书省平章政事）。他在持续不断地衰弱，2月18日他去世了。

两天后，送葬的队伍准备就绪。考虑到忽必烈的财富及其在征战中所花掉的钱财，葬礼应该是十分的简朴。尽管如此，随行人数仍有数百人之多：家族与政府中健康到足以进行这样一次旅行的成员，再加上卫士、赶牲畜者、马夫、厨子、家庭仆役和与此相伴的备用马匹、妇女乘坐的大车、运载帐篷的大车以及携带着所有一个皇家队列在为期3周长达1000公里的旅程中所必需的随身物品的骆驼。在卫士身后很靠前的某个地方应该是忽必烈的灵车：一辆载着帐篷的大车，里面安放着一个巨大的密封良好并放有香料和其他防腐品的棺木。每日的行程约50公里——对这样一个群体来说也是一个很快的速度了——行进路线要沿长城盘绕其上的屏障北京的大山，越过山脊与沟壑抵达卡勒干（今日之张家口）然后进入蒙古高原；同时还要避免向右转弯进入上都——这就意味着至少会在路上有两天的延宕——此后还将穿过尘土飞扬的戈壁荒漠直到沙砾渐变为草木茂盛的山丘的地方，然后越过浅浅的克鲁伦河，最终到达肯特山麓。

我很怀疑我们是否知道他的长眠之地。过了甘麻喇庙再经半个小时的攀爬有一块地方，在这里你就离开了在视线中变得矮小稀疏的树木，踏上了一块平整的地面。山顶还在前面，起伏的岩石在云雾中时隐时现。你站立的地方看上去像一片墓地，我第一次看到它的时候也这样认为，因为其他人都这样说。你所看到的“坟墓”是不规则的石头堆，大小介于直径1米到3米之间。我想这里约有数百个之多。很容易将它们想象为坟墓，将那些石头堆想象为被弄平的坟包，但却总有些不合情理的地方。这些石堆呈不规则的形状，而且都是平顶的，而它们的周围就是几个约有1米高的石头敖包。现在已有足够多的人来堆砌和维护这些敖包了。但为什么不去维护这些“坟墓”呢？而且这个地方恰好位于通往顶峰的主要通道上——并不是一个秘密墓地的最佳选址，难道不是这样吗？

我现在认为这种地貌的形成是由于地质的原因，是数世纪的霜冻对松散的石头所施加的魔幻般影响的结果。这种发生在寒冷的天气和永久冻土层的过程是一门颇为罕见的被称为低温地质学的科学分支的研究对象。如果你浏览一下低温地质学的教科书，你就会看到这种图形——多边形、圆形、环形和堆积形——看上去极富人工雕琢的痕迹，就像石质的仙人圈。的确，一些在北冰洋地貌最先看到它们的早期探险家认为它们是人工的。但它们却都是温度变化的结果，这种变化可以引起石头的微小的膨胀与收缩，从而把它们自己分化为不同的大小与形状。没有人知道这要花费多长时间，因为它是在地质学的时间量程内发生的。它们与雪花和干涸湖底中的多边形泥块一样都是大自然的杰作。

这些石圈引发了笔者一个也许并不恰当的想法。难道这些自然的“坟墓”不会给真正的坟墓提供一个非常完美的伪装吗？有谁会知道在这数以百计的石堆中哪个是真正的坟墓呢？即使是拥有现代考古学技术的今天，对所有这些石圈进行研究也要花上数百万美元的金钱和数年之久的时间。坦率地说，这种事情将绝不会发生。

有一件事情笔者可以说是确定无疑的：这就是甘麻喇不会弄错地方。

每当我回忆起我的攀登时，就会有一个情景在我的脑海里反复出现。一个长长的队列在挺拔的冷杉树间蜿蜒而上，出现在这片平坦的地面上。他们都身着裘皮衣物以抵御严寒，他们华丽的鞋尖翘起的皮靴踏破薄薄的白雪踩在下面坚硬的土地上。有六个人——不，八个，因为他们的负荷非常沉重——肩扛两根横杆，上面安放着一个用蓝色与黄色丝绸包裹起来的简单的棺木。没有喇嘛在场，也没有佛教的装饰品：这是一种对成吉思汗所钟爱的简朴的、游牧传统的回归。在一位头戴面具、手持皮鼓、嘴里念念有词的萨满的带领下，这些人来到高台的边缘，在那里他们看到了一个壮丽的景色：白雪皑皑的山谷，一条冰河蜿蜒而下流向遥远的山麓。这就是他们的大汗从未谋面但却称其为家的地方。

一小群人已经在这里恭候一段时间了，他们在数百个石圈中挑选出一个，用戴着手套的手将上面的石头搬走。并在浅浅的下陷处燃起一堆火来融化钢铁般坚硬的土地。然后用铁锹慢慢挖出一个墓坑。在令人敬畏的安放棺木的仪式后，人们开始祈祷，而萨满则在有节律的击鼓声的伴随下念招魂咒语；然后石块又一个接一个地被重新摆放回原来的位置，直到没有什么能够把这个石圈和其他石圈区分开为止。忽必烈就在他的祖父成吉思汗身旁，而他们俩都成了其帝国勃兴于斯的景色的一部分。

参考书目

这些是笔者发现尤其有用的著作。选择是个人的，而且也十分挑剔。几乎所有的参考书都是英文的。即使在英语著作中，它们也只代表专家们可利用资料的一小部分。英语读者的最好书目见诸怀特福德（仅有英文）与罗莎比和莫特，他们的书目中也包括其他西方和非西方语言的著作。

阿布-拉胡德，珍妮特L.：《欧洲霸权的前夕：公元1250～1350年的世界体系》，牛津和纽约，牛津大学出版社，1989年。

埃尔森，托马斯：《蒙古时期欧亚大陆的文化与征服》，剑桥，剑桥大学出版社，2001年。

阿米泰-普莱斯，路文与摩尔根，大卫O.，编：《蒙古帝国及其遗产》，莱顿与波士顿，布里尔，1999年。

阿特伍德，克里斯托弗：《蒙古与蒙古帝国百科全书》，纽约，档案事实，2004年。

奥恩-斯文，克里斯托弗：《异教徒：现代缅甸的起源》，火奴鲁鲁：夏威夷大学出版社，1985年。

巴尔托德，W.：《蒙古入侵下的突厥斯坦》，伦敦，鲁扎克与科，1968年。

巴特莱特，W.B.：《暗杀：中世纪伊斯兰教秘密教派的故事》，斯特劳德，格劳斯，萨顿，2001年。

比拉，沙：《蒙古人的腾格里观和当代的全球化：对于全球化的回顾性展望》，《皇家阿尔泰学会杂志》，卷14，伦敦，2004年。

比拉，沙：《蒙古人的腾格里意识与忽必烈汗》，未发表的论文，2005年。

比拉，沙：《蒙古历史、文化与历史编纂学》，乌兰巴托，国际蒙古学学会，2001年，尤其是，《忽必烈汗与八思巴喇嘛》。

比兰，迈克尔：《海都与中亚独立的蒙古国家的兴起》，里奇蒙德，英格兰，科曾，1998年。

波义儿：见术外尼。

卡西尔，詹姆斯：《河外之山：元朝的中国画1279～1368年》，纽约，威特里尔，1976年。

卡纳丁，大卫与普莱斯，西蒙，编：《效忠的仪式》，剑桥，剑桥大学出版社，1992年。

陈学霖：《中国与蒙古：元明以往的历史与传说》，阿尔德肖特，翰茨，阿什盖特，1999年。陈，保罗恒兆（音），《蒙古统治下的中国法治传统》，普林斯顿：普林斯顿大学出版社，1979年。

陈垣：《蒙古统治下的中国中亚与西亚地区》，《华裔学刊》15，加利福尼亚大学出版社，1966年。

孔兰，托马斯D.：（翻译并注解）《勿需上天干预：蒙古来袭绘词》，伊萨克，纽约，康耐尔大学出版社，2001年。

克鲁姆普，J.I.：《忽必烈汗时代的中国戏院》。图森，亚利桑那大学出版社，1980年。

达夫塔利，法哈德：《亦斯马因派：他们的历史与学说》，剑桥，剑桥大学出版社，1990年。

戴维斯，理查德L.：《山雨欲来风满楼：13世纪中国的政治与文化危机》，坎布里奇，马萨诸塞州，哈佛大学出版社，1996年。

德尔加多，詹姆斯P.：《神风的残余》，《考古学》卷56，第1期（2003年，1～2月号）。

丹尼，保罗和道格拉斯，朱丽，抛石机研究见：

www.artefacts.uk.com

埃克特，卡特J.，等人：《新旧高丽：一段历史》，首尔与坎布里奇，马萨诸塞州，哈佛大学出版社，1990年。

法里斯，威廉·维恩：《天国的武士：公元500～1300年日本军事的进化》，坎布里奇，马萨诸塞州，哈佛东亚研究理事会，1992年。

福赫伯：《贾似道（1213～1275年）：是一个坏的前大臣吗？》，载亚瑟F．怀特与丹尼斯·忒切特，编：《儒教人物》，斯坦福，斯坦福大学出版社，1962年。

福赫伯：《中世纪中国城市的攻守》，见富兰克A．齐尔曼与费正清，编：《中国的战争方式》，坎布里奇，马萨诸塞州，哈佛大学出版社，1974年。

福赫伯：《从部族首领到普天下的皇帝与神：元朝的正统性》，慕尼黑，巴伐利亚州科学院，1978年。

福赫伯：《南宋时期战争史研究与文献》(尤其是第四章：《襄阳：进攻与防守》)，威斯巴登，哈拉索威茨，1987年。

福赫伯：《蒙古统治下的中国》，阿尔德肖特，汉茨，阿什盖特，1994年。

福赫伯与忒切特，丹尼斯，编：《剑桥中国史》卷6：《异族政权与周边国家，907～1368年》，坎布里奇，马萨诸塞州，哈佛大学出版社，1994年。格内特，雅克：《中国文明史》，第二版，J.R.福斯特与查里斯·哈特曼译，坎布里奇，马萨诸塞州，哈佛大学出版社，1996年。

古德曼，吉姆：《云南的探险》，昆明：云南人民出版社，2000年。

戈雷公司，抛石机网站：www.iinet.net.au/~rmine/gctrebs.html.

格罗伊内维尔德特，W.P.：《蒙古人公元1293年的远征爪哇》，《中国评论》，卷4（1875～1876年）。

格鲁塞，莱纳：《草原帝国》，新布伦斯维克，新泽西州，鲁特格尔大学出版社，1970年。

哈维，G.E.：《缅甸史》，伦敦，朗曼与格林出版公司，1925年。

海西希，瓦尔特：《蒙古的宗教》，杰弗里·萨缪尔译，伦敦，鲁特莱齐，1980年。

赫尔曼，阿尔波特：《中国历史地图集》，爱丁堡，爱丁堡大学出版社，1966年。

希提，飞利浦：《阿拉伯史》，贝辛斯托克，麦克米兰，2002年。

辛昂，芒（音）：《缅甸史》，纽约和伦敦，哥伦比亚大学出版社，1967年。

莱斯与摩尔根编：《蒙古帝国及其遗产》。

奥尔布莱希特，彼得：《13～14世纪蒙古统治下的中国驿站交通》，威斯巴登，哈拉索威茨，1954年。

皮尔斯，C.J.：《中世纪中国的军队，1260～1520年》，牛津，鱼鹰，1996年。

皮尔斯，克里斯：《中国帝国的军队》(2)，590～1260年。伦敦，鱼鹰，1996年。

皮特齐，卢西亚诺：《西藏与宋朝及蒙古的关系》，见莫里斯·罗沙比，编《中国与其邻国，10 — 14世纪》，伯克利，洛杉矶与伦敦，加利福尼亚大学出版社，1983年。

波罗，马克：《马可·波罗游记：玉儿——考迪尔全译本》：亨利·玉儿的译注第三版(1903年)，加亨利·考迪尔的注释，纽约，多弗尔，1993年。这是笔者使用的版本。罗纳德·拉森的版本(翻译与介绍)，《马可·波罗：游记》(企鹅，1958年，仍在再版)更容易得到。至于其他版本，见拉内尔书目。

罗依果：《教皇赴大汗的使者》，伦敦，法勃尔，1971年。

罗依果，译注：《蒙古秘史：13世纪蒙古的编年史诗》，莱登与波士顿，布里尔，2004年。

罗依果，等：《为大汗尽忠：蒙元早期的精英人物(1200～1300年)》，威斯巴登，哈拉索威茨，1993年。

拉施特：《成吉思汗的继承者》，约翰·安德鲁·波义儿译，纽约，哥伦比亚大学出版社，1971年。

拉切内夫斯基，保罗：《成吉思汗：其生活与遗产》，托马斯·海宁编译，牛津，英国与坎布里奇，马萨诸塞州：布莱克威尔，1991年(数次再版)。

罗沙比，莫里斯：《忽必烈汗：其生活与时代》，伯克利，洛杉矶与伦敦，加利福尼亚大学出版社，1988年。

罗沙比，莫里斯：《来自上都的旅行者：列班扫马以及从中国到西方的首次旅行》，东京，伦敦与纽约，科但沙，1992年。

罗沙比，莫里斯，编：《10～14世纪的中国及其邻国》，伯克利，洛杉矶与伦敦，加利福尼亚大学出版社，1983年。

罗里奥，弗兰西斯神父，SJ：《作为中世纪基督教里程碑的扬州拉丁文墓碑》，《哈夫亚洲研究杂志》，卷17，第3～4期（1954年12月）。

塞森，乔治爵士：《时至1334年的日本历史》，福克斯通，肯特，道森，1958，1978年。

萨尔德塞，D.R.：《东南亚，过去与现在》，伦敦，麦克米兰，1989年。

桑德斯，J.J.：《中世纪伊斯兰史》，伦敦与纽约，鲁特莱齐，1965年（多次再版）。

桑德斯，J.J.：《蒙古征服史》，费城，宾夕法尼亚大学，1971年。

桑德斯，J.J.：《穆斯林与蒙古：中世纪亚洲论文》，基督教会，新西兰，维特考尔斯，坎特伯雷大学，1977年。

史重文（音）：《窦娥冤》，剑桥，剑桥大学出版社，1972年。

史重文（音）：《中国戏剧的黄金时代：元杂曲》，普林斯顿，普林斯顿大学出版社，1976年。

史密斯，约翰·梅森：《安扎鲁特：马姆鲁克的成功还是蒙古人的失败？》，《哈佛亚洲研究杂志》，卷44，第2期（1984年12月）。

斯塔克，弗莱亚：《暗杀者的峡谷》，伦敦，约翰·莫里，1934年。

斯坦因哈特，南茜：《中国的皇城规划》，火奴鲁鲁，夏威夷大学出版社，1990年。

塔林，尼克拉斯，编：《剑桥东南亚史》，剑桥，剑桥大学出版社，1999年。

坦普尔，罗伯特：《中国的天才》，李约瑟导论，伦敦，普莱昂，1999年（李约瑟巨著的一个很好的导论）。

托劳，彼得：《安扎鲁特之战：再探讨》，见彼得·埃德伯里编，《十字军与定居》，卡迪夫，卡迪夫出版社，1985年。

托姆斯，罗恩，网站：www.trebuchet.com。

特尔布尔，斯蒂芬：《远东的攻城武器》（1），612～1300年与（2）960～1644年，牛津，奥斯普利，2001～2002年。

范明，彼得：抛石机网站见：

http://www.middelaldercentret.dk.

也见他最近的重建网站 http://www.warwicksiege.com.

王家卫（音）与尼玛嘉钦：《中国西藏的历史地位》，北京，中国国际出版社，1997年。

王实甫：《西厢记》，项学京（音）改编，北京，新世界出版社，2000年。

威特福德，杰克：《成吉思汗与现代世界的塑造》，纽约，皇冠，2004年（包括帝国与忽必烈汗以及成吉思汗）。

伍德，弗兰西斯：《马可·波罗去过中国吗？》，伦敦，塞克尔与沃尔伯格，1995年。

威利，塔莱尔V.：《蒙古对西藏的首次征服再探讨》，《哈佛亚洲研究杂志》，卷37，第1期（1977年）。

山田，nabaka：《元寇：蒙古入侵日本》，伦敦，史密斯，埃尔德联合公司，1916年。

Yanagida，Sumitaka：《蒙古入侵与Hakata》（日文），Hakata城，2001年。

祖安（音），编：《北海公园》，北京，中国画报社，1989年。

鸣　谢

衷心感谢：查尔斯·鲍登，是他开始了这一切；安妮·卡伦，她使我了解了赵孟頫；蒙古科学院的楚伦·达赖；保罗·丹尼和朱丽·道格拉斯为我讲解了有关抛石机的知识；纽约斯通尼布鲁克大学的邓岳凡(音)；陆宽田、陈丽丽，上海大苹果公司的塔特尔·莫利；西村静哉，东京法政大学名誉教授；本杰明·任在上都(潜邸)的慷慨；姚大力教授，上海复旦大学；袁楚，拉比·兰威尔斯利学院中文系，文学硕士；罗依果，澳大利亚国立大学太平洋与亚洲学院，他的指导使我渡过了无知的迷雾；得克萨斯A&M大学的兰代尔·佐佐木为其就忽必烈失去的舰队所作的最初介绍，还有林田健三，他慷慨地向我展示了在福冈的日本墙遗址以及他和同事在高岛以外所做的发现；"威廉"周（伟忠）和程世军（音）为在潜邸所做的旅行；最好的中文教师海伦·唐；杰克·威瑟福德，马克莱斯特学院，明尼苏达；道格·扬、西蒙·索罗古德以及环球旅游公司的所有人员；古利安·萨默尔斯卡莱斯，为其卓越的编辑；以及与往常一样，还要感谢菲利希提·布莱恩，米歇尔·托芬。